JN125544

戦争と平和を考える NHKドキュメンタリー

NHK Documentaries on War and Peace

日本平和学会 編

法律文化社

はしがき

本書は、平和研究・教育の映像資料として広く参照されるべきテレビ・ドキュメンタリー番組を厳選した上で、番組の歴史的な文脈やグローバルな背景について専門家による解説を付したものである。番組の選考にあたっては、1．平和研究・教育の題材として重要であること、2．正確かつわかりやすい解説がなされていること、3．その分析に深みがあること、4．将来を見通す予見性をもっていること、5．作品の構成や表現などに工夫が見られることの5点を基準とした。

平和研究・教育の題材の範囲は、平和概念の定義次第では際限なく広がりうる。そこで本書では、その題材を、20世紀の世界、冷戦、アジア太平洋戦争、日米関係の中の沖縄の現実、原爆の経験、そして原発事故の経験に絞った。

第Ⅰ部「映像の20世紀」は、第二次世界大戦終結50周年に放送された『映像の世紀』と70周年に放送された『新・映像の世紀』のシリーズを取り上げ、映像に記録された激動の世界を編年体で通観しながら、20世紀の平和と正義の相克を浮き彫りにする。

第Ⅱ部「破壊と分断の世界」は、第二次世界大戦から冷戦終結までの世界における破壊のテクノロジーと分断のイデオロギーの意味に向き合う。検討の対象となるトピックは、戦略爆撃から、集団虐殺、総動員体制（徴兵・徴用）、瀬戸際外交、冷戦終結、核兵器裁判まで多岐にわたる。

第Ⅲ部「アジア太平洋戦争に向かう日本」は、国際的孤立から敗戦に至る通史を描く総論的な番組と、調査研究を踏まえ特定論点を深く掘り下げる各論的な番組を扱う。なお、『アジアと太平洋戦争』は、2020年8月時点ではDVD化もネット配信もなされていないが、日本の侵略によって苦痛を被ったアジア諸国の視点に立つ番組が少ないことから、ここにあえて紹介する。

第Ⅳ部「日米戦争と日米同盟――オキナワの現実」は、日米関係の中に置かれた沖縄の現実を、太平洋戦争期から施政権返還後までたどる。戦争経験者は、占領下の住民は、政府中枢のキーマンは、そして現代に生きる人々は何を語るのか。沖縄の経験から見えてくる日本の姿を見つめる。

第Ⅴ部「原爆と人間――ヒロシマ・ナガサキの人類史的意味」は、被爆もまた、非常事態にあっては「国民のひとしく受忍［すべき］」犠牲や損害の一つにすぎないとした戦争被害受忍論をあらためて問い直す。被爆者たちは何を語り、何を語らないのか。原爆は人間の身体と精神にどのような痕跡を残したのかを考える。

最後に第Ⅵ部「ヒロシマ・ナガサキからチェルノブイリ・フクシマへ」は、広島・長崎の被爆／被曝を経験した人類が、なぜチェルノブイリや福島などの原発事故における放射能汚染と放射線被曝を避けられなかったのかを考える。特に、福島第一原発事故については、その発災後の住民避難と電力会社の対応を振り返り、復旧・復興については、放射性廃棄物の処理、廃炉・除染・賠償をめぐる負担の配分について問う。

本書の構成は上記のとおりだが、番組の選考が選考担当者の偶然の視聴経験に左右されないようにするには、網羅的な番組リストと選考候補作品の視聴は欠かせない。本書において解説される番組が『NHK スペシャル』に限られているのは、選考にあたり NHK のご協力を得ることができたからである。特に、2011年当時、NHK 放送総局副総局長であった新山賢治氏のご示唆・ご支援なくしては、本書の企画は関係者の淡い願望に終わっていたことであろう。ここに記して心からの謝意を表したい。

本書の企画者からすれば番組の体系的な選別が必要だが、一般視聴者としての読者からすれば精選された番組への容易なアクセスが必要であろう。この点において、NHK スペシャルは、全国各地の放送局で無料番組公開（「公開ライブラリー」）されたり、DVD 化・書籍化されたり、さらには登録会員対象の動画サーヴィスを通じてネット配信（「NHK オンデマンド」）されたりしている。また関連して、NHK のウェブサイト「戦争証言アーカイブス」において前線と銃後の証言も視聴できる。

なお、選考作業にあたっては、放送文化基金の2013年度の助成（研究課題「平和研究・教育における映像資料活用のための基礎的調査研究」）を受けた。このこともここに付記しておきたい。

テレビ・ドキュメンタリーという映像資料に歴史的な意義づけを与え、その社会的価値を確認するというこの企画は、日本平和学会創立40周年記念事業の第三弾にあたる。第一弾は『平和を考えるための100冊＋α』として2014年に、第二弾は『平和をめぐる14の論点——平和研究が問い続けること』として2018年に、いずれも法律文化社から刊行されている。本ドキュメンタリー事業は、同学会の「戦争と平和を考えるドキュメンタリー・ワーキング・グループ」（WGの構成は、第１期において石田淳／内海愛子／我部政明／東大作／最上敏樹、なお、選考協力者として高原孝生／横山正樹、そして第２期において石田淳／上野友也／小松寛／佐藤史郎／清水奈名子／下谷内奈緒）を中心に関係各方面の協力を得て進められた。

テレビ・ドキュメンタリー番組の解説書の刊行は、他の人文・社会科学系の関連学会においても類例はなく、学会誌の刊行に偏りがちな《学術成果の社会への還元活動》の領域をこのような形で拡げることができたことは幸いであった。とはいえ、NHKをはじめ国内外のテレビ局が制作してきた力作ドキュメンタリーの数々は、著作権上の許諾の確保が進まなければ、一般視聴者による利用は限られたものであり続ける。とりわけ、戦争と平和にかかわるすぐれたテレビ・ドキュメンタリーの中には、名誉ある賞を受賞するなど高く評価されながらも、世間の目に触れることのない番組も数多い。本書の刊行を機に、貴重な映像資料が社会に開かれた財産として広く永く共有されることを願ってやまない。

本書の企画から刊行まで、企画が野心的であったこともあり紆余曲折があったが、法律文化社の小西英央氏の行き届いた気配りと目配りに助けていただいた。あらためて御礼申し上げたい。

新旧WGを代表して

石田　淳

目　次

はしがき
凡　例

第Ⅰ部　映像の20世紀

Ⅰ-1　「映像と人間」の世紀の始まり　002
▶『映像の世紀第１集　20世紀の幕開け　カメラは歴史の断片をとらえ始めた』

Ⅰ-2　世界戦争の悪夢　004
▶『映像の世紀第２集　大量殺戮の完成　塹壕の兵士たちは凄まじい兵器の出現を見た』

Ⅰ-3　大衆社会の狂騒と病理——資本主義の文化的矛盾　006
▶『映像の世紀第３集　それはマンハッタンから始まった　噴き出した大衆社会の欲望が時代を動かした』

Ⅰ-4　プロパガンダ映像をどう扱うか——術中に嵌まる危うさ　008
▶『映像の世紀第４集　ヒトラーの野望　人々は民族の復興を掲げたナチス・ドイツに未来を託した』

Ⅰ-5　皆殺しの思想——人間の非人間化と機械化の臨界点　010
▶『映像の世紀第５集　世界は地獄を見た　無差別攻撃、ホロコースト、そして原爆』

Ⅰ-6　独立運動を率いた３人の偉人たち　012
▶『映像の世紀第６集　独立の旗の下に　祖国統一に向けて、アジアは苦難の道を歩んだ』

Ⅰ-7　冷戦の起源——権力政治とその犠牲者　014
▶『映像の世紀第７集　勝者の世界分割　東西の冷戦はヤルタ会談から始まった』

Ⅰ-8　せめぎ合う戦争の恐怖と自由への渇望　016
▶『映像の世紀第８集　恐怖の中の平和　東西の首脳は最終兵器・核を背負って対峙した』

Ⅰ－9　自由と民主主義の主体とは誰か　018

▶『映像の世紀第９集　ベトナムの衝撃　アメリカ社会が揺らぎ始めた』

Ⅰ－10　民族自決の理念と幻想　020

▶『映像の世紀第10集　民族の悲劇果てしなく　絶え間ない戦火、さまよう民の慟哭があった』

Ⅰ－11　人類が初めて経験した未曾有の世界大戦　022

▶『新・映像の世紀第１集　第一次世界大戦・百年の悲劇はここから始まった』

Ⅰ－12　資本主義というモンスターの誕生　024

▶『新・映像の世紀第２集　超大国アメリカの出現・グレートファミリー　新たな支配者』

Ⅰ－13　ナチ・ファシスト体制の戦争——映像と記憶をめぐる問題　026

▶『新・映像の世紀第３集　第二次世界大戦・時代は独裁者を求めた』

Ⅰ－14　冷戦と権力の謀略——独善的「正義」の闇　028

▶『新・映像の世紀第４集　冷戦・世界は秘密と嘘に覆われた』

Ⅰ－15　理想主義が現実の国際政治を動かすとき
——68年の思想のグローバルな転移とその帰結　030

▶『新・映像の世紀第５集　激動の1960年代・若者の反乱が世界に連鎖した』

Ⅰ－16　あなたのワンカットは世界を平和に変えるのか　032

▶『新・映像の世紀第６集　21世紀の潮流・あなたのワンカットが世界を変える』

第Ⅱ部　破壊と分断の世界

Ⅱ－1　総力戦における「市民」の位置づけ　034

▶『激動の記録「市民と戦争」（前・後編）』

Ⅱ－2　誤算と誤認の連鎖——無謬ならざる人間と核兵器は共存できるか　040

▶『十月の悪夢　1962年キューバ危機・戦慄の記録　前編　核戦争への綱引き』／『後編　破滅の淵の13日』

Ⅱ－3　ベルリンの壁を崩壊させたピクニック
——「鉄のカーテン」の幕引きの知恵と勇気　046

▶『こうしてベルリンの壁は崩壊した　ヨーロッパピクニック計画』

Ⅱ－4　国際法――この不確定なるもの　050

▶『核兵器はこうして裁かれた　攻防・国際司法裁判所』

第Ⅲ部　アジア太平洋戦争に向かう日本

Ⅲ－1　時代を映す鏡としてのドキュメンタリー　054

▶『ドキュメント太平洋戦争第１集　大日本帝国のアキレス腱　太平洋・シーレーン作戦』／『第２集　敵を知らず己を知らず　ガダルカナル』／『第３集　エレクトロニクスが戦を制す　マリアナ・サイパン』／『第４集　責任なき戦場　ビルマ・インパール』／『第５集　踏みにじられた南の島　レイテ・フィリピン』／『第６集　一億玉砕への道　日ソ終戦工作』

Ⅲ－2　同じ過ちを繰り返す日本――戦争・原発事故・コロナ危機　060

▶『日本人はなぜ戦争へと向かったのか　第１回　“外交敗戦”孤立への道』／『第２回　巨大組織“陸軍”　暴走のメカニズム』／『第３回　“熱狂”はこうして作られた』／『第４回　開戦・リーダーたちの迷走』／『戦中編　果てしなき戦線拡大の悲劇』

Ⅲ－3　官僚組織としての日本海軍――組織的利害（セクショナル・インタレスト）・同調圧力・無責任　066

▶『日本海軍　400時間の証言　第１回　開戦“海軍あって国家なし”』／『第２回　特攻“やましき沈黙”』／『第３回　戦犯裁判“第二の戦争”』

Ⅲ－4　空襲への想像力をもつために　072

▶『東京大空襲』／『本土空襲　全記録』

Ⅲ－5　靖国神社はなぜ生き延びることができたのか　076

▶『靖国神社　占領下の知られざる攻防』

Ⅲ－6　「独白録」と昭和天皇・マッカーサー会見　080

▶『昭和天皇　二つの「独白録」』

Ⅲ－7　アジアの「解放」と太平洋戦争　084

▶『アジアと太平洋戦争　第１回　ジャカルタの一番熱い日　インドネシア独立宣言』／『第２回　独立・48時間の選択　「自由タイ」の人々』／『第３回　マッカーサーの約束　フィリピン・抗日人民軍の挫折』／『第４回　チョウムンサンの遺書　シンガポールＢＣ級戦犯裁判』

コラム　映像をアーカイブ的に視聴する　089

第Ⅳ部　日米戦争と日米同盟
——オキナワの現実——

Ⅳ－1　データジャーナリズムと戦争の記憶　090

▶『沖縄戦　全記録』

Ⅳ－2　慰霊とは生者のいかなる行為なのか　094

▶『沖縄・23万人の碑　戦後50年目の祈り』

Ⅳ－3　沖縄戦体験の沈黙と「語り」　098

▶『沖縄　よみがえる戦場―読谷村民2500人が語る地上戦』

Ⅳ－4　硫黄島玉砕戦——語られた「真実」、語られなかった「真実」　102

▶『硫黄島　玉砕戦―生還者61年目の証言』

Ⅳ－5　核兵器が配備・貯蔵された島　106

▶『スクープドキュメント・沖縄と核』

Ⅳ－6　沖縄返還とは何であったか　110

▶『総理秘書官が見た沖縄返還　発掘資料が語る内幕』

Ⅳ－7　沖縄の基地問題——真ん中にある欠片（ピース）　114

▶『沖縄　安保と基地の間で　第１回　基地に一番近い学校―卒業生4800人の今』

第Ⅴ部　原爆と人間
——ヒロシマ・ナガサキの人類史的意味——

Ⅴ－1　核爆発10秒の科学が伝える原爆の非人道性　118

▶『原爆投下　10秒の衝撃』

Ⅴ－2　爆心地の証言と被爆者の戦後史　122

▶『爆心地　生と死の記録』

Ⅴ－3　「使える核兵器論」で切り捨てられた被爆者　126

▶『見過ごされた被爆　残留放射線63年目の真実』

Ⅴ-4　「語り部」の遺言　130

▶『きみはヒロシマを見たか　広島原爆資料館』

Ⅴ-5　見えない被害――放射線被曝の経験と科学　134

▶『救援　ヒロシマ・残留放射能の42年』

Ⅴ-6　原爆は人間に何をもたらしたのか――被爆者の心の傷　138

▶『なぜ助けられなかったのか　広島・長崎7000人の手紙』

Ⅴ-7　生き続ける禎子さん――「サダコ」物語を超えて　142

▶『サダコ　ヒロシマの少女と20世紀』

Ⅴ-8　死者と出会う記憶の場　146

▶『原爆の絵　市民が残すヒロシマの記録』

Ⅴ-9　記録された／されなかった長崎の子どもたち　150

▶『長崎の子・映像の記憶　原子雲の下に生きて』

Ⅴ-10　原爆投下が生んだ被害への日本の責任は何か　154

▶『原爆投下　活かされなかった極秘情報』

第Ⅵ部　ヒロシマ・ナガサキからチェルノブイリ・フクシマへ

Ⅵ-1　チェルノブイリにおける被害――被災者の声を手掛かりに　158

▶『調査報告　チェルノブイリ原発事故』／『汚された大地で　チェルノブイリ―20年後の真実』

Ⅵ-2　核汚染が広がる地球――被爆地広島と結んで　162

▶『調査報告　地球核汚染―ヒロシマからの警告』

Ⅵ-3　原発事故から住民を守ることの不可能さ　166

▶『原発事故　100時間の記録』

Ⅵ-4　問われ続ける「原発避難」　170

▶『"原発避難" 7日間の記録　福島で何が起きていたのか』

Ⅵ-5　「真実」とは何か――事故を検証する　174

▶『原発メルトダウン　危機の88時間』

Ⅵ-6　「負の遺産」としての放射性廃棄物　178

——フクシマから問い直す将来世代への責任

▶『東日本大震災　追跡—原発事故のゴミ』

Ⅵ-7　コスト面から原発事故を検証する　182

▶『廃炉への道2016　調査報告　膨らむコスト—誰がどう負担していくか』

Ⅵ-8　「被曝の森」が人間社会に突きつけるもの　186

▶『被曝の森2018　見えてきた“汚染循環”』

【凡例】

各論考で取り扱っている番組基本情報は冒頭に以下の順で明示した（一部例外あり）
タイトル／初回放送日／放映時間／制作／受賞歴

なお、各番組の視聴可能な媒体を以下のロゴマークで明示している（2020年５月時点）

- D　DVD（販売商品）
- O　NHK オンデマンド（有料での配信）
- A　NHK アーカイブス・番組公開ライブラリー（全国の NHK 施設で無料で視聴可能）
- T　NHK ティーチャーズ・ライブラリー（学校での授業などで視聴するためにDVD を無料で借用可能）

戦争と平和を考えるNHK ドキュメンタリー

Ⅰ-1　「映像と人間」の世紀の始まり

『映像の世紀第１集　20世紀の幕開け　カメラは歴史の断片をとらえ始めた』／1995年３月25日／74分／制作統括：河本哲也ほか、ディレクター：遠所尚志／1995年度毎日芸術賞、同第22回放送文化基金賞（個人・グループ部門）**D** **O**

本番組のあらまし　本番組は1995年にNHKの放送70周年記念番組としてアメリカABCとの国際共同取材によって制作され、現在においても20世紀の歴史を学ぶ上で最良のドキュメンタリーの一つとして不動の地位を保っている、全11巻からなる『映像の世紀』の第１巻である。その後2015年には『新・映像の世紀』が制作され、さらに2016年からは両シリーズをテーマ別に再編集した『映像の世紀プレミアム』も放送された。

人間と映像との出会いの始まり　『映像の世紀』の基本的な特徴は、いうまでもなく「映像」記録によって20世紀の歴史を辿ることにあるが、本番組が第２集以下と大きく異なる点は、「映像」そのものが誕生したことが人間にとってどのような意味をもつようになったかという問いを、意識的にも無意識的にも番組の中で積極的に取り扱おうとしていることにある。つまり、歴史上初めて、人類は「映像を見る」ことになり、映像を見ること（トーキー以前はあくまで映像は基本的に「見る」ものであった）が、1920年代以降のラジオ放送の普及とともに、視聴覚メディアが人々の世界の見方・考え方を形成するという回路が誕生したことに触れているのが最大の特徴である。

『映像の世紀第１集　20世紀の幕開け　カメラは歴史の断片をとらえ始めた』

本番組は1895年にリュミエールがフラスコをレンズにして撮影・上映した史上最初の映画『工場の出口』から始まり、世紀末のパリ、モネ、ルノワール、ルイ・フェローなどからスタートするが、そこに「映像」体験が人間の生活・精神に深甚な影響を与えうるであろうというゴーリキーの予言を引用することで、「映像と人間の関係」の始まりを印象づける。さらに、速度や高さの映像記録、初期において撮影し記録する特権をほぼ独占していた「帝国」の支配する側から見た「新奇」な世界（最古の日本の映像記録とされる1898年の光景も含まれる）の記録、番組内で『移民』と自伝が引用されるチャップリンの『独裁者』の一場面を想起させるエッフェル塔からの「飛行」失敗の興行記録や映画における特殊撮影の進展などが示すのは、双方向性・即時性・拡散性などこそ欠くもののYouTubeからTikTokに至るまでのネット上の動画投稿サイト／アプリの隆盛の原型ともいえる現象である。

深く考える「きっかけ」として　本番組は基本的にはヴィクトリア朝末期の欧米諸国の歴史的な動向、欧米目線で見た植民地支配や非西欧諸国の諸相、夏目漱石も肩車で見物したヴィクトリア女王の葬儀、日露戦争とトルストイの「家出」、ロマノフ王朝と血の日曜日事件、アメリカの勃興、そしてサラエボ事件といった世界史の流れを追っている。その一方で本番組を含めたシリーズ全体において十分に言及されていないのは、「映像」を通して歴史を学び、知るということと同時に、映像＝歴史ではないということ、映像に残されていない膨大な歴史を想像し、発掘することが歴史や人間を理解しようとする上では決定的に重要であるという点である。多木浩二が論じたように、映像はあくまで深く考えていくための「きっかけ」でしかない。多木の言葉を借りれば、映像を含めたメディアは「まぁ、しょうがない」「必要悪」のような存在であり、そこから様々な媒介を通していかに深く考えていけるかどうかが鍵なのである。この点を踏まえて、見る側一人一人がもつ多様な見方・考え方を駆使して、何が語られて、何が語られていないのかを深く考え抜いていく素材として捉えることで初めて、本番組そして本シリーズの価値はいや増すことになるであろう。

さらに学ぶ人のために　多木浩二・今福龍太『映像の歴史哲学』（みすず書房、2013年）。「映像」を見てものを考えることの意義を学び取る最良の入門書で、ゴダールの『映画史』（DVD、ちくま学芸文庫、2012年）と本書、本シリーズを合わせて見、読むと良い。木畑洋一『20世紀の歴史』（岩波新書、2014年）。20世紀を通観する最良の入門書の一つ。チャールズ・チャップリンの諸作品（初期短編集、『キッド』〔1921年〕、『黄金狂時代』〔1925年〕）。映像と人間の原初的な関係を知る上で欠かせない作品群。

（芝崎厚士）

I－2　世界戦争の悪夢

『映像の世紀第２集　大量殺戮の完成　塹壕の兵士たちは凄まじい兵器の出現を見た』／1995年４月15日／74分／制作統括：河本哲也ほか、ディレクター：内山達／1995年度毎日芸術賞、同第22回放送文化基金賞（個人・グループ部門）
D O

映像の中の戦争

第一次世界大戦は、飢餓、疫病と並んで人類史に宿痾のごとく巣くってきた戦争が初めてその全貌を映像として記録された大戦である。その結果、観る者の眼前で、世界化、全面化、機械化する戦争の有り様が白昼の悪夢として提示された。それは、全体戦争の誕生を告げる映像の黙示録であり、戦場で斃れた兵士たちに捧げる鎮魂歌でもある。

米国の国際政治学者ジョセフ・ナイは、「分析レベル」と「反実仮想」という２つの手法を巧みに用いて、第一次世界大戦は過剰決定されていたが、そこには複数の戦争シナリオがあったと論じている。すなわち国際システムのレベルでも（二極化と排外的ナショナリズムの台頭）、主要国の国内事情でも（帝国の崩壊と新興国の社会矛盾）、指導者個人のレベルでも（無能な皇帝たち）、戦争誘発要因は無数にあり開戦は不可避であったが、戦争は、局地戦（オーストリア vs セルビア）、東部戦線のみ（ドイツ vs ロシア）、東部戦線＋英国抜きの西部戦線、米国なしの欧州戦争など、様々なパターンが存在しえたのである（田中明彦・村田晃嗣訳『国際紛争―理論と歴史』有斐閣、2002年）。このことを念頭に、1914年６月のサラエボ事件から宣戦布告、９月のマルヌ会戦と戦争の長期化、そして1917年のロシア革命とアメリカ参戦を経て、ドイツ革命と休戦（1918年11月）に至る戦争の過程を映像で振り返ると、容赦ない歴史の不可逆性と一回性に身が震え、戦火の中で人間に残された選択の幅はいったいどのくらいあったのかと自問せずにはいられない。

『映像の世紀第２集　大量殺戮の完成　塹壕の兵士たちは凄まじい兵器の出現を見た』

戦争廃絶への長い道　他方、人類によって生み出され、人類を飲み込んでいく戦争という怪物の正体もまた、番組は、その緻密な映像のモンタージュによって観る者に語りかける。第１に、徴兵制と志願制、あるいは植民地兵など、前線への動員の諸相と銃後における女性の社会進出や労働時間延長を目的とした夏時間の導入、さらには託児所の開設と婦人参政権獲得への道、軍需景気に沸くアメリカや日本、塹壕戦の開始と一斉突撃のための腕時計の普及、そしてロンドン・パリ空襲と夜間灯火管制、子どもたちの地方への疎開など、戦争の社会的機能の諸側面が明らかにされている。しかし第２に、番組を視聴して何よりも印象深いのが、日々昂進される戦争の暴力である。機関銃の導入と毒ガスの開発、火炎放射器、砲弾の巨大化とシェル・ショック（砲弾による神経症）、戦車の登場と飛行機の軍事利用、まさに大量破壊兵器による殺戮のパノラマである。番組では多くの兵士の証言が引用されている。

「もうなにも考えなかった。塹壕から飛び出し、走り、叫び、撃った。自分がどこにいて誰なのかも考えなかった。僕は鉄条網を越え、塹壕を越え、まだ火薬の匂いのする砲弾の跡に沿って走っていた。仲間の兵士たちが斃れている。悪夢の霧に包まれているようだ。僕の任務はあと何分かで終わる。向こうに赤いものが見える。燃える炎だ。足下にも赤いものが見える。人間の血だ。」（ソンムの戦いにおけるフランス軍兵士の手記より）

顔面の傷跡を隠すマスクの制作、カメラを見つめ返す傷痍軍人、瓦礫の街並み、ヴェルダンの墓標、オーバーラップしていく映像とそれに重なるチャーチルの回想、『映像の世紀第２集　大量殺戮の完成』のラストシーンは、戦争の煌めきと魔術的な美が失われ、戦いの大義と共同体への忠誠が理不尽で不条理なスローガンと化したことを暴露し、「戦争の廃絶」が人倫の第一義となり、人類は戦争の廃絶へと向かう長い道のりにその第一歩を踏み出したことを暗示して終わる。そしてそれは、『新・映像の世紀第１集』末尾の皇太子裕仁親王（後の昭和天皇）の独白に木霊していくことになるのである。

さらに学ぶ人のために　モードリス・エクスタインズ／金利光訳『春の祭典―第一次世界大戦とモダンエイジの誕生』（TBSブリタニカ、1991年〔新版はみすず書房、2009年〕）は、第一次世界大戦とヨーロッパ戦間期の時代精神を語って余すところない文化史の傑作である。

（黒田俊郎）

I－3　大衆社会の狂騒と病理——資本主義の文化的矛盾

『映像の世紀第３集　それはマンハッタンから始まった　噴き出した大衆社会の欲望が時代を動かした』／1995年５月20日／74分／制作統括：河本哲也ほか、ディレクター：遠所尚志／1995年度毎日芸術賞、同第22回放送文化基金賞（個人・グループ部門）
D O

大衆社会の出現と分断

第一次世界大戦は、ヨーロッパ文明そのものの危機を意味したが、「アメリカの世紀」の始まりでもあった。本番組は、第一次世界大戦後、「アメリカン・ドリーム」を夢見てマンハッタンのエリス島に殺到した移民の映像から始まる。その後彼らは、1920年代アメリカの繁栄（“黄金の20年代”）の下部構造を支え、また同時に、新しい「大衆社会」の担い手ともなった。この時代、スペインの思想家オルテガが見事に喝破したように、「大衆というものは——それが平民であろうと『貴族』であろうと——生きることに懸命なあまり、自己の生命の根源を破壊する傾向を常に示すものである」（『大衆の反逆』83頁）。この、いわば「生のために生の目的を放棄する」矛盾に満ちた存在としての大衆は、しかしながら未曽有の好景気に沸く当時のアメリカ社会の中で、資本主義がもたらす快楽主義と光り輝く消費文化を謳歌した。

人々は、株で手っ取り早く金を稼ぎ、郊外に家を建て、通信販売で最新のファッションを購入し、デューク・エリントン、ルドルフ・バレンチノ、ベーブ・ルース、リンドバーグなどの「ヒーロー」たちに熱狂した。自動車、ラジオ、映画などの新しいテクノロジーは、人々が伝統社会を易々と克服できると信じる根拠となった。社会全体に充満していた自由で享楽的な気風の中で、建築や文学にも創造的なエネルギーが開花した。

『映像の世紀第３集　それはマンハッタンから始まった　噴き出した大衆社会の欲望が時代を動かした』

しかしもちろん、民衆のすべてがこの「豊かな社会」の住民だったわけではない。富者と貧者、都市と農村の格差はむしろ拡大した。社会的不寛容も跋扈し、白人至上主義のKKKが台頭、1920

年のウォール街では爆弾テロ、1927年にはイタリア移民のアナキストであるサッコとヴァンゼッティが冤罪で処刑された。1920～33年のアメリカ禁酒法も、国籍別の移民数限度が定められた1924年のジョンソン＝リード法も、その背景には増大する移民への社会的反発や苛立ちがあった。

かつてアメリカの社会学者ダニエル・ベルが指摘したように、現代の資本主義社会は、個人的欲望と公共の責任との文化的矛盾を生み出し、一方で機能的合理主義やテクノクラシー、他方で終末論的で非合理的な行動様式という社会的な分裂が醸成される。「今だけ、カネだけ、自分（たち）だけ」という現在の大衆文化の原型も、すでにこの当時のアメリカに見ることができるだろう。

恐慌と戦争への道　バブルの後は、恐慌と戦争である。世界恐慌（1929年～）は、当時すでに世界経済の中心地であった（これもマンハッタンの）ウォール街で始まった。「ウォール（壁）」とは、かつて西欧の入植者たちが先住民に対して防壁を築いたことに由来する。資本主義は、植民地主義とグローバルな相互連関性の中で著しい成長を遂げたが、逆にその〈富〉は、むしろ世界から区分けされた「壁」の内側で偏在的に享受されてきた。しかし、資本主義経済の〈危機〉は、定期的にその「壁」を津波のように乗り越え、世界全体を巻き込む。

経済人類学者のカール・ポランニーが指摘したように、恐慌は、第一次世界大戦の経済的緊張や矛盾が本当には克服されず、空間的、時間的に遅延された結果にすぎない。第一次世界大戦後の戦勝国と敗戦国の赤字の総和はアメリカに移転され、そこで恐慌の形をとって表れた。資本主義経済は様々な手段による「時間かせぎ」によって延命が可能になるが、それにも限度があったのである。

映像にもあるように、すでに植民地下（租界地）の上海では、次なる戦争の影がちらついていた。「満蒙は日本の生命線」と喧伝された日本でも、国民生活と国家の運命とが結びつけられていった。その後時代は、大衆が、ムッソリーニ、スターリン、ヒトラーといった独裁的な政治的指導者たちに喝采を送る、世界戦争の時代へと突入していった。まさに大衆は、「生のために生の目的を放棄する」。しかしこれは、「オンリー・イエスタディ（ついこの間）」の出来事にほかならない。

さらに学ぶ人のために　本文で触れた文献の他、フレデリック・L・アレン／藤久ミネ訳『オンリー・イエスタデイ』（ちくま文庫、1993年）によって、1920年代のアメリカ社会を生き生きと追体験できる。　（佐々木寛）

Ⅰ-4　プロパガンダ映像をどう扱うか

――術中に嵌まる危うさ

『映像の世紀第４集　ヒトラーの野望　人々は民族の復興を掲げたナチス・ドイツに未来を託した』／1995年６月17日／74分／制作統括：河本哲也ほか、ディレクター：内山達／1995年度毎日芸術賞、同第22回放送文化基金賞（個人・グループ部門）

D O

世界恐慌から世界戦争へ 1930年代の世界情勢

本番組は、第一次世界大戦の敗戦国ドイツに現れた独裁者ヒトラーが、大恐慌に打ちひしがれた国民に「民族」としての誇りを与え、やがてドイツと世界を戦争の渦へ巻き込んでいく過程を描いている。前半の見どころは、ヒトラーの演説技法を読み解く場面である。「同じ言葉を繰り返す」「ざわめきが収まり、人々が進んで自分の話を聞こうとするようになるまで辛抱強く待つ」―いずれもよく知られたものだが、熱狂する聴衆、万雷の喝采とどよめき、臨場感溢れる映像を通して見る稀代の演説家の姿に、思わず惹き込まれる現代の視聴者も少なくないだろう。ここでヒトラーはナチ党（国民社会主義ドイツ労働者党）の制服を着用している。少し前に首相ヒトラーが初めて行ったスタジオからのラジオ演説の反響が芳しくなく、それを挽回するべく、党員で埋め尽くされた「ナチ党御用達」の大ホール、有名なスポーツ宮殿で満を持して行われたのがこの演説（1933年２月10日）である。その映像は46分のプロパガンダ映画「ドイツ国民への呼びかけ」に編集され、ヒトラー崇拝確立に向けて活用された。

『映像の世紀第４集　ヒトラーの野望　人々は民族の復興を掲げたナチス・ドイツに未来を託した』

後半では、ユダヤ商店ボイコットに始まるユダヤ人迫害の様子と、ヒトラーの領土拡大の野望が一歩一歩現実のものとなってゆく過程が英仏伊の動向とともに映し出される。ミュンヘン会談（1938年９月）ではチェコスロヴァキアを犠牲にして「欧州平和の維持」が図られたが、結局ヒトラーの東方拡大の野望を阻むことはできなかった。「平和への最後の努力が水泡に帰した。痛恨の極みである」。ドイツ軍のポーランド侵攻を見たイギリス首相チェンバレンは、ラジオ放送でそう述べて対独宣戦を布告(1939年9月3日)した。

米日西の映像も映される。サンフランシスコのゼネストで共産主義者が一斉検挙される姿、満州国執政溥儀のスピーチと南京大虐殺の惨状。スペイン内戦で活躍した国際義勇軍とゲルニカ爆撃。そしてピカソの怒り。

プロパガンダの再現？「アウトバーン神話」

番組は終盤で、高揚する大衆の姿を映しながら「(ヒトラーは) 人々の熱狂的支持で力を得た」と述べて、民意が独裁を生じさせたことを強調している。だが自由な国政選挙におけるナチ党の得票率は最高で37％（1932年7月）にすぎない。ヒトラーが首相となる直近の国会選挙では33％に下落した。1933年1月にヒトラー政権が発足するが、それは国会に多数の基盤のない少数政権だった。それでもヒトラーはこれを「国民総決起内閣」と呼び、共産党など反対派へのテロと大規模宣伝を組み合わせた国民統合キャンペーンを展開したのである。

ナチの徹底したプロパガンダの影響は、戦後まで尾を引いた。神がかった抗し難いヒトラーの残像は、なぜヒトラーを支持したのかと問い詰められた人々が口々に発した弁明によって再生産された。番組では、ドイツではアウトバーンに代表される公共事業が功を奏して失業問題が解決したとして、「ドイツ国民の間で、(それは) ヒトラーの奇跡といわれた」と述べている。だが「ヒトラーの奇跡」こそナチの宣伝そのものであった。番組で建設記録として紹介される映像がプロパガンダ映画であることに十分な注意が必要である。現在の歴史研究では、アウトバーンの建設が失業者減少に大きく貢献したという説はほぼ否定されている。むしろ女子就業者を家庭に戻す政策、夫婦共働きの禁止、労働奉仕制度と一般徴兵制の導入、そして再軍備の本格化が重要だった。

「宣伝の秘訣は、いかにも宣伝らしくではなく、相手にそうとは気づかれないうちに宣伝にどっぷりと浸らせてしまうことだ」。これは宣伝相ゲッベルスの言葉である。過去の事象を再構成する上でプロパガンダ映像の扱いには、現代の視聴者への影響を含めて、細心の注意が必要だ。最新鋭の技術を駆使し、実際に世論誘導・大衆操作に絶大な効力を発揮したナチ映像の場合、なおさらであろう。

さらに学ぶ人のために

石田勇治『ヒトラーとナチ・ドイツ』(講談社現代新書、2015年)。

（石田勇治）

I－5　皆殺しの思想——人間の非人間化と機械化の臨界点

『映像の世紀第５集　世界は地獄を見た　無差別攻撃、ホロコースト、そして原爆』／1995年７月15日／74分／制作統括：河本哲也ほか、ディレクター：辻泰明／1995年度毎日芸術賞、同第22回放送文化基金賞（個人・グループ部門）

D **O**

第二次世界大戦という「地獄」

第二次世界大戦による犠牲者は6500万人以上で、そのうちの約4000万人が非戦闘員の一般市民であった。本番組は多くの市民が犠牲となった第二次世界大戦での「地獄」を私たちの目に映写する。ロンドン空襲と地下鉄の駅に逃げ込む市民、ソ連侵攻とスターリングランドの攻防、家畜用の貨車で強制収容所に運ばれるユダヤ人、殲滅思想に基づくホロコーストなどを無残に映し出している。日本については、真珠湾攻撃、バターン死の行進、明治神宮外苑競技場での学徒出陣壮行式、東京空襲、沖縄戦、原爆で壊滅した広島と長崎などを投射している。なお、フランスが解放された際、ドイツ兵と交際のあったフランス人女性が丸坊主にされ、その横に立ってピースサインをしながら笑う男性が映っているシーンがある。2013年に日本の女性アイドルグループの１人がスキャンダルの責任を取って丸坊主となり、謝罪のメッセージを動画で発信した。背景は異なるが、見せしめのための女性に対する暴力という点で、このアイドルと丸坊主のフランス人女性の姿を思わず重ねてしまったのは評者だけだろうか。

『映像の世紀第５集　世界は地獄を見た　無差別攻撃、ホロコースト、そして原爆』

皆殺しの思想

さて、番組の副題となっている「無差別攻撃、ホロコースト、そして原爆」という地獄には共通点がある。皆殺しの思想を共有しているという点である。前田哲男は、著書『新訂版　戦略爆撃の思想—ゲルニカ、重慶、広島』（凱風社、2006年）で、ナチス空軍によるゲルニカ空爆、日本軍による重慶空爆、米軍による広島・長崎への原爆投下という一連の出来事には「空からのみなごろし思想」が流れていると指摘する。空爆という「無差別攻撃」と「原爆」には「空からのみなごろし思想」を見出せるのだ。これに対して「ホロコースト」は空からの皆殺しではない。ただ、ユダヤ人の殲滅を目的としていることから、ホロコーストは皆殺しの試みにほかならない。このように、「無差別攻撃、ホロコースト、そして原爆」は皆殺しの思想を共有している。この思想があるがゆえに「世界は地獄を見た」のである。

人間の非人間化と機械化　ただし、皆殺しの思想をもつからといって、すぐさま人間が「無差別攻撃、ホロコースト、そして原爆」という地獄をもたらすわけではない。まず、人間の非人間化が必要である。殺す者は、殺される者が人間ではないと認識するからこそ、人間を殺しているという感覚をもたずに、皆殺しを行うことができる。

次に、人間の機械化が必要である。空からの無差別攻撃についていえば、空爆をする者とされる者の間には距離があるため、お互いの存在が見えない。そのため、殺す者は人間を殺しているという感覚をもたずに、まるで機械のように、人間を殺すことができる。本番組の中で、ドイツを無差別攻撃した米軍の爆撃機搭乗員が、自分たちがやったことは「ボタンを押しただけ。私は自分が殺した相手は誰ひとり見ていない。自分がつけた火は見てもだ」と回想しているシーンは印象的だ。

人間の非人間化と機械化の臨界点である「無差別攻撃、ホロコースト、そして原爆」という地獄を二度と繰り返さないようにするためには、殺す者が人間性を取り戻す必要がある。また、私たち自身も人間に回帰する必要があろう。本番組は、人間への回帰という機会を与えてくれるので、ぜひとも観てほしい。

さらに学ぶ人のために　V・E・フランクル／池田香代子訳『夜と霧〔新版〕』（みすず書房、2002年）。この本には、ナチスの強制収容所の人たちが極限状態に置かれていたにもかかわらず、沈みゆく夕日をみて「世界はどうしてこんなに美しいんだ！」と叫ぶシーンが描かれている。非人間化された人間は、決して非人間化されていなかったのだ。そのことが、人間の非人間化と機械化のグロテスクさを一層と際立たせ、私たちに人間へ回帰せよと迫ってくる。

（佐藤史郎）

I－6　独立運動を率いた3人の偉人たち

『映像の世紀第6集　独立の旗の下に　祖国統一に向けて、アジアは苦難の道を歩んだ』／1995年9月16日／74分／制作統括：河本哲也ほか、ディレクター：大和啓介ほか／1995年度毎日芸術賞、同第22回放送文化基金賞（個人・グループ部門）
D O

アジアの独立　植民地のアジアから独立したアジアへ――20世紀のアジアは激動の歴史を歩んだ。1945年夏、日本の敗戦に歓喜する人々の場面から番組が始まる。日本の戦争の終わりはアジアの平和と独立を意味したからだ。そこからいきなり時間を遡って、1911年イギリス国王が英領インドを訪れたときの歓迎式典と、フランスの貴婦人がベトナムの子どもたちにお菓子を播く光景へと続く。帝国の繁栄から二度の世界大戦、日本の侵略、米ソ冷戦の時代へと、苦難の半世紀を経てアジアの国々は独立を勝ち取った。

暴力か、非暴力か　3人の人物に光が当てられる。インドの「国民の父」と呼ばれたマハートマ・ガンディー、ベトナム解放闘争の英雄ホー・チ・ミン、中国革命を率いた毛沢東。偉大な指導者に率いられた人々が連帯し、ついに独立を達成したという大きな物語が根底にある。しかし、歴史は単線的でないことも、明らかにされる。

『映像の世紀第6集　独立の旗の下に　祖国統一に向けて、アジアは苦難の道を歩んだ』

ガンディーは死の直前まで非暴力を説いた。イギリスで弁護士となり、南アフリカで20年以上も人種差別と闘い、帰国後、非暴力の市民不服従運動で独立を目指した。だが、宗教暴動の嵐の中でインドとパキスタンは分離独立し、彼はヒンドゥー過激派に暗殺された。

若きホー・チ・ミンも欧米に留学して学んだ。ベトナム人を徴兵しながら総力戦を続ける宗主国フランスを批判し、1917年ロシア革命後のソ連に渡って共産党員として活動した。1941年母国に戻って抗日戦線を組織する。彼が山中で若者を訓練する映像は印象的だ。戦後もフランスは独立を許さず、ホー・チ・ミンらの闘争が続けられた。

中国はさらに複雑だ。1911年辛亥革命で清朝が倒れ、国民党政権が成立するものの国の分裂は続き、欧米列強は権益を守り、日本は軍事的拡大を進めた。国民党の頭となった蒋介石は国共合作を壊し、共産党を弾圧する。共産党は長征し、延安で軍を再編する。「農村が都市を包囲する」「革命は銃口から生まれる」と説いた毛沢東は、抗日戦線と内戦に勝利し、1949年中華人民共和国を樹立した。

ガンディーの非暴力主義と、ホー・チ・ミンや毛沢東の武装闘争の間には深い溝がある。暴力を否定すべきか。正義の暴力があるのか。厳しい問いが残る。

英雄の姿、民衆の顔

この番組には名も無き民衆も登場する。荷車を引く男たち。鉄道建設の労働者。回転する踊り子。ガンディーと糸を紡ぐ老若男女。草鞋で戦地に赴く若者。縛った共産党員を運ぶ国民党兵士を追う人々。日本人将校の処刑に集まった人々。傷ついたフランス人兵士。

カメラマンも人々に観察されている。赤子を背負って見つめ返す少女。まぶしそうにこちらを眺める男。「帝国の歴史」「国民の歴史」「革命の歴史」という大文字の物語からは外れた、個々の人間の歴史的瞬間。レンズの向こうから、時空を超えて人々が問いかける。偉大な指導者も、ふとした表情でこちらを見ている。

グローバリゼーション時代を迎えて国民国家の綻びが目立ち、強硬なナショナリズムが吹き荒れている。自由のために命がけで国民国家を建設した人たちは、今の世界をどう見るのだろうか。映像の中の人々に聞いてみたい問いだ。

さらに学ぶ人のために

独立への歩みについて、ベネディクト・アンダーソン／白石隆・白石さや訳『定本　想像の共同体—ナショナリズムの起源と流行』（書籍工房早山、2007年）は良書。ガンディーの著作『真の独立の道（インドの自治）』（田中敏雄訳、岩波文庫、2001年）や『ガンジー自伝』（蝋山芳郎訳、中公文庫、2004年）、リチャード・アッテンボロー監督の映画『ガンジー』（1982年）はお勧め。ホー・チ・ミンは、古田元夫『ホー・チ・ミン—民族解放とドイモイ』（岩波書店、1996年）、小倉貞男『ドキュメント　ヴェトナム戦争全史』（岩波現代文庫、2005年）、毛沢東は、『毛沢東語録』（竹内実訳、平凡社、1995年）、フィリップ・ショート／山形浩生・守岡桜訳『毛沢東　ある人生』（白水社、2010年）などがある。同時代に書かれたエドガー・スノー／松岡洋子訳『中国の赤い星（上・下）』（ちくま学芸文庫、1995年）は古典中の古典である。

（竹中千春）

I－7　冷戦の起源——権力政治とその犠牲者

『映像の世紀第７集　勝者の世界分割　東西の冷戦はヤルタ会談から始まった』／1995年９月23日／75分／制作統括：河本哲也ほか、ディレクター：辻泰明／1995年度毎日芸術賞、同第22回放送文化基金賞（個人・グループ部門）　D O

東西冷戦の起源とヤルタ会談

第二次世界大戦終結を間近に控えた1945年２月、クリミア半島のヤルタで米英ソ首脳会議（ヤルタ会談）が開催された。本番組は、米・英・ソ三首脳の間で展開された外交的駆け引きが東西冷戦「世界分割」の基本的枠組を形成したとする立場から、放映当時に新たに発掘された映像を駆使してその過程を描いたものである。

冷戦がいつ始まったのかについては、研究者の間で多様な議論がある。共産主義イデオロギーが登場した時期や、旧ソ連が成立した時期に起源を求めるものなど、ヤルタ会談以前の推移に注目する見方がある。その一方で、アメリカ政府部内で対ソ認識が対決的になっていった、ヤルタ会談後の過程を重視する見方もある。

『映像の世紀第７集　勝者の世界分割　東西の冷戦はヤルタ会談から始まった』

加えて、本番組でも明示されているように、ヤルタ会談では米ソ間よりも英ソ間での対立が先鋭的であり、ローズベルト米大統領は、チャーチルとスターリンの調停を試みていた。米ソ関係が後戻りできないほどに悪化していくのは、同年４月にローズベルトが急死した後である。つまり、ヤルタでは戦時協調を大戦後も維持する努力がなされたといえ、ヤルタから冷戦が始まったという本番組の副題が示す見方には、一定の留保が必要である。むしろ、冷戦が始まるプロセスの中に、ヤルタ会談をどう位置づけるのかについて検討することが重要だろう。そのための有益な材料を本番組は提供している。

蹂躙される人々

本番組には、「勝者による世界分割」という権力政治の展開に加えて、もう一つの重要な展開についての描写がある。それは、権力政治の裏で市民たちが強いられた犠牲の描写だ。ヤルタ会談で条件付けられた、ドイツの分割占領も、ソ連の対日戦参加も、ドイツとベルリンの東西分断および朝鮮半島の南北分断を生み出すものだった。それは、世界地図の上での分断だけではなく、ドイツ、ベルリンおよび朝鮮の市民が、家族や愛する人々との決別を強いられたことも意味した。ヤルタ会談で紛糾したポーランドの戦後処理をめぐっては、ソ連の呼びかけに応じてドイツ軍に対して蜂起したポーランド市民が、そのソ連に見捨てられナチス・ドイツに殲滅された悲劇が描かれている。これも、戦後のポーランドを共産主義国家として成立させようとするソ連の権力政治に蹂躙された人々の物語である。

冷戦は、東西どちらのイデオロギーが唯一の正義なのか、をめぐる戦いでもあった。この戦いは、１つのイデオロギーで社会を染め上げるために、思想的な洗脳と心理的操作を通じて行われた。本番組でも、当時作られたプロパガンダ映画などの映像を用いて、その実態が描かれている。すなわち人々は、思考する自由も蹂躙されたのである。その蹂躙は、冷戦期の全般を通じて続けられた。

冷戦を見る眼　冷戦の時代を、第三次世界大戦が勃発しなかったから「長い平和」（Long Peace）であった、とみなす議論がある（J. L・ギャディス『ロング・ピース』五味俊樹他訳、芦書房、2002年）。確かに冷戦期には、全面核戦争の危機が米ソの政策決定者によって回避された事例が見られた。この側面に注目し、冷戦を肯定的に解釈することもできるだろう。しかし本番組で描かれた、翻弄される市民たちの姿や、ヤルタ会談から５年後に勃発した朝鮮戦争の戦場に送られていく米軍兵士が愛する人と別れの抱擁をする場面を見たとき、「長い平和」論には強い違和感をもつ。さらに、冷戦の時代を通じて約2000万人が紛争の中で命を奪われた事実を知れば、その違和感はいっそう強まる。従来あまり光が当てられてこなかった、蹂躙された人々の姿を、私たちは強く胸に刻みつつ、冷戦の歴史を凝視していく必要があるのではないだろうか。

さらに学ぶ人のために　R. マクマン／青野利彦他訳『冷戦史』（勁草書房、2018年）。最良の入門テキストである。

（田中孝彦）

I－8　せめぎ合う戦争の恐怖と自由への渇望

『映像の世紀第８集　恐怖の中の平和　東西の首脳は最終兵器・核を背負って対峙した』／1995年11月18日／75分／制作統括：河本哲也ほか、ディレクター：堤啓介／1995年度毎日芸術賞、同第22回放送文化基金賞（個人・グループ部門）
D **O**

繰り返された核実験

人類は1945～2017年の間に、2056回の核実験を行った（大気圏内528回、地下1528回。広島と長崎に対する原爆使用を除く）。そのうち、アメリカが1030回、ソ連／ロシアが715回を占める（Arms Control Association 調べ）。

ヒロシマ・ナガサキの後に、膨大な数の核実験が、アメリカ・ソ連・日本・太平洋の島嶼・オーストラリアなどに新たな被爆者を生み出し、南太平洋の環礁を粉々にして成層圏にまで吹き上げ、北極・南極圏や深海底の生物にも放射性物質をばらまいた。本番組は、まず核実験による破壊の凄まじさを描く。

なぜこんなにも沢山の核実験が行われ、人類を数十回も絶滅させるほどの過剰な破壊力が蓄積されたのか。その背景にあるのは冷戦だ。冷戦とは、恒常化した「危機」であり、一つ間違えれば東西間の第三次世界大戦に転化し、人類を滅亡させかねないという事態だった。朝鮮戦争（1950年６月勃発～1953年７月停戦）、東ベルリン暴動（1953年６月）、ハンガリー動乱（1956年10月）、スプートニク・ショック（1957年）、ベルリン危機（1958年）、アメリカの偵察機Ｕ２の撃墜（1960年）、ベルリンの壁の建設よる二度目のベルリン危機（1961年）、キューバ危機（1962年10月）など、1950年代から1960年代にかけて次々と起こった危機の厳しさを、本番組は映像を通して鮮烈に伝える。しかし、本ドキュメンタリーは、冷戦を単なる出来事の歴史として描くのではなく、冷戦を生きた人々の内面に立ち入り、冷戦を人間が引き起こした事態として描く。そして、その主旋律をなすのは「恐怖」だ。

『映像の世紀第８集　恐怖の中の平和　東西の首脳は最終兵器・核を背負って対峙した』

恐怖が駆動する核軍拡　ソ連の指導者スターリンは、圧倒的な軍事力と経済力、そして核兵器をもつ資本主義の超大国アメリカによる自国への攻撃と必然的な敗北の恐怖に震える。それを阻止するために巨大な破壊力を渇望する。共産主義の拡大に怯えるアメリカは、ソ連の核武装に対抗して水爆開発を決意する。恐怖に対してより大きな恐怖を与える力をもつために、巨大核弾頭とミサイルの開発を含む核軍拡競争が駆動される。宇宙開発はその一環だ。

冷戦を駆動していた恐怖は自動的に安定や平和へ向かうシステムをつくらなかった。当時の指導者たちが感じていたのは、生き残りを賭けた本源的で不安定な恐怖だ。自らの劣勢を知るソ連は、宇宙開発の成功を過大に誇示し、失敗や事故を隠し通そうとする。本番組では描かれていない「ウラルの核惨事」と呼ばれる大規模な放射能汚染事故も起きた。アメリカでは共産主義を恐れるあまり「赤狩り」が行われ、罪無き人々が傷ついた。恐怖が政治システムを歪めていく。

恐怖が本番組の主旋律だとすると、対旋律は民衆の自由への渇望だ。ソ連軍と戦ったハンガリーの人々、ベルリンの壁を越えようとした東ドイツの人々は、自由のために命を賭けた。ソ連と各国の指導者たちは、力と弾圧で体制の危機を克服しようとした。強権体制とそれへの恐怖は自由への渇望を生むが、前者が後者を圧倒し、西側が東の人々を見放すことで、東側の体制は存続した。

やがて、1980年代後半、主旋律と対旋律が入れ替わる。東西の指導者が互いへの恐怖に代わって信頼を築こうとし、東欧の民衆の自由への渇望が体制への恐怖を克服したとき、冷戦が終わりを遂げる。それは本番組の範囲を超える。

この間、核兵器は実戦使用されなかった。今では、核兵器の巨大な破壊力のゆえに米ソの指導者はもはや戦争を選択し得ず、冷戦は平和を生むシステムであったという誤解が幅広く定着している。本番組はそれが誤解であることの証明だ。核兵器が使用されなかったのは、「運が良かっただけ」だったということを肝に銘じなければならない（詳しくは本書「誤算と誤認の連鎖」〔石田淳〕を参照）。

さらに学ぶ人のために　『博士の異常な愛情—または私は如何にして心配するのを止めて水爆を愛するようになったか』（スタンリー・キューブリック監督、1964年）と『アトミック・カフェ』（K. ラファティ、J. ローダー、P. ラファティ監督、1982年）は、冷戦の狂気をブラック・ユーモアたっぷり、かつリアリティをもって描き出している。必見だ。

（遠藤誠治）

Ⅰ-9　自由と民主主義の主体とは誰か

『映像の世紀第９集　ベトナムの衝撃　アメリカ社会が揺らぎ始めた』／1995年12月16日／74分／制作統括：河本哲也ほか、ディレクター：堤啓介／1995年度毎日芸術賞、同第22回放送文化基金賞（個人・グループ部門）　D O

理念の実像　冷戦期の共産主義との対立の中で、アメリカは自由民主主義こそが最善の政治体制であり、その実現を手助けできる国は、アメリカしかないと考えていた。しかし、そうした自由と民主主義の模範的存在としての自負は、東南アジアへの介入政策において否定されるだけでなく、足元のアメリカ社会においても揺らぐことになった。

フランスの植民地支配に抗するインドシナ戦争は、東西対立の枠組みに置き換えられ、自由と民主主義を守るためのアメリカの戦争となった。しかし、焼身自殺により南ベトナム政府に抗議する僧の姿や、路上で処刑される解放戦線兵士の姿が映像を通して茶の間に伝わると、アメリカの若者が命を捧げている戦いが、本当に自由と民主主義を守るためなのか、という疑問がアメリカ社会に広がった。

北ベトナム側から後に提供された映像は、こうした理念と現実の落差をさらに裏付けた。軍事施設のみ攻撃しているはずの北爆により殺傷される北ベトナムの人々や、解放戦線の拠点と断定されて焼き払われた村に住む南ベトナムの人々にとって、アメリカこそが侵略者であった。水滴が石に穴をあけるがごとく、アメリカ軍の摩耗を試みたベトナムの人々による抗戦は、自己決定権を自らの手に取り戻すための戦いであった。逆に、敵か味方かわからない状況の中に置かれたアメリカ兵にとって、ベトナム戦争は大きな心の負担となった。

『映像の世紀第９集　ベトナムの衝撃　アメリカ社会が揺らぎ始めた』

領海侵犯を隠し、公海上で攻撃を受けたとの嘘を根拠にアメリカの北ベトナム攻撃は本格化した。しかし、現地からの映像が政府発表と異なる事実を伝えるにつれ、戦争への疑念がアメリカ社会の内側で強まり、戦争継続を難しくしたのだった。

ベトナム敗北は短期的には介入への反省を生んだものの、超大国としての地位を保ち続けたアメリカにとって、長期的には世界への視座が変わったわけではなかった。むしろ、強大な軍事力で徹底的に相手を制圧することの重要性が、その後のアメリカ外交に残されたベトナムの教訓であったとすらいえる。

内側からの異議申し立て　他国に自由と民主主義をもたらそうとしたベトナム戦争で、白人とアフリカ系アメリカ人の兵士が肩を並べて戦う一方、アメリカ国内には人種差別が根強く残っていた。冷戦のイデオロギー抗争に負けないためにも、アメリカは内なる差別への対応を迫られた。

奴隷解放から１世紀を経て、ようやく公民権法、投票権法は成立したものの、即座に差別の構造に変化は生じなかった。スラム街に集住するアフリカ系は、どこへももっていけない怒りを都市暴動として爆発させた。他方、伝統的な社会構造が急変することに対し、保守層は脅威を抱いた。アメリカ社会の中には、暗殺という手段が用いられるほどに、深い亀裂が走っていた。

そうした亀裂は政治的にも利用された。高等教育を受けた若者が、大学紛争や平和運動という形で国家権力に挑戦する一方、戦場へと送られ続けた労働者層は、「声なき多数派」としてベトナム戦争支持へと動員された。分断の政治的利用は今日も繰り返されており、社会の亀裂を深める政治家の無責任さは否めない。また、労働者層の若者は、1975年に徴兵制度が廃止された後も兵役を志願し、奨学金を得て進学し、社会的上昇の手段とした。社会経済的な格差が命の重みを決めるという二重の格差は、むしろベトナム戦争後により明らかになってくる。

激動の60年代は、戦場であった東南アジアとアメリカ国内の生活空間という、全く異なる２つの場において、自由とは何か、民主主義とは何かという理念の真意と、それを決めるべき主体が誰かを問う戦いが繰り広げられた時代であった。

さらに学ぶ人のために　『フォッグ・オブ・ウォー―マクナマラ元米国防長官の告白』（ロバート・マクナマラ出演、エロール・モリス監督、ソニー・ピクチャーズ・エンタテインメント、2009年）。冷戦の対立を回顧するマクナマラの視線が、アメリカ中心の世界観を再確認させる。ウィリアム・ショークロス／鎌田光登訳『キッシンジャーの犯罪』（パシフィカ、1980年）。敗戦の汚名を免れて撤収するため、近隣諸国に戦火を拡大させたアメリカの責任が問われる。

（大津留（北川）智恵子）

Ⅰ-10　民族自決の理念と幻想

『映像の世紀第10集　民族の悲劇果てしなく　絶え間ない戦火、さまよう民の慟哭があった』／1996年1月20日／74分／制作統括：河本哲也ほか、ディレクター：大和啓介／1995年度毎日芸術賞、同第22回放送文化基金賞（個人・グループ部門）
D **O**

難民の世紀

複数の多民族帝国を崩壊させることとなった第一次世界大戦を経て、世界は民族自決を高らかに掲げる時代を迎える。それは帝国の専制君主の支配から少数「民族」を解放する崇高な理念であると同時に、1つの「民族」が1つの国家をもつべきだという幻想を現実の世界で実現させようとする特異な時代の幕開けでもあった。本番組はその理念と幻想のはざまで国民国家の枠組みからこぼれ落ち、逃げさまよう人々の姿を映し出す。

映像に初めて登場する難民は、第一次世界大戦末期、ムスリムが多数派を占めたオスマン帝国から逃れるアルメニア人である。これにロシア革命後の内戦に敗れ亡命する「白系ロシア人」、ナチス・ドイツの純血主義の犠牲となったユダヤ人、ユダヤ人国家イスラエルの建国によって住んでいた土地から追い立てられるパレスチナ難民等が続く。多民族で構成されていた帝国を一民族一国家の原則に沿って組み替えることは、すなわち少数派の追放か虐殺を意味したのである。

この民族自決の時代に抗うかのように存続した多民族国家ソビエト連邦とユーゴスラビアも、冷戦終結とともに解体する。中でもユーゴ解体の過程で生じた凄惨な内戦は、さらに多数の難民を流出させた。他方で、冷戦期に民族自決原則のもと欧米列強から独立を勝ち取ったアジア・アフリカの国々は、決して「民族」としてまとまることはなかった。番組はベトナムとカンボジアが同じ「民族」どうしで殺し合う戦場と化し、多くの人々が戦火を逃れて国外へ逃げ惑う

『映像の世紀第10集　民族の悲劇果てしなく　絶え間ない戦火、さまよう民の慟哭があった』

姿を伝える。20世紀は確かに「絶えず難民を生み出してきた難民の世紀」だった。

悲劇の元凶は「民族」か？

しかし、これは「民族」の悲劇なのだろうか。この夥しい数の難民を生み出す元凶は「民族」だろうか。この点に関してDVD/BDに付属されている制作ディレクターによる制作後記には次のような興味深い記述がある。「セルビア人もクロアティア人もスラヴ系民族である。顔を見ただけでは区別がつかない。彼等が話す言語も今でこそ、セルビア語とかクロアティア語とかいう呼び方をするが、ほとんど差がない。」なぜ旧ユーゴで紛争が勃発する前は「セルビアの子供とクロアティアの子供が机を並べて勉強していた」のに、それができなくなったのか。もし「民族」が対立の原因なら、紛争を予防し終結させるには、限られた土地を「民族」ごとに分割するしか策はなく、民族共存などあり得ない。しかし、どこまで分ければ違いのない同質な「民族」集団となるのだろうか。

1980年代以降に生み出された優れたナショナリズム研究は、近代以降の「民族」が極めて政治的概念であることを浮き彫りにした。再び旧ユーゴを例にとれば、冷戦期にこの国が多民族国家として存続できたのは、カリスマ的指導者チトーの政治的手腕によるところが大きい。これに対して90年代にセルビア人とクロアチア人の対立が再燃したのは、セルビア民族意識を煽って台頭したミロシェヴィッチ抜きには語れない。すなわち「民族」の対立は自明なのではなく、政治的道具として「民族」の違いが強調されたときに紛争が起きるのである。そして現代において民族意識を鼓舞するのに最も有効な手段として用いられてきたのが映像だったことも付言しておきたい。

欧州で生み出された民族自決の原則は、その後、アジア・アフリカにおける植民地解放運動を支えた。しかし民族自決が排外的な思想と結びつき、大衆の支持を得るといかなる悲劇が待ち受けているのかは、本番組が伝えるところである。

さらに学ぶ人のために

E・J・ホブズボーム／浜林正夫他訳『ナショナリズムの歴史と現在』（大月書店、2001年）は、現代のナショナリズムの特徴を大衆の支持に見出し、ナショナリズムの歴史を読み解く良著。高木徹『戦争広告代理店—情報操作とボスニア紛争』（講談社、2002年）は、「民族」の国際的イメージ（セルビア悪玉論）が作り出されてゆく過程をPR会社の働きから追った話題作。NHKドキュメンタリーを書籍化したもの。　（下谷内奈緒）

I-11　人類が初めて経験した未曽有の世界大戦

『新・映像の世紀第１集　第一次世界大戦・百年の悲劇はここから始まった』／2015年10月25日／72分／制作統括：寺園慎一ほか、ディレクター：貴志謙介／放送人グランプリ2016（第15回優秀賞）、2016年度グッドデザイン賞　**D** **O**

世紀の転換を象徴する初の世界大戦

第一次世界大戦は、19世紀の国際社会が抱えていた諸々のひずみが一気に噴出した世界史上の転機である。民族主義者によるオーストリア皇太子の暗殺事件で火蓋が切って落とされ、植民地を各地に広げていたイギリス・フランスと、帝国主義的野心に燃えるドイツが正面から激突した。ヨーロッパの東西からアジア、アフリカにも戦線を拡大して４年間に及んだ戦禍は、その果てにロシア帝国、オーストリア＝ハンガリー帝国、オスマン帝国の解体を引き起こした。

それは規模においても内実においても、人類が初めて経験した未曽有の大戦争であった。同盟関係が複雑に入り組む中、30を超える国々がそれぞれの思惑とともに巻き込まれた結果、1700万人の死者、2000万人の負傷者という犠牲が残された。銃後の民間人も物資の生産等に大規模に駆り出され、各国は総力戦の中で疲弊していった。膨れ上がる軍事費とその貸し付けは大戦後期にアメリカ合衆国を参戦に引き込む一方、戦後の巨額な賠償要求となって敗戦国ドイツを苦しめる。こうして20世紀における「西洋の没落」（O・シュペングラー）は決定づけられたのである。

『新・映像の世紀第１集　第一次世界大戦・百年の悲劇はここから始まった』

第一次世界大戦では対人・対物兵器が急速に発達した。それまで繁栄のシンボルであったはずの科学技術が大規模に転用され、戦場における合理的な殺人道具に変えられたのである。例えば、戦車、軍用機、化学兵器などがこの戦争を機に開発され、矢継ぎ早に実戦に投入されていった。戦争それ自体やその方法を規制する戦争法規は当時まだ十分ではなく、人道性の原則は軍事的必要性を前にしてほとんど沈黙を余儀なくされていた。

本編中で特に印象に残るのが、「化学兵器の父」とも呼ばれたドイツの科学者フリッツ・ハーバーにまつわるエピソードである。ハーバーはその並外れた才知で、毒ガスという新たな殺人手段をこの世に送り出した。抗議する妻に向かって彼は言う――「毒ガスは、戦争を早く終わらせ、ドイツの兵士を救うのだ」。私たちは、戦争を終わらせるための殺人という全く同じ理屈が、その四半世紀後、科学技術の新たな到達点である核兵器を手にした政治指導者によって発せられたことも知っている。

第一次世界大戦と私たち

第一次世界大戦からすでに100年が過ぎた。今の時代にあらためて何を考えたらよいだろうか。この間、人類の歴史はさらなる飛躍を成し遂げた。しかしながら、どれほど歩みを進めようとも戦争の影は人類の後ろを付いて離れない。無人攻撃機は標的殺害のために日夜見えない上空を飛び回り、AI（人工知能）技術に伴う自律型兵器の登場は交戦者の非対称性を一層拡大させ、隈なく張り巡らされたIT（情報技術）環境は同時にサイバー戦争の舞台にもなっている。科学技術が私たちの生活を豊かにし、また新たな脅威ともなるという二面性は、100年前の人類が直面した状況と瓜二つのままである。

第一次世界大戦は、映像技術が捉えた史上初の戦争であったという。本編では、勇ましく演説する政治家、果てしない塹壕戦に消耗する兵士、軍需工場で必死に働く女性、戦場の真似事に興じる子どもたちの姿が、戦争の偽らざる現実として生々しく描かれる。中東紛争、エネルギー争奪、総力戦、プロパガンダ、地雷、空爆、大量破壊兵器、軍需産業、難民など、のちの歴史に刻まれる「百年の悲劇」の原点がどれもここにある。平和研究・教育の手がかりとして、本編が語りかけるメッセージの価値は計り知れない。

さらに学ぶ人のために

第一次世界大戦の史実について扱った文献は入門書から専門書まで数多くあり、探すのに困ることはないだろう。当時の従軍兵士や民間人を描き出した映画史上の名作として、以下の二点を挙げておく。『西部戦線異状なし』（ルイス・マイルストン監督、1930年）。『大いなる幻影』（ジャン・ルノワール監督、1937年）。

（松元雅和）

Ⅰ-12　資本主義というモンスターの誕生

『新・映像の世紀第２集　超大国アメリカの出現・グレートファミリー　新たな支配者』／2015年11月９日／49分／制作統括：寺園慎一ほか、ディレクター：春日真人／放送人グランプリ2016（第15回優秀賞）、2016年度グッドデザイン賞

D **O**

繁栄と欲望の時代

映像はニューヨーク、ロックフェラーセンターから始まる。石油という新しいエネルギーに目をつけ、全米の石油産業の９割を独占したスタンダード石油を創設したロックフェラー家が建設した。第一次世界大戦後、大戦で疲弊した欧州列強を尻目にアメリカは好景気を謳歌し、資本主義大国として台頭する。1920年代、繁栄と欲望が渦巻いたアメリカを支配したのが、ロックフェラー家をはじめとする巨大財閥グレートファミリーだった。

その発言力は大統領をも凌いだ。大戦中、ウィルソン大統領は、「勝者なき平和」の理想を掲げ、公正な講和条約の締結を目指していた。しかし、講和会議の結果生まれたのは、ドイツに過酷な賠償を科す懲罰的な講話条約だった。この条約に大きくかかわったのが、「ウォール街の帝王」と呼ばれた銀行家モルガン。モルガンは連合国に貸し付けた戦費の回収に拘り、ドイツに重い賠償金を科すよう主張した。会議はウィルソンより、モルガンが主張した方向に動いた。

移民も繁栄の時代の重要な立役者となった。ロシアから迫害を逃れてきたユダヤ人は、隙間産業だった映画産業を発展させ、映画の都ハリウッドを誕生させた。大量の移民が工場労働者として、安価な労働力を提供した。自動車王ヘンリー・フォードは、英語を基礎から学べる学校をつくり、禁酒法の成立にも尽力し、移民を勤勉な「アメリカ人労働者」へと変えることを目指した。

『新・映像の世紀第２集　超大国アメリカの出現・グレートファミリー　新たな支配者』

1920年代、アメリカの国民所得は増大し、大量消費時代が到来した。この契機を捉えたのが大戦

中、火薬を大量生産し、「死の商人」と呼ばれたデュポンだった。戦後デュポンは、火薬の原料から様々な素材を開発。ナイロンストッキングは、ミニスカートにショートヘア、強めのメイクアップの「フラッパー」と呼ばれた女性に愛好された。自分の欲望を率直に追求することが新たな価値とされた。

繁栄の終焉―大恐慌　繁栄の1920年代、自動車や住宅ローンが普及し、当座の現金なくても物が手に入り、わずかな資金で、あとは株券を担保に借金をして株が買えた。世界大恐慌は、モルガン商会がフーヴァー大統領に、繁栄は今後も続くという楽観的な見通しを語った数日後に起こった。大恐慌を目撃し、経済学者ケインズは、資本主義は公正でも道徳的でもないが、かといってその代替は容易に見つからないという複雑な心情を吐露している（論文「国家的自給」1933年）。恐慌は瞬く間に世界に広がり、ドイツ、イタリア、日本ではファシズム政権が成立、資源と市場を求めて海外へ膨張していく。デュポン家は火薬メーカーに戻り、モルガンは政府発行の戦時公債の販売を引き受け、ファシズムに対するアメリカの「正義の戦争」を支えていく。

もっとも大恐慌前から資本主義の矛盾は顕在化していた。広がる格差を背景に各地でデモが頻発、ロックフェラー家所有の会社でも労働者が大規模ストライキを起こし、鎮圧の際に多くの犠牲者を生んだ。しかしロックフェラーは意に介さなかった。「我々は全世界に伝道を行った。富を築く才能は神からの贈り物だ」と。大恐慌後も、その資本主義への信念は不変だった。ロックフェラーセンターの建設が進められ、ウォール街では、一族が理想とした「自由貿易による世界平和」にちなんだ「ワールド・トレード・センター」の建設が進んだ。2001年、同時多発テロ事件で崩れ去ることになるビルだ。

資本主義は本当に人類にとっての福音であったのだろうか。2020年の今日、富の格差は極大化し、上位の富豪数十名が、世界の半分以上の富を保有する。資本主義の非倫理性はどう克服できるか。ケインズの問いは今日一層重い。

さらに学ぶ人のために　ヘミング・ウエイ／高見浩訳『日はまた昇る』（新潮社、2003年）。第一次世界大戦の経験から従来の価値観に懐疑を抱くようになった「失われた世代」の群像を描き出す。スコット・フィッツジェラルド／野崎孝訳『グレート・ギャツビー』（新潮社、1974年）。狂騒の1920年代の光と影を描き出した米大衆文学の代表作。映画もお勧め。　（三牧聖子）

Ⅰ-13　ナチ・ファシスト体制の戦争

——映像と記憶をめぐる問題

『新・映像の世紀第３集　第二次世界大戦・時代は独裁者を求めた』／2015年12月20日／73分／制作統括：寺園慎一ほか、ディレクター：伊川義和／放送人グランプリ2016（第15回優秀賞）、2016年度グッドデザイン賞、2015年度第53回ギャラクシー賞（奨励賞）
D O

独裁の行き着く先

第二次世界大戦へ向かう各国の貴重映像を網羅し、的確に編集を加えた本番組は、入門編として優れたものとなっている。独裁がもたらす悲劇の深刻さを伝えると同時に、戦後の冷戦を見据えた展開も考えられた好作品である。

ただ、独裁者と同様に国民も進んで戦争へ突っ走ったとすることは難しいかも知れない。ある面で人気の出る政策が実行されたとしても、実際の経済効果が番組で語られた程であったかは疑わしく、むしろ当時の宣伝映像をそのまま使用した感も否めない。ドイツの軍需産業についての映像は鋭い指摘となっているが、オーストリア合邦時に派遣されたドイツの誇る装甲師団が次々と技術的問題に見舞われ、後のチェコ併合を誘引した事実も重要である。チェコの軍需産業をフルに利用することで対仏戦は実行されており、ドイツ兵器の優秀さは体制宣伝の色彩が濃厚といえよう。すなわち、ナチスの人種主義においては、スラヴ民族が高度な技術を有していたと認められず、アメリカの投資などについては報じられても、体制のイデオロギーに沿った情報のみが提示されていた。

同様にミュンヘン会談についても、当時の独伊両世論は戦争が回避されたことに安堵の雰囲気が強く、政府側はこうした厭戦的傾向が蔓延しないように躍起となっていた。人々は独裁を選んでも、戦争を望んでいたかは疑問であり、にもかかわらずナチ・ファシスト体制が戦争に突き進んだ点について、もう少し突っ込んだ分析が必要だったと思われる。それは対外侵略に関する姿勢が、日独伊三国と連合国側を分かつ１つの重要な要素になると考えられるからである。戦争が枢軸諸国の体制とイデオロギーにとって重要なものであったとすれば、第二次世界大戦へ向かった流れは偶然ではなく、国内の暴力をめぐる問題とともに見逃せない論点となろう。

過去の記憶と将来の指針をめぐって

番組ではドイツにおける抵抗者マルティン・ニーメラーが取り上げられていたが、無関心が独裁政治の暴走を加速させたという意味で重要な言及となっている。しかし、多くのドイツ人が戦後なお「知らなかった」とナチスの過去を都合良く解釈する態度に象徴されるように、過去の歴史認識をどのような形で将来の選択に生かしていくかが問われよう。ドキュメンタリーの中では、オーストリアが合邦される際、熱狂的な歓迎が生じたと説明されていたが、問題は沿道に出て親独的姿勢を示した人々に限られるわけではない。ワルトハイム事件をめぐり、元オーストリア首相ブルーノ・クライスキーはドイツ軍の進駐に対して３分の１は沿道で歓迎し、３分の１は呆然とそれを見守り、残りの３分の１は家に閉じこもっていたと指摘している。彼は、ワルトハイムがナチス突撃隊の将校であったことそれ自体を罪として問うつもりはないが、ワルトハイムがそうした事実を隠蔽し、なかったことにした点は許されないと批判している。オーストリア史上初のユダヤ人首相としてワルトハイムを国連事務総長に推薦していたクライスキーは、単なる抵抗者と追随者という二分法に陥らない選択肢を模索したとも考えられる。

『新・映像の世紀第３集　第二次世界大戦・時代は独裁者を求めた』

その後、欧米諸国からの批判に国内世論が反発したこともあり、オーストリア市民はワルトハイムを大統領に選出するが、ナショナリズムと過去の記憶を明確に認識して克服していくことは、ドイツに限らず我々が直面する課題である。

さらに学ぶ人のために

映像としては、番組中でも紹介されていたチャップリンの「独裁者」は、人々がこうした問題にどう対処していくべきなのかを問うている。他方、当時の枢軸国がなぜ、どのように戦争へ向かっていったのか、について社会科学的な分析をした著作としては、以下の２冊を参照されたい。丸山眞男、古矢旬編『超国家主義の論理と心理』（岩波文庫、2015年）。石田憲『日独伊三国同盟の起源―イタリア・日本から見た枢軸外交』（講談社選書メチエ、2013年）。

（石田　憲）

Ⅰ-14　冷戦と権力の謀略――独善的「正義」の闇

『新・映像の世紀第４集　冷戦・世界は秘密と嘘に覆われた』／2016年１月24日／75分／制作統括：寺園慎一ほか、ディレクター：貴志謙介ほか／放送人グランプリ2016（第15回優秀賞）、2016年度グッドデザイン賞　D O

冷戦の精神構造と２つの狂気

冷戦期の国際政治は、共産主義と資本主義という二つの相反するイデオロギーのどちらが唯一の「正義」なのかをめぐる、社会を巻き込んだ戦いとしての性格をもっていた。この２つのイデオロギーは、実はよく似た性質をもっていた。それは、自らのイデオロギーは普遍的な「善」であり、唯一の正義を体現したものであると信じる独善性である。その「正義」を認めない者は「悪」とみなされ、世界から抹消されねばならない恐るべき「敵」とみなされた。自分を敵から守るためならば、どのような手段を使っても正当化される。冷戦期の米ソ関係の展開には、このような精神構造が投影されていた。それを背景として米ソの国家権力は、自国内と自陣営内のイデオロギー的統制を強力に試みた。また敵の手に落ちそうな地域に対しては暴力的かつ非人道的に介入し、またそれに反対する自国内の勢力も、卑劣な謀略と暴力で排除しようとした。その中で、多くの人々が、残酷極まりない暴力のもとで未来を失った。ここには冷戦が生み出した一つの「狂気」を見ることができる。

もう一つの「狂気」は、人類を何度も滅亡させるだけの核兵器をもちつつ、お互いを脅迫しあっていた米ソ核対立に見ることができる。悪である敵が、自らを凌駕するような核兵器の開発や配備を行う可能性に激しい恐怖を感じながら、敵への核攻撃をオプションにいれつつ対峙し続ける、狂気のプロセスである。

『新・映像の世紀第４集　冷戦・世界は秘密と嘘に覆われた』

この２つの狂気を背景として、スパイによる謀略戦や、秘密工作と暴力による対外的介入、そして人間性を無視した対内的監視の仕組みができあがった。

肥大化し高度化した諜報機関　東西両陣営とも、これらの統制、介入、および謀略戦の中心にあって暗躍したのが、諜報機関だった。

国内的統制にあたって、市民や権力者への徹底的な監視と情報収集に従事したFBIやシュタージの活動が、いかに卑劣で人間性を欠いたものだったか。本番組を見た視聴者は、どんな気持ちになるだろう。しかし、第二次世界大戦中から権力による思想統制を通じた警察国家の体制は、ナチス・ドイツや日本においても存在していた。冷戦期について注目すべきは、これらの諜報機関が、高度に組織化され巨大な機関として発達したことである。国際的な活動においても、CIAとKGBは世界大にスパイ活動を展開し、第三世界の各地域で秘密工作によるクーデターや要人暗殺に加担した。その活動の中で、謀略活動のための秘密工作などの技術は高度化し、組織もネットワークも肥大化していったのである。

不正義の歴史は報復する　本番組がなまなましく描く、冷戦裏面史の闇の深さは、見る者を慄然とさせる。しかし、それだけではなく、ベトナム、イラン、そしてアフガニスタンでのCIAによる介入が生み出した現地での憎悪の歴史が、のちにアメリカへの報復を誘った事実に、視聴者は気づくだろう。冷戦の終焉に際して起きた、東ヨーロッパでの巨大な市民革命のうねりも、冷戦中の非人道的統制に対する蓄積された憎悪を重要な原因とする。あたかも、独善的正義の意識のもとに行われた冷戦期の不正義の歴史が、時を経てそれをなした者に報復したかのようである。

また、諜報機関の肥大化というもう一つの冷戦の負の遺産にも目を向ける必要があるだろう。監視社会の深まりという現在の状況の一つの源流もまた、冷戦期に見出すことができるのではないだろうか。

さらに学ぶ人のために　D. E. ホフマン／平賀秀明訳『死神の報復（上·下）』（白水社、2016年）。冷戦終焉期の核軍拡競争における米ソの諜報戦についてのノンフィクション。映画『善き人のためのソナタ』（F. H. ドンナースマルク監督、2006年）。冷戦末期の東ベルリンにおける反体制派市民に対する監視活動を題材にした作品。監視役の主人公が、自分の活動の非人間性に気づいていく過程の描写が秀逸である。

（田中孝彦）

I－15　理想主義が現実の国際政治を動かすとき

――68年の思想のグローバルな転移とその帰結

『新・映像の世紀第５集　激動の1960年代・若者の反乱が世界に連鎖した』／2016年２月21日／49分／制作統括：寺園慎一ほか、ディレクター：春日真人／放送人グランプリ2016（第15回優秀賞）、2016年度グッドデザイン賞　D O

1960年代末、若者たちの反乱が世界で同時多発的に巻き起こった。西側ではヴェトナム戦争反対の声だった。東側でも、自由と民主化を求める声が沸き上がった。プラハの春の弾圧に反対して世界各地で若者たちを団結させたのは、テレビだった。衛星中継が実用化され、あらゆる出来事が世界に瞬時に伝わるようになり、国境のきわを越えて若者たちの団結を可能にさせた。

革命の主体としての若者

戦後の繁栄の時代に生まれたベビーブーム世代の多くは大学生に成長し、その時代の新たな文化を生み出した。その文化の担い手たちが革命の新たな主体となった。ヒッピーたち、黒人文化を取り入れたロックミュージックなど、カウンターカルチャーを通じてつながった彼らの力は、のちにベルリンの壁を突き崩すこととなる。

学生運動の主戦場は日常の生活空間たるキャンパスや職場、そして路上だった。ベトナム戦争が悪化すると学生たちに召集礼状がきて、やっと戦争が自身の人生に降りかかる。そこで国から大学の学長まで、いかなる権威にも屈しないという姿勢が明瞭になっていった。この姿勢は新たなアナキズムの潮流を生むが、上の世代たちはこの反権威とオートノミーを重視しエコロジーを胚胎したアナキズムを、破壊的なニヒリズムだと勘違いした。世代間のギャップは、さらに複雑な様相を呈した。ドイツでは一部暴徒化した若者たちは、その親世代たちにとってはナチス親衛隊の再来のように映った。子ども世代の若者たちには大人はみな国家をナチスに委ねた者として映っており、親世代に対する根強い不信感があった。

『新・映像の世紀第５集　激動の1960年代・若者の反乱が世界に連鎖した』

ふたりのヒーロー　文化以外に若者たちを突き動かしたものがある。それはヒーローの存在だ。キューバ革命当時20代後半だったチェ・ゲバラは、革命後も自ら肉体労働を行い範を示していた。チェ・ゲバラの高潔さに憧れ、世界中からキューバに若者たちがボランティアとして集った。

もう１人のヒーローは中国にいた。プロレタリア文化大革命で復権した毛沢東は、実際にはヒーローとしては見る影もなかったが、当時は一定の支持を獲得していた。毛沢東主義と欧州市民の距離の近さはこの時代に独特な光彩を放った。代表格は映画監督のジャン＝リュック・ゴダールだ。1968年のパリ五月革命を撮影し、カンヌ映画祭もフランソワ・トリュフォーとともにボイコットしたゴダールは、当時を「不可能なことは何もないと思えたし、行動を共にする喜びがあった」として、「68年の思想」の特徴たる生成と連帯の哲学を端的に表現した。

冷戦後の世界と民主主義　この第５集のユニークさは、冷戦の終焉と民主化の過程を文化の力に焦点を当てて描き出したことだ。特にデヴィッド・ボウイが80年代に西ベルリンで、ベルリンの壁を背にして自分の音楽を東側の聴衆にも聴かせ、それが民主化へとつながる流れは、涙なしに見ることはできない。ボウイ逝去時にドイツ外務省のTwitterアカウントが彼への感謝を述べるなど、国際政治へ与えた影響力の大きさをうかがい知ることができる。

1989年に起きた天安門事件をめぐる非暴力直接民主主義の実践を収めた貴重な映像は、何度観ても胸が潰れる思いだ。人民解放軍の装甲車を目の前にして、非暴力不服従で徒手空拳の抗議をする学生。この民主化弾圧と対をなすのが東欧の民主化だ。チェコスロヴァキアの無血革命たるビロード革命時のハヴェルによる「反乱だけでは意味がない、新しいものを作り上げなければならない」という言葉からは、68年が無軌道な叛乱ではなかったことが看取される。60年代当時、理想主義的すぎるとして大人たちが馬鹿にした、あの時身を挺して体制に抗した若者たちが想い描いていたビジョンこそが冷戦を終わらせる力となったのだ。

さらに学ぶ人のために　ジル・ドゥルーズ＆フェリックス・ガタリ／宇野邦一訳『アンチ・オイディプス—資本主義と分裂症（上・下）』（河出文庫、2006年）。1968年のパリ５月革命が生んだ記念碑的著作。現代国家と資本主義をラディカルに批判する。ジャン・リュック・ゴダール『中国女』（DVDは日本コロムビア、2002年、映画公開年は1967年）も必見である。　（五野井郁夫）

Ⅰ-16　あなたのワンカットは世界を平和に変えるのか

『新・映像の世紀第６集　21世紀の潮流・あなたのワンカットが世界を変える』／2016年３月20日／49分／制作統括：寺園慎一ほか、ディレクター：伊川義和ほか／放送人グランプリ2016（第15回優秀賞）、2016年度グッドデザイン賞

D O

映像の権力　これまで誰が何のために映像を撮影し、発信し、拡散させてきたのであろうか。このことを問いかけているのが、この番組である。国家は、映像の撮影、発信、拡散の技術を利用して統治を円滑に進めようとし、一方、このような国家の権力行使に対抗するために、テレビ局は映像を用いて権力監視の機能を果たしてきた。テレビが家庭に普及するにつれて、テレビは国民の世論を形成する主因となってきた。権力が他人の意思や行動に働きかけるものであるとすれば、映像は権力手段の一つであり、誰が映像を発信するのかということは、誰が権力を握っているのかということにかかわる問題となった。

映像の民主化　今日では誰が何のために映像を撮影し、発信し、拡散させているのであろうか。インターネットの技術が普及して世界の人々をつなげ、高価なビデオカメラではなく、スマートフォンで動画を簡単で撮影できる。多くの人がYouTubeやFacebookなどのサイトに自分の動画を投稿し、その動画を容易に世界に発信し、拡散できる時代が到来した。映像の撮影、発信、拡散の技術が国家やテレビ局に独占されていた時代は終わりを告げ、個人が自由に映像を世界に発信できる時代に突入した。いわば、映像の権力は民主化されることになったのである。例えば、個人が投稿したスマトラ島沖地震津波や東日本大震災の映像は、いつまでも動画サイトに残り続け、後世の人々にその悲惨な事実を伝え続ける力を個人に与えるものとなった。

『新・映像の世紀第６集　21世紀の潮流・あなたのワンカットが世界を変える』

映像のデュアル・ユース　映像は誰によって撮影、発信、拡散されるのか。現代の世界では、それは個人だ。それでは、何のために発信されるのか。それは多様である。YouTubeに投稿されて繰り返し再生される動画は私たちを楽しませてくれる。しかし、それは私たちの世界を幸福にするのであろうか、不幸にするのであろうか。例えば、ゲイやレズビアンなどの性的マイノリティは差別を受けて暴力を行使されてきたが動画を通じて連帯を深め、権利の拡大を主張してきた。本番組に登場したジェイミー・ロドマイヤーの映像は、彼が自殺した後ですら生き続け、ゲイやレズビアンたちを勇気づけるものである。

しかし、映像は憎悪や敵対心を煽るためにも利用されてきた。テロリスト集団、特にイスラミック・ステート（IS）は映像技術を駆使して、アメリカなどの諸外国の人々を殺害する映像を投稿し、発信し、拡散させることによって、自らの主義や主張を正当化しようとしてきた。一方で、アメリカは、アフガニスタン戦争やイラク戦争を正当化するために映像を利用することでその行動を正当化してきた。映像は技術である。誰が何の目的によって映像を利用するのかによって、世界は連帯するのか分裂するのかが決まる。現代において、個人もまたその決断を迫られている。

届かない映像　それではすべての個人が自分の目的のために映像を撮影し、発信し、拡散できるのであろうか。そうではない。電気もない、スマートフォンもない、インターネットに接続できないという世界の人々がいる。そのような人々からの映像は届かない。特に、アフリカの深奥からの映像は届かない。現代の紛争や暴力は、まさにそのような場所で起きているのである。映像の自由は、すべての人々に平等に与えられているのではなく、不均等に偏在している。一部の取り残された人々を忘れて世界が映像によって平和に変えられるのか、それは大いなる疑問である。

さらに学ぶ人のために　酒井啓子『9.11後の現代史』（講談社、2018年）。一線の中東研究者によるアフガニスタン戦争からアラブの春までの歴史を追った良書。介入される側の歴史が語られる。映画『ミルク』（ガス・ヴァン・サント監督、2008年〔2009年日本公開〕）。アカデミー賞主演男優賞、脚本賞受賞。1970年代のアメリカ・サンフランシスコで活躍したゲイの政治家の人生を描いた映画。同性愛者の政治運動に影響を与えた。

（上野友也）

Ⅱ－1　総力戦における「市民」の位置づけ

『激動の記録「市民と戦争」（前・後編）』／前編：1982年８月16日、後編：1982年８月17日／各50分／制作：鈴木幹夫　A

戦争と映像

本番組は、1979年から1980年にかけて放送された『NHK特集　激動の記録』の続編である。前後編からなる本番組の特徴として、以下の２つが挙げられる。１つ目は、番組がアメリカ、イギリス、ソビエト、日本など第二次世界大戦を戦った国々によって戦時中に記録されたフィルムを集め、再構成したものだということである。これらのフィルムの多くは単なる記録映像ではなく、各国が戦争遂行のための宣伝・教育的効果を狙って制作したものである。そのため、各映像に付されているナレーションは、見る側が受け取るべきメッセージを雄弁に語っている。言い換えるなら、特定のメッセージを伝えるために、特定の戦況が記録され、編集され、明確な語りが付されているのである。そのような映像制作のために第二次世界大戦中は、映画監督、ドキュメンタリー制作の専門家、そして多くのカメラマンが各国で駆り出された。その一方で、２つ目として、本番組自体のナレーションは多くを語らない。そもそも、「市民と戦争」という番組タイトルに副題はなく、市民とは誰（どのような立場の者）を指すのか、そして番組が伝えようとするメッセージは何かについても明示されない。ただ、番組のナレーションは、第二次世界大戦が国家が国力のすべてをつぎ込んで戦った総力戦だったという点を、様々な映像とともに繰り返し強調する。国全体を巻き込む総力戦という形態をとった戦争だからこそ、前線で戦闘行為に従事しない「一般市民」の存在が浮き彫りになるのである。では、戦争における市民の位置づけ、役割をどのように捉えるのか。見る側は各国が記録した（プロパガンダ）映像と、時折差し込まれる1980年代当時の映像を通して、思いを馳せることになる。

『激動の記録「市民と戦争」（前・後編）』

総力戦と市民

第一次世界大戦を経て、第二次世界大戦はさらなる科学技術の発展の下、本格的な総力戦の形を取ることとなった。戦場で戦う兵士に加え、戦闘行為を支えるべく武器や物資を生産、供与し続けるため、国のあらゆる物的・人的資源が戦争遂行に投入されたのである。このことは、戦闘員・非戦闘員、前線・銃後の区別が消滅することを意味する。第二次世界大戦の後期では、国民の士気を砕くべく、非戦闘員である一般市民も戦略爆撃の攻撃対象となった。戦争の時間的、空間的広がりに伴い、戦争の被害も膨れ上がったのである。

このような総力戦における「市民と戦争」との関係についてどのように考えるか。このことは翻って、戦争と平和における一人一人の役割について再考することにもなるであろう。

被害者としての市民

恐らく、最も一般的で、広く流布する「市民と戦争」のイメージは、戦渦に巻き込まれ被害者となる一般市民というものであろう。事実、第二次世界大戦では、無差別爆撃、大量虐殺、強制労働、飢餓などにより、世界中の国々で多くの非戦闘員が犠牲となった。その数は3800万とも5500万ともいわれ、いまだに確定していないが、その規模が未曽有のものであったことは確かである。各国のフィルムが例外なく記録しているのは、上空から降り注ぐ夥しい数の爆弾、逃げ惑う人々、そして折り重なる遺体と瓦礫の山である。ソビエトによって制作された映像は、900日間にわたるドイツ軍によるレニングラードの包囲下において、市民がいかに悲惨な日常生活を送っていたかを記録している。この間、64万人の市民が戦略爆撃、飢え、そして寒さで亡くなったという。

その一方で、市民の犠牲を記録する映像に付されるナレーションは必ずしも一様ではない。上海、南京で撮影されたアメリカのフィルムは、日本兵によって住民に対して振るわれた暴力行為を「計画的残虐行為、計画的大量殺人」と糾弾する。ここで興味深いのは、このフィルムが「我々は何故戦うか：中国の戦い」と題された、新兵教育のための映画だということである。これに対して、同時期に撮影された日本側による長編記録映画「上海」には、町を練り歩く日本兵、振られる日の丸、そして沿道の人々の様子が記録されている。しかし、市民の顔に笑みはない。疲弊し無表情な顔は、彼らの置かれた苦境を雄弁に物語っている。イギリスのドキュメンタリー制作会社は、ドイツによるロンドン空襲の様子を記録している。しかしここには、陰鬱なロンドン市民の表情は見られない。むしろ、いかに市民が敵国による攻撃に耐え、冷静に勇敢に日々の生活を送っているかが、「ロンドンは毎朝立ち上がる」というメッセージとともに描かれているのである。ただ番組は、同時期に撮影された別の記録映像を通して、ロンドン市民が連日連夜の空襲に怯え、傷つき、命を落とす様子も紹介している。敵国による一般市民への暴力は糾弾し、自国民の被害についてはその惨状ではなく、レジリエンスを強調する。どちらも、「被害者としての市民」のイメージを広く流布することで、自国の戦いの正当性を強調し、戦争遂行に必要な国民の士気を高めているのである。

戦場の広がり

通常一般市民は、実際に武器を手にとって戦場で戦う戦闘員ではない。しかし総力戦の下、戦闘行為が市街地に及ぶことで、多くの女性や子どもたちが「義勇兵」として市街戦に参加することになる。1945年3月から3カ月にわたって戦われた沖縄戦では、多くの女性や学生も沖縄防衛戦に駆り出され、命を失った。アメリカ海兵隊の活動を記録した映像からは、当時の米軍がこれらの義勇兵によって苦戦を強いられると同時に、最後まで抵抗し無残に命を落とす沖縄の民間人の悲惨な犠牲に衝撃を受けていたこともわかる。

総力戦である第二次世界大戦は「物量と補給の戦い」でもあった。ここでは、兵士や軍需品を運ぶ輸送船もが攻撃の対象となり、非戦闘員である輸送船の乗組員の多くが犠牲となった。番組は攻撃を受ける輸送船の映像とともに、戦争中の日本における船員の死亡率が43%であり、これは陸軍の20%、海軍の16%を大きく超えたことを伝えている。

国家総動員体制下の女性

番組で紹介されているフィルムが記録するのは、無力な被害者としての市民だけではない。この点で興味深いのが、日本を含めいくつかの国が、前線の兵士を支えるべく昼夜問わず工場で働く女性の様子を記録する映像を制作していることである。これらの映像を通して、戦争が文字通り国家総動員で戦われたということだけでなく、国家総動員体制の背景に明確なジェンダー分業、あるいはジェンダー・イメージを用いた宣伝があったことを再認識させられる。と同時に重要なのは、戦時下において、本来男性の領域だった職場に多くの女性が進出していったこと、そしてそのことが戦後の女性の社会進出を促すことになったことであろう。戦争・紛争後の社会における女性の社会進出とエンパワーメントの動きは、現在の武力紛争と平和構築においても注視される点である。ジェノサイド後のルワンダにおける女性の政治参画の拡大、紛争後の警察改革に伴う女性警察官の育成など、戦争や社会全体を巻き込む大規模暴力を通して、社会における女性の役割と位置づけが再定義されることは重要である。

戦争参加と残虐性

番組で紹介されているフィルムの中には、戦闘員として送り出されるべく訓練を受けている学生たちを撮影したものもある。軍人養成を目的としたナチス・ドイツのエリート学校（NAPOLA）の様子を記録した映像には、快活ではじけるような笑顔を浮かべる少年たちが映し出されている。ナチス親衛隊長官のヒムラーが彼らを訪れる映像がなければ、これらの無邪気な少年たちとナチズムを結びつけることは難しい。別の映像には、知的ではにかんだ笑顔を浮かべながらも、敵国の兵士や民間人を残虐に処刑する前線の若い兵士たちも記録されている。彼らは遺体の側で写した記念写真を、自分の家族の写真と共に内ポケットに携帯しているのである。戦後ソビエトで制作され、日本でも公開された「野獣たちのバラード」と題されたこの記録映画は、前線の兵士たちの多くも徴兵された市民であり、戦争が終わればそれぞれの家庭に戻っていく者たちだという事実を突きつける。優しく労りに満ちた家族人としての顔と、戦場において「敵」に対して向ける過度な残虐性は、古今東西あらゆる武力紛争においてむき出しになる人間の本質の一つであろう。

戦争と移動する人々

本番組の中で何度も登場するのが、大規模な人々の移動を記録したフィルムである。そこには、うつろで疲れ切った表情で歩き続ける人々が長い列をなす映像が残されている。戦火を逃げ惑う人々に加え、住む場所を破壊されたため、あるいは強制労働に従事させられるべく動員され、時に数千 km を移動する人々。その中には女性、老人、子どもたちも含まれる。第二次世界大戦は、多くの人々を様々な理由で、慣れ親しんだ土地から引き離したのである。そしてこれらの人々は、戦争が終わると今度は故国へ帰るべく、再び長い道のりを移動することになり、ここでもさらに多くの命が失われたという。西ドイツには当時1370万人の引揚者がいたが、連合国の分割統治のために人々の移動が規制された。その様子を記録したフィルムが、人々は「まるで家畜のように引き回された」と評しているのは印象的であるが、これは、今日においても変わらぬ「市民と戦争」の様相である。

戦後復興と市民

番組の後編では、戦後の社会復興に従事する人々の様子が紹介される。1945年7月に撮影されたフィルムには、激しい空爆と市街戦のため廃墟となったベルリンの様子が記録されている。かろうじて残った建物の壁を伝言板として利用し、日常生活を始める人々。行方のわからない家族を探すべく、街をさまよい歩く子どもや若者。と同時に、当時市民の70%を占めたとされる女性が、ベルリンの町の復興のために汗水流している映像は、新しい社会の誕生を予兆する。

戦後、世界中の都市で、インフラが急速に再建され、経済活動も活発化する。また、破壊された歴史的・文化的建造物の復興も積極的に進められていく。しかし、個々の市民の戦後復興はいつまで続くのか（あるいはそこに終わりはあるのか）。番組の最後で紹介されるのは、ドイツと日本における引揚者の問題である。戦争における行方不明者と身元不明者の調査を行うミュンヘンのドイツ赤十字社の事務所には、4000万枚のファイルが保管されているが、番組制作当時2200万件が解決され、戦争孤児の身元調べは90%終わったという。一方、本番組が放送された1982年は、中国残留孤児が肉親捜しを行うための集団訪日調査が開始したばかりであった。「もはや戦後ではない」というスローガンが掲げられてから25年後に放送された番組は、肉親を探し求めて涙ながらに語る中国孤児の女性の映像で締めくくられている。「この人たちにはずっと戦争が続いていた」というナレーションは、見る側に重いメッセージを残す。社会の復興は進んでも、戦争によって一変した一人一人の市民の人生の復興、その方法の模索と試みは、今日もなお続いているのである。

現代の戦争と市民

近代の帰結といわれる第二次世界大戦は、各国において非戦闘員である一般市民に多大な犠牲を強いるものであった。と同時に、そのような総力戦の遂行は、一人一人が国民として動員されることにより可能になった側面もある。その意味では、一般市民も戦闘行為とそれに伴う非人道的な殺戮に間接的にかかわっていたことになる。あるいは、抗えないまま動員されるしかなかった市民はやはり被害者なのであろうか。そのような戦争をどのように振り返り、追悼するのか。大戦が終わって75年が経つ今日においても、戦争中の加害と被害の問題と向き合うのは容易ではない。ヨーロッパにおいてはネオナチの台頭が問題となり、アジアにおいては日本と近隣諸国との間で慰安婦問題を含む歴史問題が解決できないままにある。戦時下の残虐行為とその責任の所在について考える上で、市民一人一人の戦争体験と、その様々な側面に目を向ける必要がある。これはまさに、1990年代以降日本社会でも議論されるようになった戦後責任の問題であろう。

21世紀の現在、国家間戦争は減少し、いわゆる総力戦で戦われる戦争を見ることもほぼない。しかし、今世界が直面している内戦やテロにおいても、殺戮、飢餓、強制移住などに一般市民が巻き込まれ、犠牲になることに変わりはない。爆撃に怯え逃げ惑う人々、恐怖に震え、声をあげて泣くこともできない子どもたち、嬉々として敵をいたぶる兵士、そして自国の兵士の勇姿に歓喜する市民。本番組を通して見られるこれらの表情は、時代、戦争形態が異なっても見られる、紛争下の「市民」の顔である。戦争の構造とその本質、そして平和の維持と創造に向けた試みを考える上で、市民一人一人の経験に着目することの意味は大きいのである。

さらに学ぶ人のために　歴史学研究会編『戦争と民衆―第二次世界大戦（講座世界史）』（東京大学出版会、1996年）。タイトルも時代設定も本番組と重なるが、番組では扱われなかった内戦・反乱（スペイン、パレスチナ・アラブ）、そして戦争責任の問題に踏み込んだ論考も見られ、第二次世界大戦における市民と戦争の関係を考える上で、幅広いテーマと論点が提示されている。あらゆる戦争において、普遍的かつ特有の「市民と戦争」の関係がある。その意味で本書は、第二次世界大戦にとどまらず、現在の戦争と平和、そこにおける市民の位置づけについて考える上でも示唆に富むものである。

（二村まどか）

Ⅱ－2　誤算と誤認の連鎖

——無謬ならざる人間と核兵器は共存できるか

『十月の悪夢　1962年キューバ危機・戦慄の記録（前・後編）』／前編『核戦争への綱引き』：1992年10月25日、後編『破滅の淵の13日』：1992年10月28日／全編148分／制作：川良浩和／1992年度第８回文化庁芸術作品賞、同第30回ギャラクシー賞（優秀賞）　D

ケネディ・テープ

キューバ・ミサイル危機とは、一般に、アメリカがキューバにおけるソ連によるミサイル基地建設を確信した1962年10月16日（火）からソ連がその撤去の意思を表明した28日（日）までの13日間にわたる国際危機を指す。この間、アメリカのジョン・F・ケネディ政権は国家安全保障会議の執行委員会、通称エクスコム（Ex Comm）を開いてそこに安全保障関連の主要閣僚を緊急招集し、時々刻々と寄せられる情報に基づきアメリカのとるべき行動を検討した。第１回会議の参加者は、大統領のほかに、ロバート・マクナマラ国防長官、ディーン・ラスク国務長官、ロバート・ケネディ司法長官、マックジョージ・バンディ国家安全保障担当大統領補佐官、ポール・ニッツィ国防次官、マックスウェル・テイラー統合参謀本部議長ら15名という顔ぶれであった。平均年齢50歳のこの小集団こそが、核戦争の瀬戸際において人類の運命を左右する決断を行ったのである。

この会議の模様をケネディは密かに録音していた。緊迫するエクスコムの録音テープ（「ケネディ・テープ」）などキューバ・ミサイル危機関連の公文書は、今日では、ジョン・F・ケネディ大統領図書館（ボストン）で保存・公開されている。成り行き次第では最悪の事態に遭遇したかもしれない国民、しかも当時の世論調査によれば過半数はキューバへの強硬策に反対していた国民に対して、政府にはその行動選択を説明する責任があるのは当然のことであろう。キューバ危機については、その後、アメリカ側の機密文書の公開のみならず、ソ連側のゴルバチョフ時代のグラスノ

スチ（情報公開）もあり、機密解除された資料の相互検証も可能となった。とりわけ、ジェームズ・ブライト（2020年6月現在の所属はウォータールー大学、カナダ）の「批判的オーラル・ヒストリー」プロジェクトによって、危機当時の政策決定者（フィデル・カストロ、ロバート・マクナマラなど）あるいはその遺族（ニキータ・フルシチョフの息子セルゲイ・フルシチョフなど）と関連分野の研究者が一堂に会して、キューバ危機の真相を究明する事後検証の機会が実現したことは画期的と言うほかない。この番組も、危機から30年が経過した1992年の危機再検討会議（ハバナ会議）の開催を契機とするものだった。

危機の構図

いったいキューバ危機とは何だったのか。そもそも危機の構図について、関係者の間で認識が共有されていたとは言い難い。アメリカからすれば、キューバに核ミサイルを持ち込むことによって、「核ミサイル基地なきカリブ海」の現状の一方的変更を図ったのはソ連にほかならない。危機は、この事実を偵察機Ｕ２が10月14日に「発見」したことを受けて、かつての現状を回復するべくアメリカがキューバ周辺の海域を封鎖してミサイルの撤去をソ連に強要しようとする過程で生じたものであろう。これに対してソ連・キューバからすれば、「カストロ政権によるキューバ統治」の現状を政権転覆作戦によって一方的に変更しようとしたのはアメリカである。危機はそれを抑止しようとする過程で生じたものである。すなわち、アメリカにせよ、ソ連にせよ、その同意もなしに一方的に現状を変更するという形で「攻勢」を仕掛けているのは相手国の側であって、自国の側は「守勢」に立たされていると認識していたのである。

キューバでは、1959年１月にバチスタ親米政権を打倒して成立したカストロ政権とアメリカとの間で、キューバによる米国資産接収、アメリカによる対キューバ経済制裁、両国間の国交断絶（1961年１月）という流れの中で二国関係は悪化の一途を辿った。ケネディ政権は、その誕生（1961年１月）直後に、前政権のアイゼンハワー政権から継承した中央情報局（CIA）の計画に基づき、亡命キューバ人部隊によるキューバ侵攻（「ピッグス湾侵攻」）（1961年４月）を実行に移した。それは不首尾に終わり、大統領も一旦は事件への関与と責任を認めた。しかしその直後から、ケネディ政権はキューバにおける政情不安等の不測の事態を想定した対応計画（コンティンジェンシー・プラン）の検討に入り、共産主義体制を転覆してアメリカと平和共存できる政府を樹立するという秘密作戦（暗号名「マングース作戦」）を立案したのである。いわば、反米政権に反米政策をとらせないように圧力をかけるのではなく、親米政策をとる親米政権の樹立を画策したのである。

このアメリカ側のマングース作戦と時を同じくして、ソ連側ではキューバへの核兵器――戦略核ミサイル（R12とR14）と戦術核ミサイル「ルナ」等――の輸送作戦たる「アナディル作戦」を進めていた。核弾頭を建設資材に偽装し、砕氷船の倉庫に格納してソ連からキューバに持ち込んだ。このようにして、アメリカ側のマングース作戦およびそれと並行して準備された軍事計画と、ソ連側のアナディル作戦との組み合わせが、キューバ全土が核要塞と化しつつあるという情報を十分にもたないために相手側の軍備を過小評価するアメリカがキューバ侵攻の準備完了を急ぐ、という危険この上ない局面を用意したのである。

米ソ間に核戦争をもたらしかねない事態としては、第1にキューバ側がアメリカのU2偵察機を撃墜する場合、第2にアメリカによるキューバ空爆にソ連が反撃する場合、そして第3にアメリカがキューバ上陸作戦を強行する場合がありえた。実際、第1の事態は現実のものとなったし、第2、第3の事態も危うく現実のものとなるところだった。この意味において、キューバ危機において核戦争が回避されたのは、これまで広く認識されてきたように為政者の冷戦な判断（「慎慮」）の賜物ではなく、実は幸運な偶然の産物にすぎなかったのである。

奈落の底へ

1962年10月3日、アメリカでは議会が上下両院合同決議を採択し、キューバの情勢に関して、アメリカは、「武器の使用を含む必要なあらゆる手段」を用いて、キューバのマルクス・レーニン主義政権が西半球において侵略、体制転覆を企てることを阻止する、そしてアメリカ合衆国の安全を脅かすような「域外からの支援をうけた軍事施設」をキューバにおいて構築・使用することを阻止するとした。連邦憲法上は宣戦布告権限を持つ議会が、大統領が武力を用いることを前もって認めたのである。

10月16日に招集されたエクスコムは、20日には、キューバ周辺海域にアメリカ海軍艦艇で封鎖（「隔離」）線を敷き、その海域に入ったソ連の船舶を臨検すると決断した。このような形で、アメリカとしては譲れない一線を可視化し、それを突破するかどうか、生死を分かつ決断をソ連のフルシチョフ首相に迫ったのである。ソ連によるミサイル計画の着手を一度は抑止し損ねたアメリカが、あらためて同計画の完成を抑止する態勢の構築を図ったといえる。

10月22日午後7時、ケネディはテレビで演説を行い、アメリカは西半球の平和と安全を脅かす攻撃兵器の配備を黙認しないとして、船舶によるキューバへの攻撃兵器の持ち込みを阻止することを国民に告げた。そしてフルシチョフには国外にミサイルを配備しないとしてきた従来のソ連の言葉通りに、ミサイルをキューバから撤去し、奈落の底から世界を救い上げるよう求めた。

10月23日、キューバ政府は武装解除も査察も拒否し、最高警戒態勢を発令して、「祖国か死か」という決死の祖国防衛のスローガンを打ち出した。その一方で、前年にキューバを追放していた米州機構（OAS）は、米州相互援助条約に基づき、加盟国に対して、ソ連による武器および関連物資のキューバへの持ち込みの継続を阻止するため、武力の行使を含む必要な措置をとることを勧告した。すなわち、地域機構の決議という形でアメリカはその武力行使の国際法的根拠を確保したのである。

10月24日には、参謀本部は戦略空軍に対して、核戦争一歩手前の「防衛態勢2（Defense Condition-2）」の態勢をとるよう発令した。これはアメリカ軍事史において前例のないことだった。この発令によってアメリカ国内のすべての戦略爆撃機がただちに発進できる態勢を整えた。

妥協のリアリズム　危機の最終局面においてフルシチョフは書簡を通じて事態の収拾に向けた「取引」をケネディにもちかけた。しかし、フルシチョフが示した危機打開の条件は揺れ、アメリカ側を混乱させた。まず10月26日には、ソ連による核ミサイルの撤去と引き換えに、アメリカによるキューバへの《不侵攻の確約》が提案された。しかし翌27日にはソ連によるキューバからの核ミサイルの撤去と引き換えに、アメリカによるトルコからの核ミサイルの撤去、すなわち核ミサイルの《相互撤去》が提案された。さらに27日（「暗黒の土曜日」）にはキューバにおいてアメリカの偵察機U2が撃墜されるに至り、緊張は極限に達した。

番組は、アメリカは武力行使を決断したと誤認してソ連が退却（具体的にはミサイル基地の撤去）に追い込まれたとして終わる。しかし、軍事的な対抗関係にある核保有国の間で、どのような条件のもとで核軍備の削減が可能なのか、という問題についてはあと一歩踏み込んで考察しておきたい。

一般に、関係国間における対称的な（すなわち双方の）軍備削減を軍備縮小、非対称的な（すなわちいずれか一方だけの）軍備削減を武装解除という。とりわけ後者の場合には、軍備を削減しても、それによって当事国の、あるいはその体制の安全が決定的に脅かされることはないとの「安全の保証（security assurance）」が求められるのが常である。ソ連による「不侵攻の確約」の要求は、まさにアメリカに安全の保証を求めたものであった。番組制作後にもキューバ危機の場合と同様の駆け引きが、冷戦終結後の朝鮮半島の核危機において繰り返された。北朝鮮の核兵器計画をめぐり、米朝二国間の米朝枠組合意（1994年）や北東アジア地域の六者会合共同声明（2004年）などを通じて、北朝鮮が核施設の凍結（前者）や核計画放棄（後者）を約束したのは、北朝鮮への「安全の保証」などとの引き換えであったことも関連して想起しておきたい。

軍事力の過信

アメリカにキューバへの侵攻を思いとどまらせるためにソ連には秘密裡の核基地建設のほかに途はなかったのか。この番組では、フルシチョフがその回想録で述べたように、ソ連・キューバ側のミサイル配備の動機は「キューバ防衛」であったことを紹介するにとどめているが、核保有国との同盟を通じて安全の確保を図ることの当否を考えるには、さらに問題点を掘り下げたいところである。

アメリカによるキューバ侵攻を抑止する手段としては、何も極秘に核基地建設をせずとも、ソ連には反撃の意図の宣言という選択肢もあった。キューバに核の傘を広げ、ソ連による反撃の威嚇によって、アメリカにキューバへの攻撃を自制させるという《拡大抑止》である。さらに、核ミサイルを配備せずとも、一定規模のソ連軍の《常時駐留》という選択肢もあった。アメリカの侵攻によって駐留軍に犠牲が生じれば、ソ連には東側陣営の盟主としての評判を貶めることなく、事前に表明した反撃の威嚇を事後的に撤回する余地はなくなる。そのためのいわば「仕掛線（トリップワイア）」としてソ連軍を配備するという方法である。

これらのオルタナティヴではなく、ミサイル配備が選択されたのはなぜだろうか。当時の戦略情勢として、1959年からトルコに配備されたアメリカの核ミサイルはソ連の心臓部を射程に収めていた。ソ連からすれば、アメリカ本土からわずか140kmあまり（ほぼ東京と伊豆大島との距離）のキューバに、ヒロシマ型原爆の60倍の威力をもち、射程2100kmのR12を配備すれば、首都ワシントンを含むアメリカの中枢をその射程に収める状況を作り出せることになる。このようにして米ソ間に恐怖の均衡を実現することそれ自体をソ連が目的としていたとすれば、それは無謀な賭けではなかったか。

核兵器なき世界

番組の中でインタビューに応えて、マクナマラは、無謬ならざる人間は核兵器なき世界でなければ生きていけないと述べている。無謬ならざる人間の生存と、核兵器の存在とは両立し得ないとの指摘を、彼は、ドキュメンタリー映画『フォッグ・オブ・ウォー―マクナマラ元国防長官の告白』（エロール・モリス監督、2003年〔2004年日本公開〕）でも繰り返した。

1945年にヒロシマとナガサキで核兵器が使用されてから75年間、この番組が明らかにした幸運も手伝って、人類は核兵器の使用を思いとどまってきた。にもかかわらず、その使用の自制について世界には未だに核兵器国を含む合意はない。それはもちろん核抑止論があるからだが、そうであるとしても、核兵器の「先行使用の自制（ノー・ファースト・ユース）」を宣言するなど、核兵器の役割を低減する方法を広く模索するべきだろう。

さらに学ぶ人のために

NHK 取材班・阿南東也『十月の悪夢―1962年キューバ危機・戦慄の記録』（日本放送出版協会、1992年）は、このドキュメンタリー作品を書籍化したもの。ドン・マントン、デイヴィッド・ウェルチ／田所昌幸・林晟一訳『キューバ危機―ミラー・イメージングの罠』（中央公論新社、2015年）は、キューバ・ミサイル危機を多面的ながらもコンパクトに論じた著作。とりわけその「資料案内」は秀逸にして必読。公開された機密文書・録音テープ等については、まずは、アメリカのケネディ大統領図書館のオンライン展示（https://microsites.jfklibrary.org/cmc）の閲覧を勧めたい。それ以外については、上記『キューバ危機』の「資料案内」に譲る。

（石田　淳）

Ⅱ-3　ベルリンの壁を崩壊させたピクニック

――「鉄のカーテン」の幕引きの知恵と勇気

『こうしてベルリンの壁は崩壊した　ヨーロッパピクニック計画』／1993年6月6日／89分／制作統括：川良浩和／1993年度第5回文化庁芸術作品賞、同第20回放送文化基金賞（本賞）、同第31回ギャラクシー賞（奨励賞）　D

「鉄のカーテン」

1989年11月9日、ベルリンの壁が崩壊した。ベルリンの壁の崩壊は、冷戦の終結および欧州統一の始まりを象徴する出来事である。それはハンガリーの国境の町、ショプロンで8月19日に催されたヨーロッパピクニックから始まった。このピクニック会場に紛れ込んだ600人余の東ドイツ人が短時間開放された国境の門からオーストリアへ脱出を図った。その後、ヨーロッパピクニックをきっかけに東ドイツ人の脱出が止まらず、3カ月後にはベルリンの壁が崩壊し、続いて「鉄のカーテン」が開けられヨーロッパ統一への道が切り開かれた。

冷戦期、6000kmに及ぶ「鉄のカーテン」によってヨーロッパは東西に分断され、ベルリンも東西に分断されていた。西ベルリンは周囲165kmを取り巻くコンクリート製の「壁」で囲い込まれていた。しかも「鉄のカーテン」の東側は、二重、三重の法の「壁」で移動の自由が規制されていた。ソ連・東欧社会主義諸国では行政法、刑事法等の法的措置によって国内移動の自由はもとより居住の自由も規制されていたからである。また国外旅行は、その80～90％が東側陣営内の国際移動であり、ソ連、ブルガリア、ルーマニアの市民は陣営内の移動といえども団体旅行しか許可されず、個人旅行は厳しく制限されていた。

鉄のカーテンの綻び

ヨーロッパピクニックが計画されたのは冷戦の終結前夜のことである。ソ連にゴルバチョフ政権が誕生し、ペレストロイカ（改革）が進むにつれ、東ドイツ、ルーマニア、ブルガリアを除く東欧諸国では自由化が進み、「鉄のカーテン」が綻び始めた。その綻びは欧州安全保障協力会議（CSCE）の枠組みで地道に進められた交渉の結果でもある。

CSCEヘルシンキ宣言（1975年）において情報普及の自由、並びに離散家族の再会および再結合、旅行の自由など人的接触の規制緩和について合意し、東西協力が進められたことから「鉄のカーテン」に徐々に風穴が開くことになる。86年11月から89年1月にかけてウィーンで開催されたCSCEフォローアップ会議では人権尊重、人的接触の自由、情報普及の自由の各分野でそれまでの西側の要求が通り、これらの領域に関する自由化とその履行監視体制である「人間的次元メカニズム」が確立された。同会議が終わるころには東ドイツとルーマニアを除き東西間の人的接触の自由化が進むと同時に、東側のマスメディアの国家統制も緩和されていき、特にハンガリーとポーランドでは検閲が廃止された。

一方、自由化が進まぬルーマニア、ブルガリア、東ドイツから1989年春から夏にかけて人々の脱出が始まる。すでに80年代後半からルーマニアからハンガリー系ルーマニア人（マジャール人）が家族再結合の名目でハンガリーへ流入していたが、その数は88年だけでおよそ2万人に達し、対応に苦慮したハンガリー政府は翌年東欧諸国としては初めて難民条約に加盟する。反イスラーム同化政策が強行されていたブルガリアでは89年5月から、トルコ側が国境を閉鎖する同年8月までに30万人のブルガリアのトルコ系住民がトルコへ押し寄せた。

ヨーロッパピクニック計画

鉄のカーテンの劇的な幕切れはヨーロッパピクニック計画から始まった。ハンガリーは東欧の社会主義諸国の中では自由化が最も進んでいた国である。11月24日、新政権が発足し、首相に就任した改革派ネーメト・ミクローシュらの共産党幹部は、国家経済が破綻の寸前にある現実を前にして、「共産党一党独裁を放棄し、モスクワから完全に独立した国家としてヨーロッパの一員に回帰する」ことを決断する。この時、政治改革相ポジュガイ・イムレの脳裏にはあるアイディアが浮かんだ。「何万人もの東ドイツ人が避暑のためハンガリーにやってくる。彼らが大量に西側に逃亡すれば鉄のカーテンが崩れ、東欧全体が解放される。そしてモスクワは手も足も出せないだろう」。

89年2月12日、ハンガリー政府はオーストリアとハンガリー国境の鉄条網を5月2日に撤去することを決断する。すでに前年1月に国外への旅行の自由化に踏み切っており、国境の鉄条網は実際には無意味になっていたからだ。3月、ネーメットはモスクワに行き、ペレストロイカを進めていたソ連共産党書記長ゴルバチョフと会い、そこで意外な言葉を聞く。社会主義の枠組みの中では改革は前進しないというネーメットにゴルバチョフは反論しないばかりか、ハンガリーの独自の改革を激励した。最後にネーメットは、鉄条網は無意味だというと、ゴルバチョフは何もいわなかった。暗黙の了解が取れたとネーメットは理解した。

予定通り５月２日、ハンガリー政府はオーストリア国境に張り巡らされた鉄条網の撤去に着手する。そのニュースが東ドイツで伝えられると、東ドイツ人はこうした信じられないような事態の変化を見守るとともに、ハンガリー・オーストリア国境を通過して西ドイツに行けるものと期待する者が続々と同国境地帯に集まってきた。歴史の歯車がまわり始めたのは６月である。ハプスブルク家の末裔オットー・フォン・ハプスブルクがハンガリーの民主化団体「民主フォーラム」の幹部たちと密かに会い、その場で国境地帯にハンガリー人とオーストリア人が共に将来のヨーロッパについて語り合う集会を開催することを決めた。会場はハンガリー随一の観光地であるバラトン湖からわずか50km 先の国境の町ショプロンが選ばれた。夏になると観光客で賑わい、東ドイツ人も多数訪れる町である。

ベルリンの壁の崩壊へ

彼らの計画は「ヨーロッパピクニック」と名付けられた。ハンガリーとオーストリアの国境に両国市民が集い、ヨーロッパ統一に向けて夢を語り合うヨーロッパピクニック計画を政治改革相ポジュガイが見逃すはずがなかった。８月半ば、ワイン祭に沸く国境の村でオットーとポジュガイは密かに接触するが、その際にピクニックに紛れて東ドイツ市民を西側へ脱出させる計画があることを知らされ、ポジュガイは狂喜する。

計画は実行に移された。ショプロンの国境の門をピクニックの際に短時間開放するよう民主フォーラム幹部フィリップ・マリアはポジュガイに協力を求めた。ポジュガイは内務省にショプロンの門を短時間開けるように指示する一方で、東ドイツ人が泊まっているホテルやキャンプ地に連絡し、「ピクニックに行けば西側に出られる」と伝えた。８月19日、計画通り、ショプロンでピクニックが開催された。会場では食べ物やビールが振舞われ、ブラスバンドが演奏され、チロル民謡に合わせて人々が踊っていた。間もなく東ドイツ人を乗せたバスが到着する。彼らはお祭り騒ぎをしり目に次々と国境検問所の門を走り抜けていった。こうしてその日のうちに600人以上もの東ドイツ人が国境を越えて用意されていたバスに乗り込み、オーストリアへの脱出に成功した。その後、9月末までに3万人の東ドイツ人がオーストリア経由で西ドイツへ向かった。

東ドイツ政府はハンガリー政府に対して脱出した東ドイツ人の強制送還を求めたが、ハンガリーはこれに応じなかった。それどころか8月31日、ネーメット首相は密かに西ドイツのコール首相に会い、東ドイツ市民を西ドイツに移送する決断を伝える。10月までに7万人の東ドイツ市民がハンガリー経由で脱出に成功した。11月9日、東ドイツ共産党広報担当のシャボウスキー政治局員が記者会見で旅行の自由化と受け取れる発言を行ったことから、その日の夜にベルリンの壁にベルリン市民が殺到し、混乱の中で国境検問所が開放され、翌日ベルリンの壁の撤去作業が始まる。こうしてヨーロッパ・ピクニック計画から3カ月後、ベルリンの壁は崩壊した。

壁　と　自　由

本番組は、自由とは何か、なぜ国は人民を囲い込むのか、という根源的な問いかけを行っている。「壁」には、人々を囲い込むための壁と、人々の侵入を防ぐための壁がある。第二次世界大戦中のナチ・ドイツはユダヤ人をゲットーに囲い込んだ。アウシュビッツのユダヤ人を解放したソ連は、自国民のみならず東欧社会主義国の人民を鉄のカーテンで囲い込んだ。一方、ゲットーに囲い込まれ、ジェノサイドの犠牲になったユダヤ人は、今では分離壁を築き、パレスチナ人を囲い込んでいる。移民の国アメリカでは今、メキシコ国境で分離壁を築き、メキシコ人の侵入を防いでいる。壁の内側で自由を渇仰する人たち、壁の向こう側で壁越えに挑戦する人たち。本番組は、ベルリンの壁の崩壊に向けた政治指導者と市民の勇気を描いた感動のドラマである。

さらに学ぶ人のために

Brunner, Georg, et. al. *Before Reforms: Human Rights in the Warsaw Pact States 1971-1988*, London: Hurst &Company, 1990.　ソ連・東欧社会主義国における人の移動の法的規制に関する分析。吉川元『ヨーロッパ安全保障協力会議CSCE —人権の国際化から民主化支援の発展過程の考察』（三嶺書房、1994年）。CSCEプロセスを中心に冷戦期ヨーロッパの人の移動と情報普及の自由化に関する分析。

（吉川　元）

Ⅱ-4　国際法──この不確定なるもの

『核兵器はこうして裁かれた　攻防・国際司法裁判所』／1996年8月6日／58分／制作：新山賢治ほか／1996年度第51回文化庁芸術祭賞（大賞）、同第23回放送文化基金賞企画賞　Ⓐ

法と政治のはざまに

核兵器を使用することが国際法上違法かどうか、それを決める国際法があるかと問われれば、少しだけ国際法を勉強した人間は「ない」と答える。いや、国際法の専門家と称する人間の多くもそう答えるかもしれない。前者の場合、そう答えることの理由は、「国際法」の意味が「条約」であると割り切っているのが普通だからである。他方、後者の場合、同様に「条約」だけを想定しているか（ただしこの場合、あえて条約しか見ないようにしていることが多い）、あるいは、核使用が政治の問題であって法の問題ではないとする世界観に立っているか、そのいずれかであるだろう。

そのどれにも問題がある。第一に「国際法」は「条約」だけではない。国際法の教科書でも認められている「常識」によれば、条約の他に少なくとも「慣習法」という名の不文法がある。だから、慣習法に照らした場合に核使用が合法か違法か、という別の問いが成り立つのだ。第二に、あえて「条約」だけしか見ないというのは、「国際法」の範囲をできるだけ狭く限定しようとする方法論（法実証主義）の、それもきわめて狭い問題設定である。条約だけを判断根拠にするのが最も明瞭であるかもしれないが、そうすると、核使用は（少なくとも）合法か違法か決まっていない、という結論に簡単に落ち着いてしまう。

『核兵器はこうして裁かれた　攻防・国際司法裁判所』

これが1994年、国際司法裁判所に核使用合法性（違法性）の判断が持ちこまれた時の国際法の状況である。それは原告と被告が争う「争訟事件」ではなく、ある問題が一般論として法的にどう判断されるかを示すための「勧告的意見」だったが、それでも権威ある法的判断には違いない。そこにおいて、意見を求めようとした側は反核NGOとそれを支持する国々などであり、当然ながら違法という判断を求めていた。その意味で、動機は「政治的」である。他方、勧告的意見を求める／与えること自体に反対する（あるいは消極的である）国々および裁判官も、核兵器が有用であると確信するか、それに法的規制を及ぼすと核抑止論への立脚が妨げられると懸念するか、これも明らかに政治的な判断に基づいていた。

国際人道法の挑戦

核のない世界を求める声は政治的な希求ではあったが、ひとたび司法の場に出るや、みずからの主張を政治的な願望としてのみ押し通すわけには行かない。そこでは、あくまで法律論を展開しなければならないのである。その際、核使用を擁護したい側は、核使用が合法であると明定する「国際法」も存在しない以上、どういう根拠で合法であるかを論証しなければならなかったはずだが、そういう議論はついに展開されなかった。

これに対し違法論の側は、主張が政治的だとか非現実的な理想にすぎないとか非難されながら、その拠って立つところは、生のままの理想ではなく、それを法的に転換した諸原則、つまり「国際人道法」の規範だった。武力行使のやり方ならびに武力行使からの人間の保護を定める、国際人道法の体系である。核使用を禁ずる国際法は「ない」のではなく、「探せばある」のが現実である。この時の勧告的意見手続きは、そうして、核使用に関する国際法の「隠れた」構造を浮き彫りにして見せた点で、画期的な出来事だった。

国際連盟このかた、戦争が違法化され、ついで国際連合の時代に入ってから、武力行使全般が法的に禁止されることになった。にもかかわらず、現実には国際・国内の武力行使が行われるため、その残虐性をやわらげ、できる限り多くの範囲の人間を保護する目的で、特に第二次世界大戦後、国際人道法が飛躍的に増えることになった。戦闘員（兵士）のみならず、そこから脱落した者（捕虜など）、そして何より非戦闘員（一般市民）へと、人道的な観点からの法整備が広がった。

その主な法原則は、非戦闘員を攻撃してはならないこと（無差別爆撃の禁止など）、不必要な苦痛を与える兵器を使用してはならないことなどである。

こうして広範に法整備がなされる一方、核兵器自体を禁止する条約だけは締結されていない。生物・化学兵器を禁止する条約は作られ、毒矢まで条約で禁止されているのに、頂点の非人道的兵器とも言うべき核兵器を禁ずる条約がないのだ。国際人道法整備に大きな役割を果たしてきた赤十字国際委員会（ICRC）が、近年、核兵器の禁止に焦点を当て出したのは、十分に理由のあることである。

ともあれ、勧告的意見の審理でも、核使用の違法性を唱える裁判官は、徹底的に国際人道法の具体規定および精神に立脚した議論を展開した。とりわけ、クリストファー・ウイラマントリー裁判官（スリランカ出身）の反対意見は、きわめて長く、それだけで核兵器に関する国際人道法の教科書にできるような体系的議論である。国際人道法の歴史的起源から始まり、ヒロシマ・ナガサキの被害の実相も詳細にあたり、条約および慣習法の関連法規をくまなく列挙し緻密に検討する、驚くべき議論だった。裁判所の勧告的意見自体は、核使用が一般的には国際人道法の原則および規則に反する、という内容であったのに「反対」の意見を書いたのは、勧告的意見が「自衛の場合の使用が合法か違法かは判断できない」と結論したからである。彼はその場合も違法、という解釈だった。

決着せぬ現実

こうして初めて国際法的な議論がたたかわされ、一般論として違法であるという判断も示された。それでもなお、核戦争を戦う準備はしておきたい、核の傘の下にいつづけたいという国々と人々は残るだろう。だがそれはあくまで政治的な行為であって、法的に正統性を保障された選択ではないから、他者を巻き込むことは許されない。そういう願望と決意を持った国同士が他の誰をも巻き込まず互いに核攻撃し殲滅する場合は、もはや法の埒外の事柄である。むろんその場合でも、その両国の無辜の人々が守られるべきであることは言うまでもない。

ともあれ、核使用に合法性の余地がほとんどないことは、国際法的に明確になった。しかしながら、この勧告的意見から2021年で四半世紀になるが、核保有国および核抑止支持国を中心とする世界では、その違法性判断はほとんど効果を持っていない。たしかに、その外では核兵器禁止条約が締結され、発効に向けた努力もなされてはいる。しかし、いつどこで核が使われるか分からず、使うかもしれない国々の間では使用が違法だという認識も育っているようには見えない。

それゆえ国際法は無力であり意味がない、と言うべきだろうか。そうかもしれない。しかしそれは、「守ろうとしない国」が「国際法は守られない」とうそぶく、典型的な自己充足的予言であることが多い。その限りにおいて、1996年以降も現実は決着がついておらず、また同じくその限りにおいて、核使用が合法なのか違法なのかもうやむやにされたままである。

国際法の不確定性　核兵器への法的規制も以上のとおり曖昧さを残すが、それは核兵器に限ったことではなく、国際法の性質そのものに内在する特徴である。一方で「主権的国家体制」が多くの面で擬制と化しているとされながら、他方でそれはしぶとく残る現実でもある。少なくとも、いくつかの「大国」にとっては、「やりたいようにやる」ことを許す無政府的法体制の根源であり続けている。国際法学者はあまり目を向けたがらないが、国際法にはいまも「政治」に引きずられる脆弱さがつきまとうのだ。

第二次世界大戦後、国際法は多くの分野に拡充され、それなりに国際法による秩序が現出したかのような様相も呈していた。だが、それは本当か。核使用の合法違法さえ未決着で、数多くの武力紛争に終結の兆しが見えず、膨大な難民が海上をボートでさまよい、難民キャンプで救われずにいる事態を、果たして「法秩序」と呼べるだろうか。

この事態を国際法そのものの責任に帰するような議論に置き換えるつもりはない。国際法は自生する生き物ではなく、国々と人々が作り、かつ使う道具であるからだ。だが、それが十分に機能できずにいるならば、その現実に目を閉ざすことは、国際法学の責任にはなるだろう。それは国際法の実効性（effectiveness）の問題、つまり「国際法がどれほど効果を発揮しているか／有用であるか」という問題だが、不思議なことにこの問題は、国際法学の主流において、あたかもタブーであるかのように、独立の論題にさえなっていない。

国際法が政治の拘束から解き放たれず、ゆえに法内容も規範力も不確定であるということは、抜きがたい現実として認めねばならない。より重要なことは、その限界を知らぬげに国際法が実効的に機能していると自足せぬことであり、そういう誤った自足を前提にして国際法秩序を安易に語らぬことである。核使用の合法違法さえ決着できないのに、なぜ法による秩序を語ることができるだろうか。

その意味でこの番組は、国際法が常に権力政治のしもべであるわけではなく、それを制御しようとする力にもなりうることを示すと同時に、それが今なお、世界秩序を根本から変えるほどの効果を持っていないことを示し、国際法の抱えるディレンマを浮き彫りにするものだった。

さらに学ぶ人のために　NHK 広島核平和プロジェクト『核兵器裁判』（日本放送出版協会、1997年）。

（最上敏樹）

Ⅲ-1　時代を映す鏡としてのドキュメンタリー

『ドキュメント太平洋戦争第１集　大日本帝国のアキレス腱　太平洋・シーレーン作戦』／1992年12月６日／『第２集　敵を知らず己を知らず　ガダルカナル』1993年１月10日／『第３集　エレクトロニクスが戦を制す　マリアナ・サイパン』／1993年２月７日／『第４集　責任なき戦場　ビルマ・インパール』1993年６月13日／『第５集　踏みにじられた南の島　レイテ・フィリピン』／1993年８月８日『第６集　一億玉砕への道　日ソ終戦工作』／1993年８月15日／各59分／制作：中田整一ほか／第４集：1993年度第９回文化庁芸術作品賞、同第31回ギャラクシー賞（奨励賞）

D **A**【「NHK 戦争証言アーカイブス」https://www.nhk.or.jp/archives/shogenarchives/ で無料で視聴可能（同サイトにて番組名を検索）】

大日本帝国のアキレス腱

本シリーズは全６作のNHKスペシャルとして1992年から93年にかけて放映された。太平洋戦争の開戦から敗戦までの通史として観ることができる。第１集は、太平洋戦争敗北の根本原因の一つである、海上輸送路の崩壊を扱う。日本は現在のインドネシアの石油をはじめとする資源を確保するため対米英戦争に打って出た。島国日本にとって、その資源や国民の生活を支える諸物資の輸入には大量の船舶が必要だった。しかし、日本の陸海軍と政府が開戦に先だって予測した船の損失量はあまりにも楽観的なものだった。その予測は米軍の潜水艦や航空機の猛攻によって早くも裏切られ、多くの船が撃沈されてしまう。日本軍は泥縄式に海上護衛の強化を図るが、遅きに失し、戦争遂行の能力を失っていく。番組は、潜水艦とその戦法に改良をおこたらず、乗員の生活環境に充分な配慮をした米軍と、潜水艦探知機の開発の遅れや乗員の悲惨な生活を放置した日本軍を対照的に描く。このように日米戦争を技術開発競争と日本側の一方的な敗北として描く構図は柳田邦男のノンフィクション『零戦燃ゆ』（文藝春秋、1984-1990年）をはじめとする著作と軌を一にしている。その背景には、1980年代の日米経済摩擦がある。当時、この経済戦争を日本の勝利と考えた日本人も多かった。番組が放映されたのは地価の下落が本格化した1993年であるが、キャ

スターの山本肇は、なおバブル期の勝利の余韻を残すかのように、日本は資源の輸入なしには生きられない国であり、経済大国のおごりを捨てるべきである、と視聴者に語りかける。

敵を知らず己を知らず

第2集は、日米戦争の転換点となったソロモン諸島・ガダルカナル島の戦い（1942年8月～43年2月）である。日本軍が本土から遠く離れたこの島にまで兵力を進めたのは、島に飛行場を造って米本土と濠州の交通を遮断し、濠州を拠点とする米軍の反攻を防ごうとしたためである。日本陸軍は、1939年のノモンハンの戦いでソ連軍の戦車や機関銃などの近代兵器の前に大損害を蒙ったにもかかわらず、改善を怠って精神力と夜襲に固執した結果、ガダルカナルでも米軍の猛射の前に敗退した。島の撤退にあたっても、「撤退」を「転進」と言い換えるなど、敗北の隠蔽に終始した。

番組には米軍が捕獲し、米国の文書館に保管されている日本兵の日記が登場する。米軍は日記から日本軍の兵力などを推定するとともに、自軍の将兵に日本兵といえども苦痛は感じるのであり、決して超人などではないのだ、と宣伝にも利用していた。番組は、そのような米軍の柔軟な戦い方を、硬直した銃剣突撃を何度も繰り返した日本軍の硬直性と対照的に描いている。

もっとも、今日の研究では日本軍が精神力や白兵突撃にばかり固執していたわけではなく、その後の戦いで待ち伏せ攻撃や狙撃戦法へ転換していたことが明らかになっている。さらにいえば、日本軍がそのような硬直的な戦法しかとれなかった理由の解明こそが重要であろう。それは今日の課題としてなお残っている。

番組の終盤で山本キャスターは、日本軍の「自己への過信というおごり、傲慢さ」が繰り返される失敗の背景にあったと述べている。番組の制作者が日本とその文化を異質視する米軍側の視点を内面化しているように思える。そしてそのおごりが集団心理と化したとき、いかに国の針路を誤らせるものか、と警鐘を鳴らしている。これは形を変えた日本特殊論とも、80年代日米経済戦争の幻の“勝利”の余韻ともいえるだろう。

エレクトロニクスが戦を制す

第3集は1944年6月のサイパン島の戦いと、その過程で起こったマリアナ沖海戦を描く。サイパン島は米軍にとって日本本土爆撃の基地となりうるため、日本軍としては死守する必要があった。マリアナ沖海戦は、同島の近海で、日米の航空母艦（空母）からなる機動部隊が激突した海戦である。すでに海戦の主役は戦艦から空母とその飛行機へと変わっていた。敵の空母群を撃破した方が島上空の制空権を獲得でき、敵の増援部隊を空から一方的に叩くことができる。この海戦が日米の事実上の艦隊決戦となった。

米軍はこの海戦で日本軍の航空機をほぼ全滅させ、空母３隻を撃沈し、自軍の空母の損害ゼロという一方的な勝利を収めた。それを可能にしたのが高性能のレーダーとＦ６Ｆ戦闘機、そしてVT信管付きの対空砲弾であった。日本軍は先に米艦隊を発見して航空隊を発進させ先制攻撃をかけたが、米空母群はそれをレーダーで探知、大量のＦ６Ｆ戦闘機を無線の管制システムで誘導して迎撃させた。Ｆ６Ｆは大出力エンジンと防弾鋼板を備え、防弾装置をもたない日本の零式戦闘機を圧倒した。その網をくぐり抜けて米艦隊上空までたどり着いた日本の攻撃機は、VT信管より電波を発しながら飛翔し、日本軍機に近接すると直接命中しないでも炸裂する対空砲弾で撃墜されてしまった。

かくして２日間にわたる海戦は米軍の勝利に終わり、サイパン島の日本軍守備隊は降伏を許されずに「玉砕」という名の全滅を遂げてしまう。そして日本本土空襲が開始される。米艦隊に近づくことすら難しくなった日本軍航空隊は10月のレイテ沖海戦で体当たりの特攻作戦を始めるに至る。

本番組もまた、80年代日米経済摩擦の影響を色濃く受けている。かつての日本人が抱いていた“技術立国”という自己意識は、NHKのドキュメンタリー『電子立国日本の自叙伝』（1991年放映、全６回）などからもうかがうことができるが、番組終盤で山本キャスターは、現代の日本はアメリカをもしのぐ技術大国になったといわれるものの、環境や安全といった基礎研究は軽視されたままであると警告する。

さらに、サイパン玉砕と同じように人の生命は軽視されていると警鐘をならすのは、バブル期のドリンク剤のコマーシャルのうたい文句「24時間戦えますか」を髣髴させる。当時の人々は、戦争の歴史を、おごり高ぶる自分たちに反省をうながす道徳的な教訓とみなしていたのだ。

責任なき戦場

第４集は、太平洋戦争で最も悲惨な戦いとして知られるインパール作戦である。1944年３月、ビルマ（現・ミャンマー）の日本軍は、英軍の反攻作戦の先手を打つべく、東インドの要衝・インパールの攻略作戦を開始した。３個師団の大兵力を動員したこの作戦は、計画段階から補給の困難さなどが指摘され、実現が危ぶまれていたが、功をあせる牟田口廉也司令官と太平洋方面の敗勢にあせる杉山元や東條英機ら参謀本部によって強行された。

作戦は当初順調に進み、英軍を包囲するに至ったが、包囲された英軍は空中からの物資投下を受けて持ちこたえ、逆に補給の足りなくなった日本軍が包囲網を解いて後退せざるを得なくなった。牟田口司令官は独断で後退を始めた佐藤幸徳師団長を解任し、残り２人の師団長も解任という異常事態となった。雨季のジャングルの中で多くの日本兵が飢えと病に倒れ、３万人近い戦死者を出す惨憺たる敗北となった。番組は現地ロケを行っているので、今から30年近く前の、より戦時中に近い風景を記録している。

番組が力点を置いたのは、陸軍部内における作戦の実行と中止の意志決定過程である。たとえ自分はできないと思っていても、組織が一定の方向に動き出したら反対を唱えるのは許されないという「日本的組織第一主義の価値観」が無謀な作戦を実施させ、かつなかなか中止できないという状況を生んだという。反対する幕僚たちは次々に更迭された。軍人たちは自分の考課表の点数が下がるのを気にして、慎重論を唱えるのが難しくなっていた。陸軍の兵站を担う輜重兵は地位が低く、人数も少なかった。

対する英軍側は、一度立てた作戦に固執する日本軍の柔軟性のなさを作戦失敗の最大要因と見ていた。

山本キャスターは、一握りの権力者の意志が組織全体の意志となり、冷静で客観的な少数意見は排斥されること、失敗してもその責任は曖昧にされることを日本的組織の特徴という。そして、日本人には組織の中で生きることを喜びとする国民性があるとも述べ、現代の日本人が組織の弊害にさらされているとの危惧を示した。1970年代から80年代にかけて欧米で唱えられた、日本社会を一個の会社とみなす「日本株式会社」論――日本異質論の一形態を内面化している。

レイテ・フィリピン

第５集は、1944年のフィリピン・レイテ島の戦いである。といっても、番組の半分近くは1941年12月に始まる日本軍のフィリピン占領と、その後の軍政にさかれている。日本軍はインドネシアなどの南方資源地帯攻略にあたって、途中じゃまになるフィリピン（米自治領）を占領、軍政を敷いた。しかし現地民衆の心を掴むことができず、1943年に「独立」させた後も、各地で抗日ゲリラの蜂起が続いた。日本軍が治安を維持できていた地域は、フィリピン全土のうち、ごく一部にすぎなかった。

1944年10月、米軍はフィリピン・レイテ島に大挙上陸した。同島の飛行場を奪えば、そこから飛行機を発進させてルソン島を含むフィリピン全域の制圧が可能になるからである。対する日本では東條内閣に替わった小磯国昭内閣がフィリピン決戦を叫んだが、現地の航空部隊はマリアナ沖海戦以降米艦隊に打撃を与える手立てがなく、体当たりの神風特攻隊を出撃させ、同時に戦艦部隊をレイテ湾に突入させる作戦に打って出た（レイテ沖海戦）が失敗、レイテ島の日本軍守備隊は壊滅に追い込まれる。

レイテ島、その後のルソン島などの戦いが悲惨を極めたのは、米軍に加えて各地の抗日ゲリラが日本軍を攻撃したからであった。米軍は45年１月にルソン島へ上陸、首都マニラを奪回するが日本軍の抵抗により100万人といわれるフィリピン人が命を落とした。日本軍も太平洋戦争の戦域で最大の50万人が戦死した。米軍がフィリピンの奪回に固執した背景には、開戦時にルソン島バターン半島からの退却を強いられたマッカーサー司令官の個人的な面子に加え、「慈悲深い宗主国」として再びフィリピンから経済的利益を得ようとした米国の姿勢もあった。

山本キャスターは戦後の日本はアジアへの経済進出を進めてきたが、そこに日本独自のやり方を押しつける独善的な姿勢がないと言い切れるか、と述べて反省をうながす。フィリピンの戦死者たちは、それを聞こうとする者には聞こえる声で過去の教訓を懸命に語り続けているというが、これは大岡昇平『レイテ戦記』（中央公論社、1971年）からの引用である。

一億玉砕への道

第６集は、1945年の降伏に至る過程を描く。同年６月に沖縄が陥落し、後のなくなった日本の指導者たちは、国民には一億玉砕の徹底抗戦を叫びながら、水面下で中立条約を結んでいたソ連を仲介とした和平交渉を始める。しかしソ連は２月のヤルタ会談で米英と対日参戦を約束していた。

曖昧な態度を示すソ連に翻弄される形で和平交渉は進まず、７月のポツダム宣言、８月６日の広島原爆投下、そして９日の長崎原爆投下とソ連の対日参戦により、ようやく日本の指導者たちは「国体護持」すなわち天皇制の存続を唯一の条件として降伏する決意を固め、8月15日のいわゆる玉音放送が行われる。しかしソ連軍の侵攻した満洲では大勢の民間日本人が犠牲となり、降伏した軍隊は長期間シベリアへ抑留された。

山本キャスターは、そのような事態を招いたのは軍部のおごりや独善があったからであると指摘する。続いて冷戦終結後の世界情勢の中で「経済大国」日本には期待と同時に不満・不信の目が向けられている、その根元には日本がかつての独善を捨てて反省もせず、アジアと向き合っていないことがあるのでは、との問題提起があり、本シリーズは完結する。

全6作を通じて山本が示したいくつかの“教訓”には、今日でも通用するものと、過去の歴史となったものの両方がある。しかし、どちらも冷戦終結という番組制作当時の日本社会が抱いていた（現在とは微妙に異なる）歴史観、自己認識の一面にほかならない。そのことが筆者には興味深かった。まことにドキュメンタリーは時代を映す鏡である。歴史から“教訓”を得ることの是非については様々な議論があるが、本シリーズは戦争の歴史を描くことの社会的意義とは何かという問いを視聴者にあらためて示している。

さらに学ぶ人のために　NHK取材班編『ドキュメント太平洋戦争1　大日本帝国のアキレス腱』（角川書店、1993年）以下6巻。番組を書籍化したもので、タイトルはすべて番組のそれと同一。取材の内容が細部にわたってより詳しく解説されている。どの巻も未だに十分通用する力作である。吉田裕・森茂樹『アジア・太平洋戦争（戦争の日本史23）』（吉川弘文館、2007年）。刊行から若干経過したが、太平洋戦争の推移を一冊で俯瞰したいと思う人にとっては最適。戦時下の国民生活に関心がある人は、吉田裕『シリーズ日本近現代史⑥　アジア・太平洋戦争』（岩波新書、2007年）もお勧め。

（一ノ瀬俊也）

Ⅲ－2　同じ過ちを繰り返す日本

——戦争・原発事故・コロナ危機

『日本人はなぜ戦争へと向かったのか　第1回　“外交敗戦”孤立への道』／2011年1月9日／『第2回　巨大組織“陸軍”　暴走のメカニズム』／2011年1月16日／『第3回　“熱狂”はこうして作られた』／2011年2月27日／『第4回　開戦・リーダーたちの迷走』／2011年3月6日／『戦中編　果てしなき戦線拡大の悲劇』／2011年8月15日／第1回～第4回：各49分、戦中編：58分／制作統括：西脇順一郎ほか、ディレクター：宮川徹志ほか　D O

「3.11」直前の放送

この作品は放送された時点ですべて視聴していた。100人を超える政治家や陸海軍の高級幹部の肉声テープを使い、「今こそ知るべき過去がある」というトーンで、日米戦争に向かうプロセスに拘った、太平洋戦争開戦70年の節目の作品である。2011年正月の最初の日曜夜9時30分から第1回の放送が始まり、第4回が終わったのは3月6日だった。その5日後に東日本大震災が起きる。今回、この原稿を書くために9年ぶりにDVDで全巻を視聴してみて、そこに貫かれているテーマが、「3.11」や2020年現下で問われるこの国の政治や社会の有り様と実によく似ていることに驚いた。戦争と「複合被災」（「原発震災」）と「コロナ禍」とは同じではないが、リーダーが決断できず、結論を先送りする傾向、自己保身の巨大組織、現実と向き合わず、自分の意図の通りに進むという根拠のない楽観主義、横並び指向のメディア等々、79年前とは思えない新鮮な、しかし深刻な発見があった。

外交なき孤立と「軍」の肥大化

第1回は、日本の国際的孤立への道を可視化していく。1933年の国際連盟脱退と「日独防共協定」締結がターニングポイントとなるのだが、番組では、当初は連盟に残る方針をとっていたのに、日本政府が国内世論を優先させて、「満州」をめぐる英国の妥協案を拒否し、列強の意向を読み間違って連盟脱退・孤立へと向かう過程が手際よく描かれている。国際連盟脱退の真相はこの回の白眉であるが、松岡洋介は何とか頬被りしてごまかせると思っていた節がある。満州だけなら日本だけではないから、大国の支持を得られるという楽観論であった。そして根っこには、軍による外交への介入、そして陸軍と外務省の二重外交があった。その間、7人の首相が交代した政党内閣の弱体化も背景にある。有田八郎（外相）の意図は、対ソ防共で蔣介石と結んで孤立を回避しようとするものだったが、これは完全に裏目に出る。大島浩（独駐在武官）はヒトラーとの接近をはかり、吉田茂（駐英大使）は英国との連携を模索する。ちぐはぐな日本外交はドイツとの接近のみが突出し、1936年に日独防共協定が成立し、ドイツ以外のすべての国を敵にまわすことに。かくして、1937年7月、日中全面戦争が始まる。1940年9月の「日独伊三国同盟」から太平洋戦争に至る過程はまさに「外交敗戦」と形容される。そこには、様々な「誤算の連鎖」があった。番組は特にそれを強く印象づける。

第2回は巨大組織、陸軍のいわば解剖学といえる。100人を超える関係者の肉声テープから、550万陸軍の誤算の積み重ねが描かれていく。何よりも、「一夕会」という陸士16期の40人ほどのエリートが陸軍の人事を握り、やがて皇道派と統制派に分かれて派閥抗争を展開。皇道派将校による永田鉄山軍務局長暗殺事件をきっかけに、「統制の不在」から太平洋戦争に向かう過程がドラマチックに描写される。番組では、「天津軍の暴走」として、支那駐屯軍（司令部・天津）の河辺正三旅団長と牟田口廉也歩兵第1連隊長のコンビが蘆溝橋事件を起こしたことに触れつつ、後にこの2人がインパール作戦時のビルマ方面軍司令官と隷下の第15軍司令官として無謀かつ強引な作戦を展開した「日本陸軍最悪のコンビ」となることを示唆する。この回で重視されたのは、「組織の肥大化」という視点である。20を超える司令官・参謀長ポストが新設され、東京から大臣をやった人物が着任する。想定されているのは、寺内寿一陸軍大臣の南方軍総司令官（元帥ポスト）就任だろう。武藤章軍務局長はこれを縮小しようとしたが、現地軍の反対にあい、組織の論理が優先された。1941年10月18日の東條英機内閣の成立は、「一夕会」メンバーがついにトップを獲得したことを意味する。かくて、戦争への道は加速される。

熱狂の演出と指導者の迷走

「熱狂」を意識的に演出したメディアの役割に着目する第3回では、多くの記者たちの証言を通じて、戦争になると新聞の発行部数が増え、新しい読者が生れるというメディアの病理と生理が明らかにされる。各紙の号外競争が始まり、満州事変すら1つの「イベント」として読者数を増やしていく。当初は慎重な論調だった『朝日新聞』に不買運動が起こり、結局「国益」重視に変わる。『信濃毎日新聞』も、桐生悠々の社説「関東防空大演習を嗤ふ」に対する在郷軍人会の圧力と不買運動により、桐生は退社に追い込まれる。この回では、満州事変以降、軍とメディアの癒着が進み、首相官邸でメディア幹部との食事会が開かれたことも明らかにされる。メディア幹部と頻繁に会食を繰り返す安倍政権の手法が想起される。なお、ナチスは「ラジオは国家の意志を運ぶ」としてその活用を進めたが、NHKはこれに学び、政治家や軍人の演説に人々の歓声（歓呼）を巧みに入れ込み、戦意高揚を図った。NHKにとっては身を切るテーマであろう。

第4回はリーダーの迷走にポイントを絞る。日米には総合力で80倍の差があったとされているが、その米国となぜ戦争したのか。全会一致制の大本営政府連絡会議では、陸軍が北進論（対ソ連）、海軍が南進論（「自存自衛」）を主張し、決定は先送りされていく。番組では、首相はじめ陸海軍首脳や企画院総裁など、それぞれのアクターに着目しながら、中国からの徹兵という米国の要求に譲歩するか、それとも南方資源の独自調達を図るか、2つしかない選択肢の中で迷走する様を追う。海軍は米国との戦争に勝ち目なしと見ていたし、陸軍の現地司令官たちも戦争回避を求め、撤兵やむなしに傾斜していた。にもかかわらず、中国ですでに20万が戦死しているという「死者への負債」（ジョン・ダワー）から、撤兵へのハードルは高まる。「人が死ねば死ぬほど、兵は退けなくなる。リーダーは決して死者を見捨てることは許されないから、この「死者への負債」はあらゆる時代に起きている」という言葉は教訓的である。

1941年9月の連絡会議では、武藤軍務局長が、「日米開戦はやめてくれと海軍がいってくれれば」と希望するが、海軍は沈黙を守る。一方、及川古志郎海軍大臣は、鈴木貞一企画院総裁のところにいき、御前会議前に日米戦争はできないと上奏するように頼む。連絡会議では、近衛首相とルーズベルト大統領との太平洋上でのトップ会談で撤兵をのみ、禁輸をとかせてから天皇に「開戦はしない」といわせて陸軍を抑えるという暗黙の空気が生まれる。だが、10月12日に近衛首相が私邸に陸海軍大臣を集め4時間議論するも、及川は逃げて近衛に一任。交渉をいう近衛に東條が反対して、結局何も決まらないまま、4日後に近衛内閣は総辞職して、東條内閣が発足する。「判断をすべて先送りし、選択肢をすべて失った上での決意なき開戦」となった。

「総理大臣が２、３人殺されるつもりでやれば、戦争回避ができただろうが、それだけの人がいなかった」と保科善四郎海軍省兵務局長は後に語っている。「独裁的な政治ではなかったので戦争を回避できなかった」とは佐藤賢了軍務局長の言葉。遺族は佐藤が開戦に「けっこう慎重だった」と語る。松平定知キャスターの本編のまとめの言葉は、（１）戦略をもたない外交、（２）目的を見失っていた陸軍の組織、（３）大衆迎合と戦争宣伝のメディア、（４）重要な案件を先送りするリーダーたち、（５）果てしなき戦線拡大の悲劇、である。「すべてが戦争の愚かさに気づいていたのに、戦争の道をたどった事実の重さ。少なくともあの時、なぜ私たちは戦争への道を選んだのかを考えることをやめてはいけない」という松平の語りに、加古隆の重厚な音楽が重なり、エンドロールとなる。

戦争と利権と

戦中編「果てしなき戦線拡大の悲劇」は、全４回の本編の続編として、その年の「終戦記念日」に放映された。番組では、本編のまとめの５点のうち、戦線拡大の背後にある事実を深掘りしていく。特に1942年２月の陸海軍の課長級会議（山王ホテル）は興味深い。イラストを使い、戦線拡大をめぐる課長たちのやりとりを再現する。両論併記のまま、ズルズルと戦線拡大に引きずられるとともに、「想定外」への対処を考えず、最悪のシナリオから目を背け続けた。そして、戦線の拡大の背後に、南方資源をめぐる軍と経済界の利権が生れていたことを伝える。例えば、当初インドネシアとマレー半島が侵攻範囲だったのに、補給が届きにくいニューカレドニアまで侵攻したのは、経済界のニッケル獲得が狙いだったという。本来の戦争目的が曖昧になり、南方占領地に実に480社の日本企業が進出した。戦線拡大を「ビジネスチャンス」に結びつけようとしたのである。占領地が広がるほどに、軍と企業の利権が深まっていくことを、当時の商工省史料や関係証言により裏付けていく。海軍はニューギニア、ポートモレスビー、陸軍はビルマ北部（インパール）へ。利権の拡張が軍の戦線拡大の背景にあった。戦争の主導権をめぐる陸海軍の争いは戦略物資の奪い合いという側面をもっていた。

いつも兵士が犠牲に

1942年５月のミッドウェー作戦は、陸軍の支援なしの海軍の暴走だった。山本五十六大将は、開戦後半年で講和のチャンスをつかめず、「我々は切り死にを承知でミッドウェーに向かった」という。この「戦中編」では、死地に追い込まれた兵士たちの叫びも拾っている。

中でも注目されるのは、ガダルカナル戦の生き残りの言葉である。自分たちの一木支隊は実はミッドウェー島攻略に向けられる部隊だったが、ミッドウェー敗戦をごまかすために、ガダルカナルに転用され全滅した、と。「白骨街道」のインパール作戦の生き残りは、「早く死ねば日本に帰れる。生きていれば遅れる」と語る。利権拡張による戦線拡大の象徴的な事例がニューギニア島への上陸作戦だった。ここで参加兵力20万人中18万人が戦死した。「ビルマの地獄、死んでも帰れぬニューギニア」と兵士たちが自虐的に語る戦場は、無謀な戦線拡大の結果だった。

戦争から原発・コロナへ

この作品は本編＋戦中編を通じて、指導者が全体のプランを示すことができず、矛盾した要求を調整しないまま先送りするという指導部の機能不全、有事のさなかに目先の利益と組織優先を超えることができなかったセクショナリズム、そして、重大な事態に対応できない危機管理意識の欠如が、松平キャスターの歯切れのいい、断定的口調によって浮き彫りにされる。「戦中編」が放映されたのは、「3.11」後、初の「8.15」の夜10時だった。まるで福島原発事故とその後の政治の迷走を見るかのような描き方で、放映当時、それが強く印象に残った。

この作品は、NHK のそれまでの戦争関連作品の中で、「失敗の本質」的なアプローチが際立った作品といえる。それゆえ、問題意識が鋭くかつ明快な分、戦争の展開や個々の証言の評価などの点において議論の余地がないではない。政治家や高級軍人の証言は、もちろん戦後かなりの時間が経過してなされたものであり、距離をとった評価が求められる。特に軍務局長をやった佐藤賢了。「東條の腰巾着」以上のべたつきのため「東條の納豆」といわれた人物だが、開戦直前、軍務課長として、空襲下で犠牲を増やすことにつながる防空法改正を主導した（拙著『検証　防空法』法律文化社、2014年参照）。「（日米開戦に）けっこう慎重だった」という遺族の証言も、そのままは受けとれない。対米開戦に限定された評価であって、満州事変以降の日中戦争を含む戦争全体の中での位置づけることも必要だろう。

なお、前述した近衛私邸での陸海軍大臣の会談で、及川海軍大臣が「近衛一任」

で逃げたという「通説」について、2009年8月9日放送のNHKスペシャル『日本海軍　400時間の証言』で扱われた海軍軍令部メンバーたちの秘密裡の会合（「海軍反省会」）の議論を検証して、その第66回海軍反省会で、及川の再評価説が出ていることを近年の研究が明らかにしている（「Web歴史街道」2018年12月18日公開）。だが、いつものことだが、軍人たちの「反省」には、自己弁護と「次はもっとうまくやる」という傾きが感じられる。

この番組全体を通じて隔靴掻痒の感が残るのは、この戦争の始めから終わりまで、責任の所在が曖昧なまま原因と結果についての一応の結論が導かれていることだろう。

現在のコロナ危機にあたっても、政治指導者は科学的根拠に基づく明確な方針を打ち出せず、国民の生命・健康と経済生活に重大な影響を与える政策決定が迷走している。戦争、原発事故、コロナ危機と、まさに「同じ過ちを繰り返す日本」がここにある。そうした時に、明確な問題意識と当事者たちの証言を積み重ねた本作品を全巻通して見ることによって、様々な今日的教訓と視点を得ることができるだろう。

さらに学ぶ人のために　吉田裕『シリーズ日本近現代史⑥　アジア・太平洋戦争』（岩波新書、2007年）。「大東亜戦争」史観に対峙される、史料的裏付けが強固で問題意識鮮明の決定版。水島朝穂『戦争とたたかう―憲法学者久田栄正のルソン戦体験』（岩波書店、2013年）。ルソン島の戦場から生還した体験を平和憲法につなげる一憲法学者の記録。NHKスペシャル取材班編著『日本人はなぜ戦争へと向かったのか（上・下・戦中編）』（NHK出版、2011年）。番組全体を活字で再確認できるとともに、「なぜ」に丁寧にこたえる書。

（水島朝穂）

Ⅲ－3　官僚組織としての日本海軍

——組織的利害（セクショナル・インタレスト）・同調圧力・無責任

『日本海軍　400時間の証言　第1回　開戦“海軍あって国家なし”』／『第2回　特攻“やましき沈黙”』／『第3回　戦犯裁判“第二の戦争”』／2009年8月9日・10日・11日放送／各59分／制作統括：藤木達弘ほか、ディレクター：横井秀信ほか／第2回：2009年度第64回文化庁芸術祭（優秀賞）、同第36回放送文化基金賞（番組賞）、第1回～第3回：2009年度第47回ギャラクシー賞（選奨）、2010年度第10回石橋湛山記念早稲田ジャーナリズム大賞（早稲田ジャーナリズム大賞）
D O

公文書の焼却と海軍幹部の証言

アジア・太平洋地域において帝国日本が引き起こした戦争の犠牲者は、日本人で310万人以上、連合国（アメリカ・ソ連・イギリスなど）で17～18万人ほど、アジア各地域では1900万人以上と推計されている。しかしながら、1945年の敗戦直後に日本政府や陸海軍などが組織的に公文書の焼却や隠蔽を行ったため、今日の時点において、私たちがその戦争の実態を検証することは困難な状況となっている。

これに対して本番組は、日本海軍の幹部クラスが中心となって戦後に開催していた「海軍反省会」（以下、反省会）の証言を手かがりとして、日本海軍がアジア・太平洋戦争とどのように向き合っていたかを検証するものである。海軍将校のOB団体である水交会を会場に、1980年3月から1991年4月まで計131回にわたって開催された「反省会」の議論の内容は、合計400時間に及ぶカセットテープに録音されていたが、本番組放映時までその内容が公開されることはなかった。この点だけを見ても、海軍という巨大な軍事官僚組織のセクショナリズムと秘密主義とが垣間見えるようである。

ここで指摘しておきたいことは、「反省会」の参加者の多くが、戦争を主導した天皇直属の機関である軍令部の参謀（軍隊階級では中佐～大佐の佐官クラス）であった点である。軍令部の権限としては、戦争準備や作戦計画の立案、軍備・兵器、出師（すいし）準備などが挙げられるが、「国策」の原案を起草し

たり、作成計画を立案するのはこのような軍令部の参謀、言い換えれば海軍中堅層と呼ばれる幕僚クラスであった。政策の起案権がどこにあるのかということは、いつの時代・どの組織においても重要な意味をもっている。普段は歴史の表舞台に出てくることのない軍令部の参謀の証言を放映した本番組は、オーラルヒストリーとしても貴重な記録である。

以下では、適宜解説を加えながら、本番組の内容を紹介することとしたい。

開戦に至る経緯と第一委員会　第1回目の放送では、海軍特に軍令部が開戦へと突き進んでいった内実が明らかにされる。開戦に至る経緯の中で、反省会のメンバーが特に重視するのは、第一委員会という組織である。第一委員会とは、正式には海軍国防政策委員会第一委員会といい、1940年12月に設置され、軍令部や海軍省の課長クラス（富岡定俊・大野竹二・高田利種・石川信吾の各大佐など7名。このうち、富岡・石川は日米開戦の原動力になったとも噂される強硬論者）をメンバーとしている。その第一委員会は、開戦の半年前—1941年6月5日付で「現情勢下ニ於テ帝国海軍ノ執ルベキ態度」という報告書を作成している。その報告書は、日本の自存上やむを得ない場合には東南アジアに進出し、石油などの戦略物資を確保すべきだと提言し、武力行使の条件は米・英による日本への石油供給禁止の場合と結論づける（日本国際政治学会太平洋戦争原因研究部編著『太平洋戦争への道』第7巻・別巻、朝日新聞社、1963年）。この報告書が作成された頃から永野修身軍令部総長の態度が強硬になったと軍令部の参謀が反省会で証言している。そして、1941年7月、日本がインドシナ南部に進駐し、対抗する形でアメリカが石油禁輸などの経済制裁を発動する中で、永野軍令部総長が参内し天皇に開戦を進言したことが対米開戦への方向性を決定づけた——以上が、本番組が描く開戦までのシナリオである。

「組織的利害」の追求という開戦理由　しかしながら、軍令部や海軍省のエリート将校は、第一委員会が作成した上記の報告書をはじめ「国策」に関する政治的文書の作文能力には長けていたが、その「国策」に対応した戦争準備や長期的な作戦計画を立てるという点では決定的な問題点を抱えていた。この点については、海軍省兵備局長であった保科善四郎元中将が当時の軍令部の戦争準備について「使うことができないような兵器まで載せてる」と証言し、また軍令部作戦課の参謀であった佐薙毅（さなぎさだむ）元大佐が「海軍の軍令部にはlong distanceの計画を冷静に研究するというスタッフがいなかった」と回想しているのが象徴的である。さらに重要な点は、対米英開戦において決定的役割を果たした第一委員会自体が開戦を想定していなかった点である。第一委員会のメンバーであった海軍省第一課長の高田利種元大佐は、対米開戦の決意について記した「国策」にかかわる文書を策定した理由として、予算獲得の問題を指摘していた。すなわち、アメリカとの対立を煽って軍事予算を獲得し、海軍自らの戦備を充実させた上でアメリカと妥結するというのが第一委員会の狙いだったというのである。

官僚組織は、その主管業務の専門性を根拠に、所属する部署の利害（インタレスト）を「国策」に盛り込もうとする。その「国策」が策定される過程では、論拠が変更されたり因果関係が支離滅裂であったとしても、組織的利害（セクショナルインタレスト）の方が優先されるのである（森山優『日本はなぜ開戦に踏み切ったか』新潮社、2012年）。上記の高田の証言は、組織的利害（セクショナルインタレスト）を忠実に追求する海軍のブレーン集団の実態を余すことなく伝えている。しかしながら、以上のような組織的利害（セクショナルインタレスト）の追求は、「国家の将来なんか考えるよりも……自分の局部局部でやりまして上の人が決めてくれるものだとこう思ってます」と高田が証言したようなセクショナリズムに陥り、その結果として、最前線で戦う艦隊の将校や兵士、そして国民一人一人の命に対する想像力が失われていく。開戦という重い決断が、海軍の予算獲得と戦備充実という組織的利害（セクショナルインタレスト）の追求のために行われたという当事者の告白は、現代の日本社会を理解する上でも重要な示唆を与えてくれるように思われる。

軍令部と特攻兵器

1944年10月25日、フィリピンのレイテ沖海戦で神風特別攻撃隊による航空特攻作戦が初めて実施された。この特攻作戦の起源をめぐっては、第一航空艦隊司令長官であった大西瀧治郎中将の発案によって開始されたという説が戦後広く流布している。これに対して第2回目の放送では、海軍中央の軍令部が神風特攻隊よりも前から組織的に特攻兵器の準備を始めていた事実が、反省会での証言と歴史資料によって明らかにされていく。証言の中心となったのは、軍令部の指示に従って、人間魚雷＝回天による水中特攻作戦を現場で実行した第六艦隊参謀の鳥巣建之助元中佐である。

軍令部が特攻兵器の開発を進めた背景には、1943年以降の太平洋戦線における戦局の悪化があった。1943年8月には、軍令部第二部長（兵器研究担当）の黒島亀人元少将によって「必死必殺ノ戦法」「戦闘機ニヨル衝突撃」などの特攻作戦が提案されている（「中澤佑業務日誌」。中澤は当時の軍令部第一［作戦］部長）。1944年４月には「体当リ戦闘機」など緊急に開発すべき特攻兵器が黒島から中澤に提示され、同年８月には海軍が人間魚雷＝回天を正式に採用した。また航空特攻についても、初めての特攻の12日前（1944年10月13日）、軍令部作戦課参謀の源田実元大佐が「神風攻撃隊ノ発表ハ全軍ノ士気昂揚竝ニ国民戦意ノ振作ニ至大ノ関係アル処、各隊攻撃実施ノ都度、純忠ノ至誠ニ報ヒ……」（『航空部隊関係電報　現状報告　要望事項　兵力配備　作戦関係』）という電報を起案し、現地部隊など各方面に照会している。すなわち、特攻は現地部隊の発案によるものではなく、軍令部を中心とした海軍中央の既定路線だったのである。

特攻作戦を採用した海軍の体質

では、なぜ軍令部は特攻作戦を行ったのか。この点について、連合艦隊参謀であった中島親孝元中佐は「飛行機の搭乗員のですね、補充ということを考えないで行き当たりばったりに行って、仕方ないから特攻に逃げたんだと。もう、人間を自動操縦機の代わりにするんだと。こういう思想があると、これがですね、日本海軍を毒した最大のもんだと私は思います」と反省会で述べている。ガダルカナル島攻防戦（1942年８月～43年２月）以降の太平洋戦線で、海軍は熟練のパイロットを多数失っていた。一人前のパイロットになるためには膨大な時間が必要である。飛行時間300時間程度で何とか空を飛ぶことが可能となり、飛行時間600時間でようやく作戦任務につくことができる（小沢郁郎『つらい真実―虚構の特攻隊神話』同成社、1983年）。戦局の悪化によるパイロットの練度低下、飛行機の減少、戦争経済の崩壊――こうした切迫した状況下で作戦計画の立案にあたった軍令部が選択したのは、「必死必殺ノ戦法」である特攻作戦であった。

海軍では、現場の隊員が必ず死ぬことを前提とした特攻は決して命じてはならないとされていた。では、海軍首脳特に軍令部作戦課の参謀は、なぜ特攻作戦を止められなかったのか。反省会のメンバーの一人は、間違っていると思っても口には出せず、組織の空気に個人が飲み込まれていく雰囲気が海軍内にあったと証言し、そのような海軍の体質を「やましき沈黙」という言葉で表現している。軍令部による特攻作戦を批判していた第六艦隊参謀の鳥巣も、批判される側であった軍令部作戦部長の中澤もともに口にしていたのは、以上のような組織の空気であった。「やましき沈黙」という海軍の体質、これは海軍という組織内での「同調圧力」とも言い換えることができるが、無謬性の原則を前提とする現在の日本政府や官僚組織にも同様の特質を想定することができるだろう。

海軍の戦犯裁判対策　第3回目の放送では、敗戦後の海軍が、戦犯裁判においてどのように対応したのかが明らかにされる。証言の中心となったのは、戦犯裁判関係の業務を担当した豊田隈雄元大佐であった。

1946年5月3日に開廷した東京裁判において、第二復員省（通称「二復」。旧軍令部・海軍省）が重視したのは、組織のトップを守ることであった。具体的には、開戦時の海軍大臣である嶋田繁太郎が、開戦の責任（平和に対する罪）に加え、通例の戦争犯罪（捕虜虐待など）にも問われることを回避するため、撃沈した商船乗組員を殺害せよと指示する作戦命令書を作成した潜水艦部隊の司令官である三戸寿少将に法廷で偽証をさせてまで、組織のトップを守ろうとしたことが明らかにされる。東京裁判における尋問や証言の過程で、二復は自らの意図を貫徹させていくのだが、それが可能となったのは二復に所属する元軍令部員が組織的に裁判対策をしていたからであった。すなわち、［出廷前の証人呼び出し→証言の聞き出しと文書作成→海軍が不利にならぬよう証言を訂正］という形で、GHQによる証人尋問の前に海軍が裁判対策を終えていた実態が、二復の裁判対策資料と豊田などの証言によって生々しく描かれていくのである。

「無責任の体系」と現場への責任転嫁　これに対して、捕虜虐待など通例の戦争犯罪が裁かれたBC級裁判では、軍令部の責任を回避する対策が二復によって実行されていく。本番組では、海軍兵学校時代の豊田の同僚であった篠原多磨夫大佐が、1945年4月にインドネシアのスラバヤで捕虜を処刑した罪を問われて、BC級裁判で死刑となった事件を紹介している。つまり、捕虜を処刑した元上等水兵の証言から、スラバヤの処刑現場には第二南遣艦隊（艦隊司令部）より派遣された軍法会議担当の法務官が同席していた事実が明らかにされる。そして艦隊司令部が捕虜の処刑を認めていた事実を隠蔽するため、敗戦後に二復は法務官を逃亡させたという。その結果、捕虜処刑は現地部隊の参謀であった篠原の独断で行われたとされ、篠原だけが死刑の判決を言い渡されたのである。

BC級裁判で死刑となった海軍軍人のほとんどが現地部隊の将校や下士官であったが、その背景には二復のBC級裁判対策があった。その対策とは、天皇に累を及ぼさないために中央部に責任がないことを明らかにし、「その責任を高々現地司令官程度に止」めるという方針であった（「残虐行為に就て　一、弁護の基本方針」）。直接的暴力の担い手である軍隊の内部に埋め込まれた、「中心」（軍令部・艦隊司令部）と「周縁」（現地部隊）という構造的暴力の構図を、このBC級裁判の事例においても見ることができる。

海軍が執拗に中央部の責任回避を追求した背景には、天皇の戦争責任問題があった。占領政策を進めるGHQに対しては、戦前に総理大臣や海軍大臣も務めた天皇の重臣である米内光政が1945年末頃から政治工作のために接触していたが、1946年3月6日、マッカーサーの軍事秘書官であるフェラーズ准将は東京裁判対策として「天皇が何等の罪のないことを日本側が立証してくれることが最も好都合である」と米内に語っている。それに対して米内は「全く同感です。東条嶋田に全責任をとらすことが陛下を無罪にする為の最善の方法と思ひます」と応じている（大井篤氏所蔵「第二復員省調査部記録」）。ここに見られるように、大日本帝国憲法体制下で統治権の総攬者であった天皇を免責するため、天皇の責任に連なる陸海軍の中央部の責任を回避するという「無責任の体系」（丸山眞男）が、GHQと海軍の共犯関係によって創り出されていったといえるだろう。

海軍と現代の組織との共通項

以上の3回の放送で、本番組が視聴者に伝えたかったメッセージとは何であったのか。第1回目の放送の最後で、キャスターが次のように語っているのが印象的である。「縦割りのセクショナリズム、問題を隠蔽する体質、ムードに流され意見を言えない空気、責任の曖昧さ。元将校たちが告白した戦争に至るプロセスは、今の社会が抱える問題そのものであり、私自身もそうした社会の一員である」と。つまり、軍事官僚組織である海軍に見られた以上の内容は、決して過去の問題ではなく、現代の問題として捉え直す必要があると本番組は主張するのである。第3回目の放送は、次の言葉で締めくくられている。「反省会の証言から読み取るべき教訓とは……どんな組織よりも一人一人の命の方が重いということではないかと私は思うのです」。

さらに学ぶ人のために

NHKスペシャル取材班『日本海軍400時間の証言―軍令部・参謀たちが語った敗戦』（新潮社、2014年）。本番組未放映の反省会での発言内容や記者の取材記録も収録。粟屋憲太郎『東京裁判への道』（上・下）（講談社、2006年）。国際検察局（IPS）の膨大な尋問調書などをもとに東京裁判の全体像を解明した好著。

（北泊謙太郎）

Ⅲ-4　空襲への想像力をもつために

『東京大空襲』／1978年3月9日／49分／企画：日高義樹、制作：平尾浩一ほか　D O
『本土空襲　全記録』／2017年8月12日／49分／制作統括：鶴谷邦顕ほか、ディレクター：川原真衣ほか／放送人グランプリ2018（第17回グランプリ）　D O

本来、貴重であってはならない2本

ここで取り扱うのは、1978年と2017年という、およそ40年の時を隔てて放送された2本の空襲に関するドキュメンタリーである。どちらも49分という番組時間の制約の下で、空襲への分析と同時代的な意味を重視して、丁寧にまとめられている。『本土空襲　全記録』によれば、日本に対する空襲は、約46万人の死者、2040万発の燃焼弾（焼夷弾）、850万発の銃弾という想像を絶する規模だった。この事実に照らしてみれば、日本のテレビ文化における「空襲」のプレゼンスは低いといえよう。ゆえに、この2本の貴重さと重要さは、さらに強調してもよい。そして、ともに日本の空襲記憶および空襲観とも呼ぶべきものが直面している「変わりゆくもの」と「変わらぬもの」を如実に映し出す、優れたドキュメンタリー作品である。本稿では、両方への言及を往還しつつ書き進めていきたい。

『本土空襲　全記録』の普遍性

まずは「新しい方の」作品、2017年の『本土空襲　全記録』を扱おう。本番組は、「本土」と冠するように日本全体（ただし沖縄の「十・十空襲」などは省かれている）を射程とする。さらに日本に対する空襲だけを特別視するというよりも、やや俯瞰した視点から「普遍化」を試みようという意志が見られる。例えば、原子爆弾を「空爆」として位置づけている点、さらに時代的な前後の文脈を重視している点が象徴的である。つまり、重慶爆撃への言及をはじめとして、アメリカ軍の軍事目標爆撃から都市無差別爆撃へと転換していく様子、さらにアメリカの戦略の変容がサイパンや硫黄島の戦いなどの背景に合わせて解説されている点だ。これら数十年の研究成果を用いた「学術的」な解説

を、CG映像などを駆使して、視聴者が退屈しないように「見せて（魅せて）」いる。賛否はあるだろうが、この点に次節でも触れる「21世紀のテレビ文化」の特性が垣間見える。

本番組の特筆すべき点は、ガンカメラ（航空機搭載カメラ）の映像主体かつ加害主体でもある戦闘機P51の解説部分である。爆撃機を護衛するP51は、その任が解かれると日本各地で「遊撃」を繰り返し、機銃による殺害が活発化した。ガンカメラの映像は、工場だけではなく、民間人の乗る汽車から小学校に至るまでの空爆被害を映し出す。

「語り」の情感とテレビ文化の40年

次に語り方に耳を傾けてみよう。実は、新しく作られた『本土空襲　全記録』の方が「記録」と銘打っているものの、その調査結果の記録の客観性に比して「語り」は情緒的になっている。これは、1978年の『東京大空襲』の淡々とした語りとは対照的である。

2017年の『本土空襲　全記録』では、「憎しみの連鎖」という語が繰り返し感情に訴えてくるが、さらなる学びとして、その連鎖の実態に眼差しを向けてみてもよいと思う。つまり、「憎しみの連鎖の実態やメカニズム」に目を向け、ドキュメンタリーから始まる学習も、本番組の「使い方」として指摘したい。

他にも、この40年の変化を反映しているのは、番組終盤に空襲体験者の「語り」をもってきて次世代へのメッセージを強く刻み込んでいる点だろう。つまり、21世紀の今、体験者が減少していく中で、彼ら・彼女らの特殊位置を印象づける方向性で描かれている。これは次に取り上げる『東京大空襲』とは、大きく異なっている。

『東京大空襲』の「遅さ」について

1978年に放送された『東京大空襲』では、まず東京大空襲について1945年から数えて30年以上も「本格的な」ドキュメンタリーが存在しなかったという事実を重く受け止めるべきだろう。つまり、空襲は体験者が日本社会にまだ多く生きていた時期、すでに「忘却の淵」に立っていたのである。しかし1970年代、空襲は注目されることとなった。この背景には、1960年代半ばからのベトナム戦争の「北爆」があり、1970年頃から本格化する空襲記録運動がある。これは、ようやく日本社会が空襲と向き合えるだけの時間を経たという見

方もできる。しかし他方で、ここまで遅れたことは、空襲被害を「国民が等しく受忍すべきもの」としている日本社会の状況が一種の圧力になっていたとも考えるべきだろう。裁判における空襲被害の「受忍論」は1987年の最高裁判決に登場するが、すでに1968年時点でも在外財産をめぐる裁判に「受忍論」が登場していたからである。

『東京大空襲』の語り

本番組は、東京の大空襲から33年後の作品だということもあり、体験の語り部自身が「歴史」的に重要である。彼らは、青年あるいは大人として大空襲を体験した世代である。しかし、その語りに奇妙な「冷静さ」を感じる。

特に、墨田区緑4丁目近隣住民の死亡確認シーンからは目が離せない。近所の人たちが矢継ぎ早に語る「●●は死んでるわ」や「●●は全滅」などのカラッとした言葉が印象的だ。これを冷淡だと捉える向きもあるだろうが、それは違うだろう。自らが空襲という「生き死に」の現場に居合わせ、戦後でその現実を引き受けざるを得ないからこそ、彼らは情緒的に語ることの不遜さを拒絶しようとしているのではないだろうか。例えば、本ドキュメンタリーに登場する男性は「(空襲の炎がすさまじく）部屋で死のうと思ったら、生き残っちゃった」と発言する。このシーンには、この時代のリアルが焼きつけられている。もっといえば、「死者のことを常に考え、彼らの死と同居しては生きられない」生き残った者の性(さが）が克明に同時代史として映し出されているのである。

カーチス・ルメイの出演

『東京大空襲』は、その番組自体が貴重な歴史資料だといってよい。1945年3月10日の東京大空襲をはじめとして東京の諸空襲の記録写真を残した石川光陽がコメントをし、同時代に様々な職務に就いていた人々が当時の状況を語っている。さらに後半には、日本空襲を指揮した司令官カーチス・ルメイまでもが出演している。私感だが、まるで歴史資料を紐解くのと同じ知的興奮を覚えてしまった。

本番組で、ルメイはいわば「隠し撮り」によって出演する。これは、インターネットのない時代だからこそ可能だったのかもしれない。そして、非公式に出演したからこそ、そこにはやり取りの生々しさがあり、ドキュメンタリー独特の緊張感を生む描写となっている。ルメイがNHK 取材班に撮影を許可したのは、彼の取得した勲章の数々だった。この中には、日本から贈られた勲一等旭日大綬章も入っている。ルメイは、1964年に航空自衛隊育成に寄与したことで受勲していた。

一般的に、ルメイという存在は日本空襲を主導した「悪魔的」人物として描写されがちだが、実際にはアメリカ空軍内の組織人の１人だった。さらに普遍化してみれば、ルメイは現代へと続く空襲史の重要人物の１人としても把握可能だろう。

「空から観ること」への想像力　両空襲ドキュメンタリーで登場するのは、空から都市を眺めるシーンである。鳥瞰は空襲の特性であり、この視点が「距離のある殺人」を幇助する。

1991年の湾岸戦争では空爆が「まるでゲームのよう」と形容された。21世紀の現在では、無人航空機（ドローン）が遠隔操作によって爆撃を実行し、人を殺している。

この瞬間も、空爆は地球の上で実行され、そして人を殺している。日本の空襲被害、東京の空襲被害の延長線上に、現代の空爆は位置づけられるはずだ。このことを意識すれば、両番組は違った見え方がするだろう。この見方は、「俯瞰」によって大地から遠ざけられてしまった空爆の思想を地に足をつけて考えるために必要な想像力をもたらしてくれるだろう。

さらに学ぶ人のために　荒井信一『空爆の歴史―終わらない大量虐殺』（岩波書店、2008年）。田中利幸『空の戦争史』（講談社、2008年）ともに空襲・空爆史の概説書。A・C・グレイリング／鈴木主税・浅岡政子訳『大空襲と原爆は本当に必要だったのか』（河出書房新社、2007年）は、ヨーロッパ空爆史の概観と日本との関連性を説いた書。NHK スペシャル取材班『本土空襲全記録　なぜ空襲はエスカレートしたのか』（角川書店、2008年）は、本ドキュメンタリーの書籍。資料なども豊富に採録されている。

（柳原伸洋）

Ⅲ-5　靖国神社はなぜ生き延びることができたのか

『靖国神社　占領下の知られざる攻防』／2005年8月13日／58分／ディレクター：中村直文／放送人グランプリ2006（第5回特別賞）　D

「国家神道の解体」にとどまらない課題

連合国軍最高司令官マッカーサーのもとで、占領軍(GHQ)は日本の宗教のあり方の変革のための施策をとっていく。国家と神社神道とを切り離すこと（「国家神道の解体」）を指示した1945年12月15日の「神道指令」はその柱となるものだが、それで主要な問題が決着したというわけではない。皇室祭祀の問題、教育勅語の問題など、先送りされた問題がいくつかある。靖国神社の処遇はその中でも最も重いものの一つだった。

本番組は靖国神社の廃止を意図していたGHQが、結局、存続を認めるに至る経緯を明らかにしたものである。アメリカでの資料調査やGHQ関係者への聞き取り、日本国内の靖国神社と宗教行政関与者への聞き取り、陸軍の靖国担当者である美山要蔵関係資料など、多くの新たな資料を見出しつつ、靖国存続の経緯を示したという点で歴史研究にとっても貴重な貢献となっている。なお、映像番組に盛り込み切れなかった内容も含めて関連書籍（中村・NHK取材班『靖国―知られざる占領下の攻防』2007）が刊行されており、文字資料の面での裏付けも充実している。

「国家主義のカルト」

占領軍と戦勝国側の意図に反して存続したということだが、これは占領開始前の段階でのアメリカ本国側の占領方針がどうであり、占領が始まってから具体的な施策をとっていく段階でのGHQのトップと各担当者の意図がどうであったかということがある。本国では早い段階で、神道や神聖天皇への崇敬を宗教として扱うべきかどうかの議論がなされていた。もし、宗教であるとすれば、それは抑圧するようなことはあってはならない、というアメリカの根本的な立場があるからだ。

しかし、日本の神道や神聖天皇崇敬は宗教ではなくcultとして捉えるという考え方があった。本番組と『靖国』では、

これを示す the nationalistic cult の語を「国家主義のカルト」と訳している。これには大きな問題がある。1995年のオウム真理教地下鉄サリン事件以後の日本では、「カルト」という語が反社会的で危険な宗教集団という意味で用いられることが多くなった。しかし、1945年段階の米国で cult という語はそのような意味で用いられたのではない（井門 1997）。

実際、『靖国』第一章「国家の“カルト”」に引用されている『神社新報』誌（1975年12月15日号）では、cult を「崇拝」「儀礼」「信仰」などの語で訳している（中村・NHK 取材班 2007：22-23）。「国家主義のカルト」という訳語を当てることにより、この段階で米国政府が、日本の神社や天皇崇敬について宗教と呼ぶに値しない危険な「カルト」という偏った見方をもっていたという印象を強めることになっている。これに対して、番組の後半、また書物の後の諸章では、実際に靖国に対する施策の立案にあたった GHQ の情報教育局宗教課のウィリアム・バンスやウィリアム・ウッダードがかなり的確な靖国神社や護国神社についての認識をもった上で、なお廃止すべきだったという考えに至ったことを示している。

臨時大招魂祭は許容できるか？

占領開始後の対靖国施策の決定上、重要な転機となった出来事がいくつかある。最初の転機は1945年11月20日に行われた臨時大招魂祭だ。これまでは誰を合祀するかの吟味を経て、個々の軍人・軍属の名前を特定して合祀が行われて数十万人が合祀されていた。そこへ新たに名前を特定せずに推定された軍人・軍属200万人を合祀しようというものである。これは従来の合祀とは異なる祭祀となるが、廃棄の指示が出る前に新たな形で「合祀」としてしまい、その祭祀に天皇も臨み、これをもって戦死者全体の慰霊の場として靖国こそが正統の場であるという既成事実をつくろうとしたものだった。

この臨時大招魂祭の実現に至る GHQ の意思決定には東大の宗教学助教授、岸本英夫が深く関与した。本番組はオレゴン州立大学に寄贈された膨大なウッダード収集資料から当時の岸本の日記を見出し、この過程の詳細な跡づけに成功している。これは陸軍省・海軍省の廃止の目前に、これまで続けてきた軍人・軍属祭祀を一挙にやってしまおうという軍部の意思が背後にあることは明らかであり、GHQ はこれを許可しない決定をする可能性は十分にありえた。岸本が靖国神社側と GHQ の担当者らの間をとりもって、GHQ 側の許容の姿勢を引き出すのに貢献したことが、岸本英夫「嵐の中の神社神道」(新宗連調査室編 1963所収) などでこれまで知られていた以上に明らかにされている。

後にバンスやウッダードは、靖国神社を宗教施設としないことが可能だったしそうすべきだったと述べたというが (中村・NHK 取材班 2007：第八章)、それはこの軍部主導による臨時大招魂祭を禁止することができたはずだったという認識に基づいていると考えることができる。

靖国廟宮案をめぐって

NHK スペシャル「靖国神社　占領下の知られざる攻防」が見出した新たな資料の一つに、照沼好文による横井時常へのインタビューのテープがある。横井は敗戦直後に靖国神社の権宮司となった神道人であり、靖国神社が生き延びるために骨を折ったことが見えてくる。横井は元宮内省掌典の星野輝興と協議して、靖国神社が生き延びるために神社の名称を変えるという案を考えていた。その新たな名称が「靖国廟宮」である。

この案は靖国神社が軍部による軍国主義のための施設というより、宗教的な意味での慰霊を行う宗教施設であることを強調し、それによってGHQの厳しい目をそらし存続を可能にするという意図に基づく案であることが示されている。これはすでに渋川謙一の「占領下の靖国神社」(『神道史研究』第15巻第5・6号、1967年11月) によって示唆されていたものだが、インタビューに応えて横井が明確にそう述べていることが明らかにされた。

そして、先にも述べた岸本日記では、1945年11月26日に横井がこの案をバンスに直接、提示したことが示されている。横井「靖国神社はそのご本質および沿革等より考え、一般神社と異なり特殊な神社である。終戦を機会とし、本来の特色を発揮するために「廟宮制」とし、新しく設立が予想される神社関係団体より独立し、遺族中心の神社で公益法人として経営したい意向である」(中村・NHK 取材班 2007：166)。翌年1月に発足する神社本庁に属することなく、死者の慰霊という宗教的側面が強い神社として靖国を際立たせ、宗教であり、かつ遺族の支持がある故に廃止できない、という方向性を示すものだった。

この考えの前提には、死後の魂を祀り祈るのは宗教の領域のこととされ、国家祭祀の施設と見なされた戦前の有力神社ではできないことだったという事実がある。その後の展開を見ると、日本政府が反対したために靖国神社は靖国廟宮と名称を改めることはなかった。だが、1946年1月に設立された神社本庁に所属しなかったのも確かだ。また、1947年からお盆の時期に「みたままつり」を行うなどして、非軍事的でかつ宗教的慰霊を行う施設としてのアピールを行ってきた。

GHQ側は繰り返し厳しい姿勢を示した　本番組では、1945年の臨時大招魂祭で靖国神社の存続を許容する方向性を示したかに見えるGHQだが、その後、何度か靖国存続を脅かすような措置をとってきたことが示されている。1946年4月の例祭の折に天皇を招いて合祀祭を行う予定だったができなくなったこと、46年11月に戦前には国有地だった神社境内地を無償で神社に引き渡す決定がなされた際、「軍国的神社」はそれが適用されないとされたことなどだ。

新たに見出されたウッダード寄贈資料には、時期が不明だが、宗教課の会議で、「軍国的神社は通常の神社として分類すべきではないことにつき合意した」、「全面的禁止が非常に望ましいこと、そうさせるべきであったこと、占領期のもっと早い段階でそれらに関する情報を入手できていればよかったということ、しかし今となっては全面的廃止に対する承認確保はほぼ不可能だろうということにつき合意した」と記したものがある（中村・NHK 取材班 2007：238-239）。

こうした靖国神社に対する厳しい見方は、連合国の米国以外の諸国の意向が反映した可能性があることも示唆されている（中村・NHK 取材班 2007：196-198）。占領後に一定の研究が積み重ねられた上で、戦勝国側でなおこのように厳しい見方が強かったのはなぜか。これについてはNHK スペシャル「靖国神社　占領下の知られざる攻防」は明確な答えを見出していないように思われる。

主要な論点につき批判も含め述べてきたが、占領期に靖国神社の存続をめぐって起こったことをコンパクトにまとめた、すぐれたドキュメントであることは異論のないところだろう。

さらに学ぶ人のために　中村直文・NHK 取材班『靖国―知られざる占領下の攻防』（NHK 出版、2007年）。島薗進『国家神道と日本人』（岩波書店、2010年）。新宗連調査室編『戦後宗教回想録』（新宗教新聞社、1963年）。井門富二夫『カルトの諸相―キリスト教の場合』（岩波書店、1997年）。

（島薗　進）

Ⅲ-6　「独白録」と昭和天皇・マッカーサー会見

『昭和天皇　二つの「独白録」』／1997年6月15日／49分／制作統括：伊藤純、構成：東野真 D

東京裁判を前に「弁明の書」

東京裁判の開廷を1月半後に控えた1946年3月18日、昭和天皇は御用掛の寺崎英成ら5人の側近を前に、戦前・戦中の「出来事」と自らのかかわりについて語り始めた。これを聞き取る作業は4月8日までの計5回に及んだが、その内容は極秘とされた。しかし昭和天皇の逝去から2年を経て、寺崎の長女が父の遺品から聞き取りの記録を発見し、その全文が『文藝春秋』の1990年12月号に掲載された。いわゆる「昭和天皇独白録」である。その内容は、張作霖の爆殺事件から太平洋戦争開戦決定にまで至る上巻と、開戦から終戦までの下巻からなっており、末尾の「結論」においては、東條内閣による開戦決定を裁可したのは立憲君主としてやむを得ないことで、仮に「ベトー」（拒否）をしていたなら「大内乱」が起こり「私の生命も保証出来ない」事態となり、日本は「亡びる事」になったであろう、と述べられていた。つまり、自らの戦争責任をめぐる「弁明の書」としての性格をもつものであった。しかし、この「独白録」を裁判対策と断定することは難しかった。なぜなら、東京裁判は5月3日から開廷されたのに対し、寺崎が「独白録」をまとめたのが6月1日であったからである。この問題に決着をつけたのが、本番組が取り上げた「英語版独白録」の発見であった。

発見された「英語版独白録」

番組によると、1996年にNHK取材班が、マッカーサー最高司令官の軍事秘書を務めたボナー・フェラーズの長女を取材した際に膨大な文書資料の中から偶然に発見したのが、英文で記された「独白録」であった。これは日本語版と同じく寺崎が書き上げたもので共通する部分が多いが、英語版は開戦決定に至る経緯に焦点が絞られていた。なぜなら冒頭に、終戦の決定に昭和天皇が重要な役割を果たしたのであればなぜ開戦の許可を下したのかという問いに答えねばならないと記されているように、米国で広まっていた批判に対応することが最大の狙いであったからである。開戦を阻止できなかった理由については日本語版とほぼ同じであったが、仮に「ベトー」していたなら「私自身も殺されるか誘拐されるかしたかもしれない」「私は囚人同然で無力だった」と、より「無力さ」が強調されていた。問題は、この「英語版独白録」がいつ米国側に手交されたか、ということである。

いつ「英語版」は手交されたか

そもそもフェラーズは、天皇を頂点とする日本の軍人・国民の心理構造を分析する専門家であって、占領を円滑に進めるために昭和天皇を利用する重要性を認識し、マッカーサーに対して天皇を訴追するべきでないと強く進言していた。かくして、吉田茂首相の指示を受けた寺崎は46年２月以降フェラーズと緊密な関係を築き、両者は昭和天皇を護るために全力を注入することになった。事態は４月に入って緊迫の度を加え、８日にはオーストラリアの検事が昭和天皇の起訴を正式に提案し、13日にはソ連の検事団が来日した。ここに至って昭和天皇は寺崎に対し、「独白」の内容をフェラーズに伝えることを許可した。これ以降の経緯については、「英語版」の発見から18年を経た2014年に公表された『昭和天皇実録』によって詳細に辿ることができる。つまり、16日に昭和天皇は寺崎にマッカーサーとの第２回目の会見を設定するように指示をだし、フェラーズとの調整の結果、23日に会見が行われることになった。この会見に向けて「御会話のための資料」として準備されたのが、他ならぬ「英語版独白録」であった。ところが、会見前日に幣原内閣が総辞職したため会見は延期を余儀なくされた。しかし、23日の夜半に寺崎はフェラーズを訪問しているので、この場で「英語版」が手交され、その後マッカーサーの閲覧に供されたと考えられる。だからこそ、この「英語版」がフェラーズが遺した文書資料に含まれていたのである。以上のように見てくるならば、「独白録」の日本語版がまとめられたのは東京裁判開廷後の６月１日であったが、英語版は開廷の10日前には米国側に手交されていた訳であり、「独白録」が文字通りの裁判対策であったことが明らかとなった。だからこそ昭和天皇は、体調を崩して療養中にもかかわらず御文庫にベッドを運び込んで寝たままで側近たちへの「独白」を敢行するという、悲壮ともいえる決意をもって裁判対策に傾注したのであった。

昭和天皇は何を語ったのか

ところで、この「英語版独白録」を昭和天皇がマッカーサーとの２回目の会見の場で手交する手はずを整えていたという事実は、実に興味深い問題を提起することになる。改めて確認をしておくならば、「英語版」の内容は日本語版と同じく、自らは東條内閣による開戦の決定に反対であったが、あまりにも「無力」であり仮にベトーしていたなら「殺される」事態となったかも知れないという、文字通りの「弁明に次ぐ弁明」であった。それでは、およそ５カ月前の1945年９月27日に行われたマッカーサーとの第１回目の会見で昭和天皇は何を語ったのであろうか。本番組も紹介しているように、1964年に翻訳出版された『マッカーサー回想記』においてマッカーサーが天皇の発言として「全責任は私にある、自分はどうなっても良い」という内容を記していたことから、その発言があたかも真実であるかのように“一人歩き”をはじめ、1989年１月７日に昭和天皇が逝去した際には、ほぼすべての大新聞が、「責任、すべて私に」「一身はどうなっても、責任はすべて私に」といった大見出しを打つことになったのである。しかし、仮にこの発言が真実であるならば、第２回目の会見で「弁明に次ぐ弁明」の「英語版」をマッカーサーに直接手交しようとしていた昭和天皇の立ち位置とは、根本的に矛盾してくることになる。

米英への働きかけ

実は評者（豊下）は長年にわたり、昭和天皇とマッカーサーとの最初の会見をめぐる入手しうる限りの資料を収集して解明を行ってきたが、重要なことは、この会見だけを切り離して扱うのではなく、いかなる背景で会見が行われたかを検証することである。例えば、会見の二日前の45年９月25日に昭和天皇は米紙『ニューヨーク・タイムズ』の記者との異例の会見に臨み、記者の質問に答える形で、「宣戦の詔書を東條大将が使用した如くに使用する意図はなかった」との文書回答を行った。つまり、開戦にあたって昭和天皇が発した宣戦の詔書は、いわば東條に騙されたものであった、という訳である。これを受けて25日付けの同紙はこの記事に「ヒロヒト、インタビューで奇襲［真珠湾］の責任を東條におしつける」との見出しを付した。さらに、同年12月に皇族の梨本宮が戦犯に指定され昭和天皇も訴追される恐れが高まる中で、年が明けた翌46年１月30日、各国の検事陣が来日するのを前に昭和天皇は、戦前に長く日本に駐在したイギリスの外交官で当時は極東委員会イギリス代表であったジョージ・サンソムを介してイギリス国王のジョージ六世に宛ててメッセージを送った。このメッセージにおいて昭和天皇は、「強い遺憾と不本意の気持ちを抱きつつ、余儀なく［署名］するのだと東條大将に繰り返し告げながら、胸のはりさける悲痛な思いで開戦の詔書に署名しました」と記していた。つまり、傍らに立つ東條になかば"脅迫"されるような状況で宣戦の詔書への署名を余儀なくされた、という訳なのである。

全責任を東條に

「米国大統領又は米国民」に向けて公にされた『ニューヨーク・タイムズ』記者への回答と右の「英国王」に送られたメッセージに共通するものは、言うまでもなく昭和天皇による「東條非難」であり、それはまた「昭和天皇独白録」の基調を貫くものであった。興味深いことに本番組が紹介するところでは、昭和天皇による「独白」が始まる10日ばかり前の46年３月８日、フェラーズは元海軍大臣の米内光政を呼び出し、次のような要請を行った。つまりフェラーズによれば、連合国側で昭和天皇を戦犯として処罰せよとの声が高まっているので、「天皇に何等の罪もないことを日本人側から立証」するために裁判の場で「東條に全責任を負担せしめる様にする」ことが重要であり、したがって米内を介して、「仮に陛下が反対せられても自分は強引に戦争迄持って行く腹を既に決めて居た」と発言するように東條に伝えた、というのである。実は「全責任を東條に」という路線は、『ニューヨーク・タイムズ』記者への回答を準備する段階から、東久邇元首相の「すべての責任を東條にしょっかぶせるがよい」との発言に象徴されるように、天皇の側近グループにおいて明確であった。とすれば、マッカーサーとの最初の会見で昭和天皇が「東條非難」や「弁明」を行ったと考える方が妥当であり、それは「独白録」の内容と軌を一にするものなのである。結局、昭和天皇は訴追を免れ、東京裁判や講和条約を経ても退位することはなく、本番組が強調するように、「独白録」が表に出ることもないままに戦争責任問題について沈黙を貫き、このことが戦後日本のあり方に大きな影響を及ぼすことになったのである。

さらに学ぶ人のために

東野真『昭和天皇—二つの「独白録」』（日本放送出版協会、1998年）。本番組の内容を書籍化したもの。豊下楢彦『昭和天皇の戦後日本』（岩波書店、2015年）。「昭和天皇実録」を軸に昭和天皇の戦中・戦後責任を問う。

（豊下楢彦）

Ⅲ-7　アジアの「解放」と太平洋戦争

『アジアと太平洋戦争　第1回　ジャカルタの一番熱い日　インドネシア独立宣言』／『第2回　独立・48時間の選択　「自由タイ」の人々』／『第3回　マッカーサーの約束　フィリピン・抗日人民軍の挫折』／『第4回　チョウムンサンの遺書　シンガポールBC級戦犯裁判』／1991年8月12〜15日放送／各58分30秒／第1回　制作：三浦基、構成：角英夫・第2回　制作：三浦基、構成：伊藤純・第3回　制作：桜井均、構成：片島紀男・第4回　制作：桜井均、構成：寺園慎一／1991年度第18回放送文化基金賞（企画賞）、同第29回ギャラクシー賞（奨励賞）

現代史をスクープする

昭和天皇の死去(1989年1月)、東西冷戦の終結(同年11月)などを経て、現代史にかかわる資料の発掘がさかんになり、1990年代に入ると戦争関連の番組に変化が現れ始めた。これまでの被害の歴史ではなく、戦争指導者の責任とともにアジアに対する日本の加害責任を問う傾向が強くなったのである。本シリーズは、「大日本帝国」が、「アジア解放」を掲げて欧米列強との戦争に突き進み、その結果、戦場となったアジアの人々に甚大な被害をもたらした歴史を、アジアの視点から見直そうとしている。

日本は、1895年に台湾を統治。1902年の日英同盟を背景に、中国・韓国の権益を獲得し、1905年の桂タフト協定によって、アメリカのフィリピン支配と日本の朝鮮支配をトレード・オフした。こうした米英によるロシア封じ込め策に乗じて、韓国併合(1910年)、満州国樹立(32年)、そして日中戦争(37年)へと突き進み、やがてアジア各地に侵攻した。植民地争奪戦争の舞台となったインドネシア、タイ、フィリピンなどは、戦後、どのような後遺症に苦しんだのか。

第1回はインドネシアが「独立宣言」を出すまでの経緯とそれにかかわった日本人を追う。第2回はタイ「独立」への動きを「自由タイ」の人々を中心に描いた。ここでは、紙数の関係で、第3回と第4回を取り上げる。

裏切られた統一戦線

第3回『マッカーサーの約束　フィリピン・抗日人民軍の挫折』は、スペイン、アメリカ、日本、そして再びアメリカの植民地支配を受けたフィリピンの歴史に焦点を当て、独立に命をかけた抗日人民軍フクバラハップが辿った悲劇を、リーダーのルイス・タルクを中心に描いた。

1942年1月、日本軍のマニラ侵攻によって、コレヒドールからオーストラリアに逃れたダグラス・マッカーサー将軍は、「私は必ず戻る（I shall return）」という「約束」を残して、フィリピンを脱出した。フィリピン独立を目指していたフクバラハップのリーダーたちは、アメリカとの反ファシズム統一戦線を信じて、激しい抗日ゲリラ活動に邁進した。大地主制を批判し、平等を目標に、自由と民主主義と正義の実現を訴え、急速に、貧しい農民層や女性たちの支持を集めていった。マッカーサーはこの動きを警戒し、レイテ島の戦いに勝利する頃からフクバラハップを共産主義者とみなし、親米派ユサッフェ・ゲリラにその虐殺を指示していた。

首都マニラをめぐる日米の激しい市街戦は、10万人もの市民を犠牲にして、1945年3月に終結した。アメリカの露払いをしたフクバラハップの戦闘員たちは、マニラに入城しようとして、ユサッフェの迎え撃ちにあった。多数が死亡し、ルイス・タルクら幹部は捕らえられ、サンフェルナンド刑務所に送られた。拘束はその後、16年に及んだ。

マッカーサーの「約束」は、フィリピンをアメリカのアジア戦略の要衝とするための方便にすぎなかった。1946年7月4日、フィリピンは独立した。しかし、400年に及ぶ植民地支配がフィリピン社会に埋め込んだ構造に大きな変化はなかった。スペイン支配下で強大な力をもった大地主層は、アメリカの統治下に引き継がれ、日本軍の占領下でも主導権を握り続けた。そして、独立後も、農地改革は行われず、大土地所有制がそのまま残った。

大岡昇平は『レイテ戦記』の末尾に、あるフィリピンの老人が孫に教えたという言葉を記している。「スペイン人はよくなかった。アメリカ人は悪かった。日本人は一層悪かった。しかし最低なのは二度目に来たアメリカ人だ」。

その「悪かった」日本は、「最低のアメリカ」を後楯にフィリピン、インドネシアなど東南アジア諸国に対する戦時賠償交渉を有利に進め、それぞれの独裁政権と癒着しながら、戦後の経済発展を遂げた。だが、戦場となった国々には、大量の貧困層が生み出された。取材の途中、ルイス・タルクはかつて囚人として過ごしたサンフェルナンド刑務所に立ち寄った。彼は中庭に向かって叫んだ。

「我々貧しき者はいつも争っている。得をしているのは全部金持ちだけだ。……私はここに16年余りいた。いたわり合い困難に耐えてほしい！」。

受刑者たちは彼の呼びかけに拍手で応え、一斉に叫んだ。カメラは、時を超えて人々が共感し合う瞬間を記録した。

時を超えて届いた言葉

第４回『チョウムンサンの遺書　シンガポールBC級戦犯裁判』は、日本の植民地支配下で、連合軍捕虜の監視要員として「志願」させられた朝鮮人軍属チョ・ムンサン（日本名平原守矩）が、戦後、シンガポールで開かれたイギリスの戦犯裁判で、捕虜虐待の罪に問われ、「日本人」として死刑に処せられた事実を追った。

戦争指導者たちを裁いた極東国際軍事裁判（いわゆる東京裁判）が、天皇の戦争責任を裁かなかったことはよく知られているが、日本の台湾、朝鮮植民地支配も審理しなかった。イギリスをはじめオランダ、オーストラリア、アメリカなどの戦争裁判も、日本の植民地支配を問題にすることなく、朝鮮人を「日本人」として裁いた。戦犯となった朝鮮人は148人、そのうち23人が死刑となっている。

その１人チョ・ムンサンは、京畿道開城府（現在の朝鮮民主主義人民共和国開城市）の出身、親は敬虔なキリスト者である。画面いっぱいに、京城中学校の学帽をかぶったチョ・ムンサンの利発そうな面持ちの写真が映し出される。彼は1944年９月１日に軍属傭人から雇員に昇進している。

チョ・ムンサンの勤務地は、タイとビルマの間に敷設された約415kmの泰緬鉄道のビルマ側の現場であった。大本営参謀の命令は、この難工事を十分な準備もしないまま、10カ月で完成させるというものだった。捕虜たちは、雨季のジャングルで過酷な労働に駆り立てられた。しかし収容所の食料も医薬品も底をつき、捕虜たちは次々と死亡した。その数１万人を超す。この劣悪な現場で、チョ・ムンサンは捕虜と収容所、鉄道隊の狭間に立たされた通訳であった。

彼は盗みを働いた捕虜にビンタをはったことがあった。それは日本軍では日常的だったが、検察官は彼がキリスト者であるところを突いて、ビンタは残酷な行為ではないのかと迫った。彼は「残酷さをどう解釈するかによる」と一度は反論するが、最後にはその罪を認め、「いかなる刑にも服する」と答えた。

このやりとりを再現する場面は、命令と自己の良心・信仰との間に苦悩するチョ・ムンサンの姿を通して、「戦争犯罪とは何か」「自分ならどうするのか」を観る者に迫る。判決は絞首刑。1947年2月25日、チャンギー刑務所で執行された。

彼は、死刑の直前まで遺書を書き続けていた。それが、サンフランシスコ平和条約発効後に戦犯たちが巣鴨刑務所で編纂した『世紀の遺書』（昭和28年12月）に収められた。「あわただしい一生だった。26年間ほとんど夢の間に過ぎた。……この短い一生の間、自分は何をしてゐたか全く自分を忘れてゐた。たとへ愚かでも不幸でも自分のものといった生活をしてゐたらよかったものを、……友よ弟よ、己れの智慧で己れの思想をもたれよ。今自分は自分の死を前にして自分のものの殆んど無いのにあきれてゐる」。

この番組は、チョ・ムンサンの遺書を軸に、朝鮮人BC級戦犯の問題を鮮やかに抉り出している。なお、彼の遺骨は、現在も故郷に返されていない。

生き残った者

イ・ハンネ（李鶴来）も泰緬鉄道の建設現場ヒントクで捕虜を監視していた。シンガポールのオーストラリア裁判は、彼に死刑判決を下したが、のちに無期懲役に減刑され、1951年、サンフランシスコ平和条約の発効を前に、スガモプリズンに移送されてきた。同条約で日本政府は、戦争裁判で有罪となった「日本国民」の刑の執行を引き継いでいる（第11条）。スガモプリズンは日本の管理に移り、その名も巣鴨刑務所となった。

一方、条約発効の日をもって「朝鮮人は日本国籍を喪失する」と、法務府民事局長が通達を出していた。「日本国民」でなくなった朝鮮人戦犯たちは、釈放を期待した。日本政府がこれに応じなかったため、1952年に釈放請求の裁判を起こしたが、最高裁は、裁かれた時は「日本人」であったと、訴えを棄却している。巣鴨刑務所を出た朝鮮人元BC級戦犯は、同進会という互助組織をつくり、補償を求めて運動を続け、1991年にも裁判を起こしたが、またも最高裁は彼らの訴えを退けた。番組は、朝鮮人韓国人BC級戦犯の謝罪と補償を求める運動が今も続いていることを伝えている。

この番組は意外な意味をもった。NHKの取材を受けたオーストラリアの軍医ダンロップ中佐は、イ・ハンネが死刑判決を受けたことを知ると、「もし私が出廷していたら彼の絞首刑は望まなかっただろう」と述べていた。取材班からその話を聞いたイ・ハンネは、オーストラリアで開かれた「泰緬鉄道に関する国際会議」に出席し、ダンロップ中佐をはじめトム・ユレーンなど元捕虜たちに謝罪した。しかし、捕虜の中には、たとえ植民地の人間でも天皇の軍隊の一員として自分たちに振るった暴力を赦すことはできないという者もいた。

イ・ハンネは、チョ・ムンサンとは別の意味で、重い十字架を背負うことになった。しかし、日本政府は朝鮮人、韓国人元BC級戦犯に対して、補償をしていない。

さらに学ぶ人のために 内海愛子『朝鮮人BC級戦犯の記録』(勁草書房、1982年〔2015年に岩波現代文庫〕)。桜井均『テレビは戦争をどう描いてきたのか』(岩波書店、2005年)。林博史『戦犯裁判の研究—戦犯裁判政策の形成から東京裁判・BC級裁判まで』(勉誠書房、2010年)。岡田泰平『「恩恵の論理」と植民地—アメリカ植民地期フィリピンの教育とその遺制』(法政大学出版局、2014年)。後藤乾一『「南進」する人びとの近現代史—小笠原諸島・沖縄・インドネシア』(龍渓書舎、2019年)。

(桜井　均・内海愛子)

Ⅲ－7コラム　映像をアーカイブ的に視聴する

フランスでは、すべてのテレビ映像を国立視聴覚研究所（INA）に納入することが法律で義務づけられている。それらは学術研究目的で公開され、セーヌ河畔の国立図書館内のコーナーで視聴できる。デジタル化された映像をパソコン画面のタイムライン上で分析し、そのメモを静止画像とともにコピーして持ち帰ることができる。このシステムを使って、毎年500本ものドクター論文が執筆されているという。

評者は、それにヒントを得て、自分のパソコンに編集ソフトをインストールし、番組の構成を分析したり、作品相互の関係を系譜的に可視化したりしている。これは、あくまでも家内工業的な「デジタル・アーカイブ」だが、テレビが何を描き、何を描き損ねたかを知るためには有用である。最近、四半世紀を隔てて制作された２つのドキュメンタリーを、この方法でタグづけしてみた。

⑴NHK スペシャル・シリーズ『アジアと太平洋戦争』の第４回『チョウムンサンの遺書　シンガポール BC 級戦犯裁判』（1991年８月）と、⑵BS１スペシャル『父を捜して　日系オランダ人―終わらない戦争』（2017年10月）が１つの地名で結びついていたのである。

⑴に登場する韓国人元戦犯の１人は、泰緬鉄道の最も過酷な建設現場「ヒントク」収容所にいたことで、日本の戦争責任を肩代りさせられてきた。⑵の番組は、日本軍政下に生きたインドネシア系オランダ人たちに起きた運命を描いた。ジャワの抑留所にいたオランダ系女性が、戦後、日本人との間に生まれた娘を連れてオランダに帰った。そして、同じくインドネシア帰りのオランダ人男性と再婚したが、男性は日本人の血を引く娘に性的暴力を振るい、妊娠させた。半世紀を隔てて、その子どもが「父」のトラウマを明らかにしようとその足跡を辿り、「父」が泰緬鉄道のヒントクにいた元捕虜であったことを突き止めた。

１つの地名が、２つ悲劇を結びつけていた。植民地主義の根深い暴力が被害者を加害者に変え、ときに個人に内面化され、それがさらに弱いところに転嫁される。２つの番組は、その暴力が今も人々の中で連鎖していることを再認識させた。公的な映像アーカイブが設置されれば、こうした発見が容易になり、次なるテーマの掘り起こしを可能にするだろう。

（桜井　均）

Ⅳ-1　データジャーナリズムと戦争の記憶

『沖縄戦　全記録』／2015年6月14日／58分／制作統括：中村直文ほか、ディレクター：小川海緒ほか／2015年度第53回ギャラクシー賞（奨励賞）、同日本新聞協会賞（編集部門）
D O

沖縄戦と県民の「犠牲」

沖縄戦では、県民の4人に1人が亡くなったといわれるが、戦死者の正確な数さえわかっていないのが実情である。戦死者数は、戸籍など一切の基礎資料が戦争で失われたため、概数にすぎず、いまだ実数は不明である（拙稿「戦争による人口構造の変化と人的被害の諸相」『待兼山論叢』第53号、2019年）。

『沖縄戦　全記録』

そのように人々が生きていた証さえも失わせた3カ月の地上戦の間に、戦闘に巻き込まれた沖縄の人々がいつどこでどのように死んでいったのかについてはあまりよくわかっていない。それゆえ、県民の「犠牲」の大きさは、12万人以上といった数で一括りにされて、とかく語られがちである。

沖縄戦の戦死者の多くが行方不明者であることも、ほとんど知られていない。家族がどこで死んだのかもわからない、遺骨さえも見つからないという遺族は多い。まさしく、後述する刻銘碑「平和の礎（いしじ）」は、戦死者の碑であるとともに、遺骨さえも家族のもとに還らなかった行方不明者の碑といっても過言ではないのである（拙著『死者たちの戦後誌—沖縄戦跡をめぐる人びとの記憶』御茶の水書房、2009年）。

戦災のデータジャーナリズム

本番組は、沖縄戦で亡くなった県民約8万2000人分の「死者のビックデータ」（番組プロデューサー）の解析を軸に、そのような沖縄の「犠牲」に対して巨視的かつ微視的に迫ろうとしたものである。後で詳述するこのビックデータに基づき、県民の戦死者数の変遷が時系列的に地図に落とし込まれ、日米の地上戦に巻き込まれた県民がいつどこで死んでいったのかが視覚化された。

とはいえ、ビックデータだけでは、彼らがどのような状況の中で死んでいったのかという疑問（死のコンテクスト）に答えることができないため、それを補うのが証言や資料である。住民・元日本兵・元米兵へのインタビュー、沖縄戦体験の聞き取りを続けてきた研究者から提供された証言テープ、NHK 沖縄放送局に埋もれていた米軍撮影の映像資料、日本軍関連の内部文書などが参照されるが、とりわけ、軍人・軍属と比べて、圧倒的に情報量が少なかった住民の人的被害が可視化されたことは、データジャーナリズムの成果といえよう。

近年、被災のビックデータを活用して、「震災ビッグデータ」シリーズ（2012年～15年）、『原爆死　ヒロシマ—72年目の真実』（2017年）など、多くのドキュメンタリーがつくられている（阿部博史『データでいのちを描く—テレビディレクターが自分で AI をつくったわけ』NHK 出版、2018年）。本番組もまた、同様の手法によって戦災の全体像を捉え直そうとする試みである。

数字から見える沖縄戦

本番組の基礎資料となっている「死者のビックデータ」は、平和の礎の刻銘記録がもとになっている。平和の礎は、1995年、糸満市摩文仁の平和祈念公園内に建立された（本書所収の『沖縄・23万人の碑』の解説も参照）。同碑固有の特徴として、沖縄戦などにおける戦死者・戦争関連死者の個人名がすべて、軍人・民間人、敵・味方、国籍といった区別なく刻まれていることが挙げられることが多い。毎年新たな刻銘対象者が判明するため、2019年 6 月現在、同碑の刻銘者数は24万人を超える。そのうち約15万人が沖縄県出身者である。

15万人とはいっても、そのすべてが沖縄戦による戦死者ではない。沖縄県出身者に関しては、1931年 9 月18日～1946年 9 月 7 日頃の間に、県内外において戦争が原因で死亡した者が対象となるため、この15万の中には移民先のサイパンや東京・大阪・広島・長崎などにおける戦災死者、終戦直後の混乱期における戦争関連死者も含まれる。とはいえ、少なくとも15万人の 7 ～ 8 割程度が沖縄戦の死者と考えていいだろう。

本番組のビックデータは、沖縄県が1993年11月から1994年 3 月にかけて平和の礎の建立に際して行った「沖縄戦にかかわる全戦没者の調査」の刻銘記録に基づくものである。平和の礎の建立当初の刻銘者は、この調査結果をもとに確定された。調査項目は、以下のとおりである。（1）**戦没者の出身市町村名、字名、氏**

名、屋号、番地、性別、続柄、**生年月日**（戦没時の年齢）、（２）**戦没場所**（県内、県外）、（３）戦没時の身分（兵隊、防衛隊、鉄血勤皇隊、学徒隊など）、（４）戦没の状況（被弾、戦傷病死、栄養失調など）、（５）**戦没の時期**。

これらの調査項目のうち、太字の部分のみがデータベース化され、平和の礎にある検索コーナーでも閲覧可能である。一方で、それ以外の情報は非公開とされてきたが、本番組の取材班は沖縄県に刻銘記録全体の情報開示を求め、県出身の戦死者の刻銘記録のエクセルファイルが個人名を伏せて開示された。その数は、10万人弱にのぼるが、そのデータから徴兵された軍人を除き、亡くなった日付と場所が明らかな約８万2000人の刻銘記録を「死者のビックデータ」としている。

この数は、沖縄戦による県民の死者の全数ではないが、平和の礎の刻銘記録からは、沖縄戦のみ、ないし、住民のみの刻銘者の全貌が見えないため、そこから沖縄戦における住民の人的被害を抽出してデータ化したことの意義は大きい。

聞き取られた沖縄戦

本番組の書籍版『NHK スペシャル　沖縄戦―全記録』（新日本出版社、2016年）の中で、本番組のプロデューサーが述べているように、「一次資料をもとに研究する専門家にとっても、メディアにとっても沖縄戦は『証言』以外のファクト＝事実が極端に少ない戦争」である。資料の大半が戦火で失われ、日本軍によって軍事記録が大量に廃棄処分されたこともあり、米軍が戦場で押収したものを除けば、戦前・戦中の公的資料がほとんど残っていないからである。

それゆえ、1970年代以降、文書資料の空白を補うために、沖縄県内では、自治体史を中心として、住民の証言を収録した戦争体験記録が相次いで刊行されてきた。その嚆矢となるのが、ほぼすべての市町村で聞き取り調査を実施し、県民の戦争の記憶を集録した証言集である『沖縄県史』の第９巻（1971年）と第10巻（1974年）である。それ以後、証言を中心に編まれた沖縄戦編のスタイルは、県内の各市町村史や字誌へと受け継がれ、地域史の現場で現在に至るまでに数多くの戦争体験記録を積み上げてきた。

本番組を構成する「ファクト」の一つとなった1000本を超える証言テープは、1970年代以降、沖縄戦研究の第一人者として、自治体史の沖縄戦編の編集に携わってきた石原昌家沖縄国際大学名誉教授が録音したものである。番組内では、その一部が紹介されたが、1970年代～80年代にかけて採録されたと推測される体験者の語りの生々しさに圧倒される。本番組の中で、取材スタッフが沖縄戦体験者に聞き取った映像も併用されるが、前掲の書籍版の中で取材記者が述べているとおり、二種類の証言の明らかな密度や語り口の違いが印象に残った。

証言というテクストの歴史性を知るために、石原氏が同時代に刊行した『虐殺の島』（晩聲社、1978年）や『証言・沖縄戦』（青木書店、1984年）などの住民証言に基づく沖縄戦研究の成果も併せて参照されたい。

聞き取り調査と記憶　沖縄では、戦前の記録が圧倒的に少ない。公文書については既述したとおりだが、戦前の地元紙さえも、原紙の大半が戦火で失われている。かように、沖縄戦は、人々のアイデンティティの基盤となる文書記録さえも喪失させる体験であった。戦後、共同体にポッカリと空いた巨大な穴。自治体史などの聞き取り調査は、人々の記憶によって、その穴を埋めようとした営為の一つであったといえる。

平和の礎の刻銘調査もまた、その一つであったことは間違いない。繰り返しになるが、平和の礎の刻銘者数は、戦前と戦後の戸籍を照合することによって得られたデータではなく、戦後50年近くが経過した時点で行われた聞き取り調査によって、県民の記憶（証言）をもとに明らかになったものである。戦争で亡くなった人々に関する記憶の集合が平和の礎なのだといえる。

本番組では、ビックデータのインパクトが前面に打ち出されていたが、むしろ感じたのは随所に証言として挟み込まれた体験者の記憶の重みである。平和の礎の刻銘記録を共同体の記憶として読み直す作業の重要性を、ビックデータが逆説的に示唆しているように思えてならない。

さらに学ぶ人のために　大城将保『沖縄戦を考える』（おきなわ文庫 Kindle 版、2018年〔初版は1983年〕）。沖縄戦について多角的に知ることのできる入門書。沖縄県教育庁文化財課史料編集班編『沖縄県史　各論編　第6巻』（沖縄県教育委員会、2017年）。沖縄戦研究の蓄積と地域史の取り組みの成果が結実した１冊。吉浜忍他編『沖縄戦を知る事典―非体験世代が語り継ぐ』（吉川弘文館、2019年）。非体験世代による沖縄戦を語り継ぐ試み。

（北村　毅）

Ⅳ-2　慰霊とは生者のいかなる行為なのか

『沖縄・23万人の碑(いしぶみ)　戦後50年目の祈り』／1995年6月25日／49分／制作統括：大濱聡ほか　A

多様な立場からの証言

1995年6月、大田昌秀県政の「沖縄国際平和創造の杜」構想の1つとして、沖縄戦終結50周年を記念し、沖縄島南部の先端に位置する摩文仁の丘に「平和の礎(いしじ)」が建てられた。同地は沖縄戦最後の激戦地である。海に面する平和の広場を中心として放射状に配置された屏風状の刻銘碑には沖縄戦のすべての戦死者として米軍兵士、日本軍兵士、沖縄住民、そして朝鮮半島と台湾出身者合計23万4183人の名前が刻印された。以来、毎年名前が追刻されており、2019年6月現在、英国軍兵士も含めその数は24万1566人となっている。

『沖縄・23万人の碑　戦後50年目の祈り』

本番組は「平和の礎」の除幕が行われた戦争終結50年目の慰霊の日（6月23日）までの過程を描き、その2日後に放送された。その特徴の1つは、多面的な視線から「敵／味方」「加害／被害」に収斂できない戦争の現実を描いている点にある。渡嘉敷島の「集団自決」を生き残った金城重明さんが平和の尊さを訴えてきた人物として紹介されると、視聴者は彼の活動を、肉親を失った戦争被害者という立場と結びつけ一旦は理解するだろう。しかし「立派な軍人になることを夢みていた」と語る金城さんが母と妹、弟に手をかけたと証言するくだりで視聴者側の被害と加害の枠組みは転倒してしまう。さらに牧師となり50年間このことを問い続けてきたという来歴が示されるとき、観ている者の加害／被害の枠組みは崩れ、一個人の中に戦争が残した深い傷痕が視聴者に迫ってくる。他にも元米軍兵や元日本兵から沖縄戦の証言と礎に対する想いが寄せられている。

朝鮮半島出身者の対応

「平和の礎」に対して異なる対応を示した3名の朝鮮半島出身者の姿はとりわけ本番組の資料的価値を高めてい

る。慶良間諸島の阿嘉島で軍夫として沖縄戦に遭遇したシム・ジェオンさんは、隠れていた洞穴への爆撃で自分以外の仲間がみな死んだことや、幼馴染みのキム・サンギルさんが目の前で芋を盗んだ咎で日本兵に殺された体験を語る。彼はキムさんの名が刻銘されることに対して、日本があの戦争を反省している兆候であり「よいことだ」と評価する。

対照的に礎への刻銘を拒んだ遺族の存在もカメラは捉える。沖縄で父を亡くした男性が半分開けた玄関ドアの向こうから「今さら慰霊碑など建てて何になるんですか」と問いかけ、50年前の辛い過去はもう忘れたい、と諦めたように告げる。その姿は父親のいない戦後の厳しい生活を想像させると同時に、石碑を建て死者を顕彰する行為が、忘却を欲する遺族の辛い記憶を呼び覚ます可能性を示唆する。どのように亡くなったのか日本政府から詳しい報告はない、というナレーションが、戦前は日本人として徴用しながら、敗戦後は戸籍を理由に朝鮮半島出身者を「国民」から外した日本の「戦後責任」を思い起こさせる。

イ・チュンボンさんは工場の仕事といわれ連れてこられた沖縄で従軍慰安婦にされた。日本軍とともに戦地を逃げ、敗戦間際に爆撃で左腕を失った彼女は1948年の帰国後ずっと１人で暮らしており、今回「平和の礎」が建てられることも知らなかった。沖縄での仲間のその後も知らないという。慰安婦の名前が刻まれないことについてどう思うかと問いかけられ、元気なく笑いながら「字も読めないしあまり私には関係ないことです」と返すイさんの表情は、礎の設立が彼女の関心を全く惹いていないことをうかがわせる。

空白が示唆するもの

朝鮮半島出身の従軍慰安婦の名前は設立から2019年まで、未だ１人も刻銘されていない。本名が不明であったり、慰安婦として殺された「不名誉」から刻銘を拒否するなど様々な理由が挙げられるが、そもそも戦死者数を含め、沖縄戦における朝鮮人慰安婦の実態は未だ明らかにされていない。慰安婦だけでなく日本軍に所属していた朝鮮半島出身の軍人や軍属について、日本政府はその生死や傷病状況を調査し把握してこなかった。多くは「生死不明」とされたままである。

「生死不明」、すなわち戦死認定されないことが礎への刻銘を妨げる一因にもなる。2017年に追加刻銘されたクォン・ウンソンさんとパク・フィテさんは、遺族が刻銘を希望していたにもかかわらず、戦死認定されていないため当初は申告もできなかったという。朝鮮半島出身者の沖縄戦での犠牲者数は１万から２万人といわれ、動員された軍人軍属だけで少なくとも3500人とされるが、実数と実態は未だ解明されていない（「「平和の礎」空白の刻銘板が問い掛けること」『沖縄タイムス』2019年６月23日）。刻銘された朝鮮半島出身者は礎の完成時点で133人、2019年６月時点で464人（北朝鮮82人、大韓民国382人）に増えたが、割り当てられた屏風状の碑になお広がる空白をカメラは映し出す。この空白は刻銘拒否、無関心、戦死認定の壁を想起させ、日本の朝鮮半島支配と「戦後責任」のあり方をあらためて問いかける。本番組には含まれていないが、台湾出身の戦没者の声も想像する必要があるだろう。

慰霊にまつわる問題

「礎」の理念自体が含有する問題もある。敵・味方の隔てなくすべての犠牲者を平等に扱う試みは建設直後から高く評価されてきたが、他方で加害者と被害者を同列に扱うことが戦争責任の所在を曖昧にするという指摘も設立前からあった。加害者と一緒に刻銘されることを拒む遺族の感情を無視して画一的に刻印することは「靖国合祀」と類似の問題を生じさせる、と沖縄研究者の新崎盛暉は「礎」除幕の３カ月前に懸念を表明した。こうした声に対し「礎」刻銘検討委員会委員長の石原昌家は、礎の隣に同時期に建設が進められていた沖縄県平和祈念資料館で戦争発生の原因や加害者と被害者関係の学ぶことにより、そのような事態が回避できると応じている（北村毅「沖縄の「摩文仁の丘」にみる戦死者表象のポリティクス―刻銘碑「平和の礎」を巡る言説と実践の分析」沖縄大学地域研究所『地域研究』第３号、2007年）。

現在生きている者が、己の享受する平和や繁栄をもたらした「犠牲者」として戦死者を位置づける慰霊の語り方も、戦死者間の非対称性を隠蔽する作用を生み出す。沖縄戦の証言を収集し始めた元米軍兵士のジェームス・デイさんは、沖縄戦で戦死した親友が沖縄で刻銘されることが平和の礎（いしずえ）だと語る。しかし個人の実感とは別に、現在の平和と過去の犠牲者を直につなぐ語りの危うさにも気をつけるべきだろう。「戦没者の尊い犠牲の上に今日の平和がある」という表現は、戦死を必要なものとして正当化する論理にもつながるからだ。元日本兵として「平和を訴える不戦兵士の会」の活動に携わる近藤一さんは、戦死者が「犬死」だという気が消えない、と告白する。礎に名が刻まれることでお参りが続き鎮魂になると思う反面、犠牲者、殉国者としてすり替えられていくと戦前の日本に戻る道筋ができてしまうと不安を吐露する。本番組に登場する人々の語りや表情は慰霊とは何かを深く考えさせる教材でもある。

用語の政治性と揺らぎ　今日では補足が必要な表現も作中に見られた。本番組の冒頭で沖縄戦を紹介する「多くの住民を巻き込んだ国内では唯一の地上戦」という表現には注意が必要である。石原俊は敗戦後の日本社会で支配的な地位を占めていた「沖縄戦＝唯一の地上戦」言説は、硫黄島の地上戦を忘れさせる効果をもっていたと指摘する（『硫黄島』中央公論新社、2019年）。硫黄島の戦いは、開戦時に残留させられた島民103人のうち地上戦後まで生き残った者が10名という激戦であった。「国内」という表現は、南洋群島など大日本帝国の支配地域での地上戦を捨象するおそれもある。帝国の境界にこだわらず「住民を巻き込んだ地上戦」を軸にすれば、沖縄や硫黄島、サイパンやフィリピンなど、帝国領土の内外で展開された戦闘の連続性が見えてくる。

作中に出てくる「集団自決」も近年、「強制集団死」という表現と並記されることが多くなってきた。自ら進んで責任をとるという含意の「自決」を民間人や子どもの死に当てはめるのは適切でない、という考え方がその背景にある。ただし「強いられた自発性」を示すために「集団自決」という表現を引き続き使用する論者もいる（林博史「強制された「集団自決」「強制集団死」」『沖縄県史各論編６沖縄戦』2017年、第四部第一章第三節）。

20数年前の製作ではあるものの、沖縄戦の、そして戦争そのものの複雑さと戦没者の慰霊に含まれる様々な問題に目を向けるきっかけとして、本番組はなお有用な教材であり多くの人々に見てほしい作品である。

さらに学ぶ人のために　北村毅『死者たちの戦後誌─沖縄戦をめぐる人びとの記憶』（御茶の水書房、2009年）。慰霊を空間的に捉えその政治性を多角的に論じる。海野福寿・権丙卓『恨（ハン）：朝鮮人軍夫の沖縄戦』（河出書房新社、1987年）。慶尚北道慶山郡出身者の聞き取りを元にした詳細な記録。呉世宗『沖縄と朝鮮のはざまで─朝鮮人の〈可視化／不可視化〉をめぐる歴史と語り』（明石書店、2019年）。戦時期以降の沖縄における朝鮮人を可視化させる研究。

（上地聡子）

Ⅳ-3　沖縄戦体験の沈黙と「語り」

『沖縄　よみがえる戦場―読谷村民2500人が語る地上戦』／2005年6月18日／52分／制作統括：石原勉／2005年度第32回放送文化基金賞（番組賞）、2005年第48回日本ジャーナリスト会議賞（JCT賞）、2005年「地方の時代映像祭り」（特別賞）
O A T

語られぬ沖縄戦　アジア・太平洋戦争の末期、沖縄は、日本本土の防衛を目的とした持久戦の「捨て石」とされ、戦場となった。「沖縄戦」と呼ばれるこの戦いのすさまじさは、戦後になって、「ありったけの地獄を集めた戦争」や米軍の爆撃を「鉄の暴風」にたとえたことからも伝わってくるが、その戦場に50数万もの沖縄住民が投げ出され、9万人以上が亡くなった。本番組は、米軍上陸の地である沖縄本島読谷村の数多くの住民の「語り」を通して、タイトルにも示されたように地上戦の様相を描き出し、まさに現在へとよみがえらせることを中心的なテーマとしている。

本番組では、戦争体験者自身やテープに録音された「語り」から、沖縄本島北部への避難における飢えや餓死、ガマ（自然壕）で家族・親族同士がお互いに手をかけた「集団自決」（強制集団死とも呼称される）、日本兵による住民虐殺などに迫っている。ここで取り上げられている「語り」の多くは、読谷村の村史編さんの取り組みの中、14年の歳月をかけて編まれた『読谷村史第5巻資料編4戦時記録（上下巻・附録）』（2002年3月刊行）を基礎としたものである。

本番組を観た者は、全体で2000頁を超える『読谷村史』の成立の背景にも迫りつつ、体験者への丹念な取材によって浮かび上がる「語り」と戦争体験の内容に、まず圧倒されるに違いない。だが、同時に、番組タイトルに集約的に表現された上記テーマの背後に、戦争体験の「語り」の裏側にある無数の「語られた沖縄戦」を見て取る必要性があるのではないだろうか。そのことは、『読谷村史』の完成に「14年」という長い歳月を要したことに如実に表

『沖縄　よみがえる戦場―読谷村民2500人が語る地上戦』

れているが、「語られた沖縄戦」の背後には、「沈黙」や「語れぬ苦しみ」がのしかかっている。『読谷村史』の編さんを進めた小橋川清弘さんは、聞き取りにおいて、戦争体験を語りたくないという体験者が多く、聞き取りに応じてもらっても「無言のままテープが回っている」こともあったという。

沖縄戦像と「語り」

では、「語り」から沖縄戦の実相に迫ろうとする読谷村の取り組みや、本番組の戦後史上の意義はどこにあるのだろうか。沖縄戦から75年が経った今日、戦争体験者が年々少なくなっていくことへの危機感が語られながらも、各地の資料館には映像や活字となった数多くの証言があり、講話や平和ガイドの活動において自身の体験を語る姿は一般的なもののように思えるだろう。

しかしながら、この「語り」を中心に据えた、いわば「住民の目線」から沖縄戦を捉えようとする沖縄戦像は、戦後の長い年月をかけて獲得されたものであった。戦後から1960年代にかけて、沖縄戦を語る中心的な語り手は、元日本軍関係者などに限定されており、戦闘記録や軍記などとして出版されることが多かった。この時期、住民が沖縄戦を語ることもゼロではなかったものの、そこでの「語り」は、戦傷病者戦没者遺族等援護法（いわゆる「援護法」）の適用のために日本軍への協力が強調され、「壕からの追い出し」を「壕の提供」などと表現することもあった。生活のための経済的な補償の必要性と、それぞれが目にした沖縄戦の実態を語れぬ苦悩の表情は、占領末期の沖縄での戦没者叙勲を扱ったNHKドキュメンタリー『沖縄の勲章』（1969年）に見事に描き出されている。そこに映されていたのは、援護金と抱き合わせの勲章を喜ぶ沖縄住民の姿ではなく、複雑な面持ちでその勲章を受け取る人々であった。

だが、占領末期には、日本復帰（1972年）を前にして自衛隊移駐が争点となる中、旧日本軍の沖縄戦における犯罪行為の検証や、米軍基地からの度重なる被害（騒音や事件・事故）によって戦争体験を呼び起こされ、より生活感覚に根ざした住民の「語り」から沖縄戦に迫ろうという動きが生まれていた。それは、体験者の「語り」（座談会や聞き取りを通して）を軸に編まれた1971年の『沖縄県史』（沖縄戦記録（1）、1974年に沖縄戦記録（2）発刊）に結実し、1970年代以降は地域的な広がりを見せ、「語り」を重視した戦災記録運動として展開されていく。本番組が焦点を当てた『読谷村史』の編さんに向けた14年もの取り組みは、上述のような沖縄戦像をぬりかえる長年の蓄積の上に位置づけられる。

「語り」が生み出すもの

再び番組の内容に立ち返って、戦争体験の「語り」の意味について考えてみよう。この番組の構成において重視されているのが、『読谷村史』で聞き取りが難航したとされる「集団自決」と、日本兵による住民虐殺についての「語り」である。ここで重要なのは、語られる体験の重みにとどまらず、体験者の「語り」からにじみ出る苦悩と、それが他者へと共有されていく一連のプロセスや「場」であろう。

チビチリガマでの「集団自決」で、5歳だった長男を亡くした知花カマドさん（当時26歳）は、その体験について「あまり話さん。話しても、やった、あたった人（体験した人：筆者注）しかわからん」と番組冒頭で述べる。この言葉には、「集団自決」について多くを語ってこなかった体験者たちの思いが凝縮されている。だが、カマドさんは、「真実が埋もれてしまう」という村史の聞き取り調査での説得によって語り始めた。4月1日の米軍上陸後、ガマが米軍に包囲されると、竹やりで抵抗した住民が米軍の発砲によって負傷し、ガマには恐怖が広がった。緊迫状態が続く中、18歳の少女の「お母さんの手で殺してくれ」という言葉を発端に、切りつけられて飛び散る血、煙での窒息死のために布団に火をつける者、その場には「いろんな悲鳴」が響きわたった。「死ぬなら外で」と前を歩く人についていったカマドさんは、長男とはぐれてしまい、必死の捜索にもかかわらず息子は見つからなかった。

カマドさんは、この壮絶な体験を村史の聞き取りでは語ったものの、家族に話すことはなかった。このドキュメンタリーの撮影をきっかけに、当時の祖母と同い年となった孫の理沙さんが、インタビューへの同席を希望し、戦争体験を直接聞くことになる。その最後に、カマドさんは「60年とは言っても、昨日、一昨日にしか考えられないね、この辛さは（……沈黙）」と語り、この長い沈黙の後、理沙さんの「生きててよかったね、おばあ。理沙たちも生まれてなかったね」という投げかけに「そうだよ、感謝しないと」と返した。この「語り」という行為を通して、沈黙が示す苦悩や苦しみが浮かび上がると同時に、語られた戦争体験を受け止めようとする者との、体験のやり取りの「場」が生まれたのである。

このような「場」は、本番組の後半で、日本兵による住民虐殺を取り上げた箇所に、より明確な形で描き出されている。沖縄本島北部の大宜味村渡野喜屋（とのきや）（現在の白浜）集落において、読谷村からの避難民の男性が日本兵に捕まり惨殺され、砂浜に並べられた女性や子どもが手榴弾で虐殺された。当時４歳だった仲本政子さんは、自身も全身に手榴弾の破片が突き刺さるという大けがを負ったが、惨殺された避難民というのは彼女の父親であった。この虐殺の場に居合わせ、血まみれになった仲本さんの姿を目にして戦後も気にかけていたのが、仲村渠（なかんだかり）美代さんであった。本番組の取材を通して、お互いが健在であることを知ると、とまどいながらも再会を果たすことになる。その再会の「場」で、仲本さんは、仲村渠さんに地元の言葉で語りかけ、自身の負った傷や戦後の生活のことを率直に語った。それに対して、仲村渠さんは、「あの子はどうしているかね、といつも思っていたよ」と応じ、再会できたことの喜びをあらわにした。60年という歳月を経て、思い出すことさえ苦しい戦争体験を「語り」、そして、共有する「場」がそこに生まれていた。

続く「語り」の実践　戦後沖縄において、沖縄戦体験が語られることは決して「当たり前」のことではなかった。本番組は、安易に語られがちな戦争体験の「継承」という問いの裏に、苦悩や苦しみの中でも体験者が自ら見聞きした戦場の実相を語ってきたという、歴史的な事実の重みを突きつける。そして、数多くの「語り」の背後には、14年にわたる『読谷村史』編さんの取り組みのように、戦争体験を聞き取ろうとする「場」をねばり強くつくり続けてきた、戦後沖縄における実践の積み重ねがある。『読谷村史』の編集後記には、次のような一節がある。「初回の調査では、とても話せないと詳細を語ることのできなかった人が、約10年後に再度うかがうと「最近になってやっと話すことができるようになりました」とその詳細を語っていただいたことがありました」（『読谷村史第５巻上巻』2002年、833頁）。体験者と非体験者との共同作業として、沖縄戦体験の「語り」を聞き取ろうとする取り組みは、今もまだ続けられている。

さらに学ぶ人のために　吉浜忍他編著『沖縄戦を知る事典―非体験世代が語り継ぐ』（吉川弘文館、2019年）。「語り」や証言を交えながら、沖縄戦の基本事項を解説した事典。読み物としても充実。屋嘉比収『沖縄戦、米軍占領史を学びなおす―記憶をいかに継承するか』（世織書房、2009年）。沖縄戦と戦後占領のかかわりや戦争体験の歴史的・思想的な意味を問いかける重要書。

（秋山道宏）

Ⅳ-4　硫黄島玉砕戦——語られた「真実」、語られなかった「真実」

『硫黄島　玉砕戦—生還者61年目の証言』／2006年8月7日／54分／制作統括：角英夫、ディレクター：内藤誠吾ほか／2006年度第44回ギャラクシー賞（奨励賞）、同第33回放送文化基金賞（本賞）　D A

貴重なオーラル・ヒストリー

2011年にユネスコ世界自然遺産に登録された小笠原諸島には、多くの人々が南の島の楽園というイメージをもっているのではなかろうか。一般的な認識として、小笠原諸島と父島が同義語的だからであろう。しかし、硫黄島の存在は、そしてその島が太平洋戦争における激戦地であった事実は、硫黄島が小笠原諸島の一部であるという事実よりも広く知られている。世界自然遺産から除外されているが、小笠原諸島で最も有名な島は硫黄島にほかならない。

『硫黄島　玉砕戦—生還者61年目の証言』

本番組は、硫黄島を世界史に刻んだ出来事である「硫黄島の戦い」の英雄譚の背後にある凄惨な現実について、日米双方の元兵隊へのインタビューなどから浮き彫りにしている。戦争経験のある人々が今後ますます減少していく昨今では、家族から戦争体験を聞くことのできる機会が失われつつある。とりわけ、一般的な日本人にとって、アメリカ人の視点から「硫黄島の戦い」（後述するが、本番組において自明のことのように、もとより「硫黄島の戦い」という固有名詞がアメリカ視点にほかならないのであるが）について知る機会はほとんどない。それゆえ、本番組のようなオーラル・ヒストリーの重要性はますます高まっていくはずである。

歴史的に、「硫黄島の戦い」とは1945年2月19日に開始された米軍による本格的な上陸から、指揮官である栗林忠道が戦死したと推定される1945年3月26日までの、硫黄島で行われた一連の地上戦を指す。しかし、米艦隊が到着するはるか以前より、内地から多くの若者が硫黄島へ派遣され、島全体を要塞化せんと地下壕を手作業で張り巡らせていた。手前味噌であるが、評者は2014年２月に硫黄島において遺骨収集作業に従事した。ちょうど関東は寒波に見舞われ大雪であった。他方、地熱で熱く、狭くて暗くて埃っぽい硫黄島の地下壕の中で土砂を掘り出す作業は、まるでサウナの中で土木作業をするようなものであった。交代時間になり地上に出た時の清々しさを忘れられない。しかし、地上戦を許されず、地下において持久戦を強いられた日本兵たちは、海風を感じることができなかったばかりか、水分さえも満足に得られなかった。

米艦隊が到着した後は、激しい艦砲射撃により戦死した人々も少なくなかった。また、栗林による米軍陣地への総攻撃が終わり、米軍により島を制圧された後も、多くの日本兵が地下壕に潜んで戦闘を続けていた。すなわち、「硫黄島の戦い」が始まる前も戦闘状態であったし、終わった後も、日米双方の兵隊にとって戦闘は本当の意味では終結していなかったのである。本番組を視ると、「硫黄島の戦い」というアメリカにとっての地上戦を指す一方的な呼称を見直す必要性を感じるのではなかろうか。

それでは、小笠原について学ぶ一史学者の目線で本番組を視た感想を論じてみよう。戦史としての硫黄島研究の蓄積は厚く、日米で多くの調査がなされてきた。その一方で、硫黄島の歴史を包括的に捉えることが本格的に試みられたのは、2000年代後半からである。本番組の放映が2006年であることに鑑みると、今から論じることの責を制作陣に帰すことはできない。むしろ、本番組が硫黄島に対する人々の関心を集めたことで、硫黄島研究が後押しされた可能性があるかもしれない。それゆえ、本番組に史学史的価値のあることを前提に議論を展開したい。

絶えず問い直される「真実」

硫黄島研究が劇的に進んだ2020年現在に本番組を視聴する上で、いくつかの注釈が必要である。最も重要であると思われるのは、戦前に入植し、1944年の強制疎開まで暮らしていた旧硫黄島民の存在が本番組全体を通してほとんど感じられない点である。強制疎開がなされるまで、1000名を超える島民たちが暮らすコミュニティが硫黄島にあった（石原俊『硫黄島：国策に翻弄された130年』中央公論新社、2018年）。硫黄島における玉砕戦の実相を明らかにすることが本番組の主旨であって、硫黄島の郷土史を明らかにすることが本番組の主旨ではないため、見当違いの指摘であるという声もあろう。しかし、少なからぬ島民が強制疎開すら許されず軍属として編入され、玉砕戦の犠牲になったという事実に照らすと、看過し難い点である。

他にも指摘すべき箇所がある。旧島民の存在感が希薄であるのみならず、人の住むことのできない島であるかのような描写が散見するのである。例えば、演出として硫黄が丘の熱泉の映像が度々映される。しかし、そのような場所は硫黄島のごく一部である。むしろ、旧島民は地熱を調理等の日々の生活に役立ててさえいた。「人を寄せつけぬ灼熱の島」や「飲料水もない孤島」などの表現は、かつて豊かな文化が育まれた社会が存在したという歴史を、「硫黄島の戦い」のイメージに過度に上書きし、視聴者に誤った印象を与えてしまう危険をはらむ。

多角的視点の獲得に供する事例

生活することのできない孤島という誤った認識の流布は、現在進行形の大きな問題を解決から遠ざける主要因である。すなわち、自国であるのにもかかわらず未だ戦没者の半数を超える１万柱以上の遺骨が未収集であるという硫黄島戦没者遺骨収集問題と、戦時中の強制疎開以来故郷に帰ることを政府から禁じられているという硫黄島帰島問題である。問題の当事者が高齢化しているという事実に鑑みると、解決に向けて早急に取り組むよう政府に働きかけなければならない。そのためには、世論の正しい現状認識が不可欠である。本番組で散見する描写は、硫黄島における戦闘の悲惨さを伝えるための演出なのであろう。そして、実際に島で戦闘を経験した人々にとっては偽らざる実感であるに違いない。ただし、戦争に伴って外部からやって来た日米双方の生存者による述懐が、硫黄島のもつ豊かな歴史を全面的に塗り替えてしまうことがあってはなるまい。逆説的にいうと、オーラル・ヒストリーを扱うことの難しさを学ぶ上で、本番組は大変優れた教材である。

その他にも、やや慎重さに欠ける表現があった。例えば、沖縄と本土の防衛のために硫黄島が捨て石にされたという表現がある。これは、沖縄戦を経験した人々にとって違和感があるのではなかろうか。なぜならば、沖縄もまた本土防衛のための盾とされた地であるからである。また、戦没者の遺骨が「収集できぬまま眠っています」という表現は、誤解を招きかねない。遺骨収集の加速化は技術的に不可能であるというよりも、むしろ米軍と基地を共有しているという政治的な事情により遅延しているという側面があるからである。

上記は重要な指摘ではあるものの、本番組の伝えようとしたメッセージは傾聴に値するし、本番組の史学史的価値を大きく減じるものではあるまい。第二次世界大戦における当事国間の認識の齟齬を埋める未来志向の試みは、今後ますます重要性を増すであろう。本番組の放送された2006年の後半に公開されたクリント・イーストウッド監督の硫黄島２部作（『父親たちの星条旗』および『硫黄島からの手紙』）が興行的に成功を収めたこともあり、こと「硫黄島の戦い」に対する日米間の相互理解は、日本の抱える他の問題に先駆けて、近年進みつつあるように思われる。硫黄島の戦いにおける日本兵の苦悩のみを伝えることは、日本の被害感情を過度に助長することになりかねない。それは、むしろ和解から遠ざかる道である。本番組では、アメリカ兵に対するインタビューも収録されており、「硫黄島の戦い」を立体的に浮かび上がらせることに成功している。

75年目に何を問うか

本番組における硫黄島の描写には指摘すべき問題点が少なくない。しかしそれは後知恵でもあり、むしろ本番組が硫黄島への耳目を集めた点を正当に評価すべきである。とりわけ、日米双方のインタビューを織り交ぜることにより、硫黄島における一連の戦闘の責任の所在を浮き彫りにせんとする制作陣の強い意志は特筆に値する。ぜひとも、本番組も起点となり盛んになった硫黄島研究における最新の知見を盛り込んだ、より包括的な「75年目の証言」を制作し、硫黄島における現代的争点を世に問うてほしい。そのタイム・リミットは迫っているのだ。

さらに学ぶ人のために

秋草鶴次『17歳の硫黄島』（文藝春秋、2006年）。本番組に生還者の１人として登場する秋草氏による戦闘体験記。硫黄島が居住に適さない生き地獄であるという誤った言説の流布した責任を生存者に帰すことができないということを理解できよう。ジェイムズ・ブラッドリー、ロン・パワーズ／島田三蔵訳『硫黄島の星条旗』（文藝春秋、2002年）。硫黄島の摺鉢山山頂に星条旗を立て掛けた海兵隊兵士を写し込んだ『硫黄島の星条旗』写真の背景を探りながら、戦地に赴いた米国の若者にとっての「硫黄島の戦い」を綴ったルポ。硫黄島における戦闘が米兵にも戦後に暗い影を落とし続けたことがわかる。石原俊『硫黄島―国策に翻弄された130年』（中央公論新社、2018年）。かつて地上戦のあった不毛の地であるという硫黄島に対する一般的な言説に対する反証であり、本稿が石原氏の先行研究に負っている点は多い。本番組における硫黄島に対する表現が、硫黄島史においてきわめて限定的なものであることがわかる。

（真崎　翔）

Ⅳ－5　核兵器が配備・貯蔵された島

『スクープドキュメント・沖縄と核』／2017年９月10日／50分／制作統括：松木秀文、ディレクター：今理織ほか／2017年度第55回ギャラクシー賞（優秀賞）、2018年「地方の時代」映像祭（優秀賞）　**O** **A**

否定も肯定もしない

米政府は、1958年１月以降、核兵器の所在について否定も肯定をしない政策（NDNC）を取っている。なぜ、沖縄の米軍基地に核兵器が配備・貯蔵されていたと知ることができるのか。

第１に、米軍が核を運搬できる航空機、大砲、ミサイルの配備を発表したとき、その基地とその周辺にある弾薬庫に核が存在すると判断される。ただ、多くの場合、核兵器と通常兵器の両方を運搬できる兵器だと発表される。第２に、地元の多くの住民が、しかも幾度もこれらの運搬手段を目撃すれば、核兵器が密かに配備されたと疑われる。第３に、当事者である米軍のなかで、これらの兵器のかかわっている兵士たちの証言によって、核の存在が明らかになる。第４に、情報公開請求によって過去に核の配備ないし貯蔵された場所を特定できる公文書記録が公開されたときである。いずれの場合でも、例外をのぞき、米政府は公式に核の存在に言及しない。

アメリカ国外への核の配備について、情報公開で入手した米軍文書を総合的に検討した論文「WHERE THEY WERE（それはどこにあったのか）」（The Bulletin of the Atomic Scientists, Nov/Dec 1999）がある。その付録で、沖縄に配備された核が紹介されている。1954年12月から1955年２月の間に持ち込まれた核「爆弾」が最初の配備となる。その後、大砲、ミサイル、起爆装置、艦船用対潜ミサイル、機雷など、最大で19種類、1300個が配備・貯蔵された。太平洋地域全体で3200個、沖縄以外に、韓国に900個、グアムに600個（1975年に800個へ増大）、フィリピンに300個ほどだった。沖縄配備の核は1972年中までに撤去されたという。

『スクープドキュメント・沖縄と核』

核模擬爆弾の投下訓練

ここに紹介する「沖縄と核」と題するドキュメント番組は、アメリカ統治下の沖縄で米空軍、米海兵隊、米陸軍の各部隊が扱った核の存在を明らかにする。敵潜水艦への攻撃用核を貯蔵したとされる米海軍は、なぜか紹介されていない。その弾薬庫は、米海兵隊航空基地の建設工事で知られる辺野古（現在の沖縄県名護市）のキャンプ・シュワブ基地内にあり、現在もベールに包まれている。

伊江島は、沈まぬ航空母艦のような形の島である。本番組は、伊江島で繰り返された「低高度爆撃法（LABS）」を行ったF-100戦闘爆撃機のパイロットの証言を紹介する。また、標的をはずした核の模擬爆弾が飛び込んできた民間地域で被害にあった家族が紹介される。さらに、訓練場の拡張に伴って農地が強制収用された農民たちの行動を追う。

次に、航空機の所属する米空軍の嘉手納基地が紹介される。「極東最大」と呼ばれた嘉手納基地は飛行場だけではない。飛行場に匹敵する広さで、通常爆弾、砲弾、核兵器、化学兵器などを貯蔵した嘉手納弾薬庫が隣接する。芝生とコンクリートで覆われた半地下のイグルー型の弾薬格納庫が、1960年代末までには130棟建設されていた。

攻撃用ミサイル配備

戦闘爆撃機という運搬手段以外に、米空軍は有翼ミサイル・メースＢの発射サイトを嘉手納基地周辺の４カ所に建設した。１つのサイトに８つの発射口。発射口は西へ向かっている。目標は中国。８発のミサイル、４つのサイトだから少なくとも32発のメースＢが、沖縄に配備されたことになる。現存する恩納サイト跡では、その発射口の地下には司令室があり、機材は撤去されたもの、当時の雰囲気が体験できる。

沖縄への核配備が知られる契機は、1961年３月に発行された軍事専門雑誌の記事であった。そこには、核弾頭を搭載する空軍のメースＢ基地が沖縄でまもなく完成し、1961年中に運用と記されていた。すぐに日本のメディアはその記事を紹介し、沖縄の人々も知ることになる。不安と怒りから沖縄では、建設反対、配備反対の声が高まっていたのは言うまでもない。その声は日本政府にも届けられ、政府はその対応に苦慮した。

変わらない日本政府の態度

本番組では、この沖縄配備めぐって外務大臣の小坂善太郎と国務長官のディーン・ラスクとの会談（1961年11月

5日）が紹介されている。小坂は、メースＢのように新たに兵器を配備する際、事前に公表をやめてほしいと訴えた。それに対し、アメリカの手続きからして必要であり、隠し通せない以上、後から知られては一層具合が悪い、とラスクや駐日アメリカ大使のエドウィン・ライシャワーが反論した。小坂は、事後に判明したとき、国民の間で今更騒いでも仕方がないとなり、論議が起きにくい一方で、事前に知られると、なぜ日本政府は止めないのかと自分たちが責められるからだ、と本音を吐露した。沖縄の米軍基地の運用にかかわらないとする日本政府の姿勢は、現在でも、変わらない。沖縄ではこうした事例に事欠かない。

キューバ危機

本番組では、沖縄でのメースＢの発射サイトが最高の緊張感（発射態勢レベル）に包まれたときのことを伝えている。当時のケネディ政権が直面した1962年10月のキューバミサイル危機のときだ。米ソの核戦争を予感させるほどの緊張状態にあった中で、核による攻撃開始は一瞬を争う。取材で入手した写真を紹介する。サイトの発射司令室の４つのミサイル操作盤に「HOT」の表示が並ぶ。発射操作にあたる元米兵が画面に登場して、一連の瞬間を語る。

核抜きと自由使用との取引

このメースＢは、1969年12月に撤去される。その様子は、大々的に報じられた。核抜きの実現だとして最も喜んだのが、当時の首相の佐藤栄作だった。1972年までに、核が撤去され、日本にだけ適用されていた日米安保条約を沖縄にも適用する形で、施政権をアメリカから日本に返してもらう日米合意を達成したのが、佐藤だったからだ。いわゆる核抜き・本土並み返還を、1969年11月にアメリカの大統領のリチャード・ニクソンとの間で合意したばかりだった。

その会談中に、メースＢ撤去を佐藤は告げられていた。背景には、アメリカなりの理由があったが、佐藤には伝えられていない。老朽化した兵器メースＢに頼らなくとも、長距離を正確に飛べる新たな核ミサイル配備が実現したからだった。佐藤にとって、理由は何であれ自らの外交成果となれば十分だった。その代償として、ニクソンは施政権返還後も基地の自由な使用を日本側に認めさせた。さらに、ニクソンは緊急事態の際の核再持ち込み（re-entry）と核貯蔵を認める秘密合意に佐藤を引き込んだ。

攻撃と防御で使用する核　兵　器

米海兵隊が装備していた核兵器の一つが、オネスト・ジョンと呼ばれた短距離ミサイルである。弾頭に核と通常の弾を搭載できる兵器である。米第3海兵師団が山梨と岐阜にいた1950年代半ば、富士演習場での短距離ミサイル発射訓練は地元の反対で中止となった。その後、沖縄に移った同海兵師団は、キャンプ・ハンセン基地で発射訓練を繰り返した。本番組ではその映像を紹介する。

米海兵隊の装備する8インチ榴弾砲が第3海兵師団とともに沖縄に配備された。後継の155ミリ榴弾砲も配備された。これらの兵器は、砲弾に核と通常弾頭の両方を装填できる。つまり、地上戦闘の際に小型核兵器の使用をも想定していた。実際に、1957年作成の同師団の作戦計画の中で、敵の侵攻があった場合に沖縄島での核砲弾使用を組み入れた防御作戦が準備されていた。

ナ　イ　キ　・ハーキュリーズ事故

アメリカ統治下の沖縄では、米空軍の多くの航空機を嘉手納基地や那覇基地に配備する一方で、沖縄島の防空任務は米陸軍が担当した。高高度ナイキ・ハーキュリーズ、低高度ホークなどの迎撃ミサイルが配備された。特に、ナイキは、核弾頭と通常弾頭の両方を搭載できるミサイルである。迎撃ミサイルは飛行物体に命中しなくとも、その爆発力で破壊する。爆発力の高い核兵器が、弾頭に使用された。8つの発射サイト（1サイトに4つのミサイル発射台）が、沖縄島の中南部にある飛行場、弾薬庫を取り囲むように建設された。その1つの那覇サイトで1959年6月19日、ナイキが誤射される事故が起きた。本番組は、その詳細を伝える。本番組のハイライトと呼べる箇所だ。

ま　と　め

映像、文書だけでなく、当時の関係者へのインタビューを軸に展開する本番組は、沖縄に配備された核兵器の運用のあり方を視聴者に、細かく伝えてくれる。有能な取材陣の成果だろう。そのおかげで、核兵器の配備により個々の兵士や地元の人々がどのような体験をしたのかが、よくわかる。しかし、全体として何を伝えようとしたのか、見終わった時に不明だ。沖縄への核兵器が撤去されても、沖縄の基地をめぐる問題は終わらない。それはなぜか。

さらに学ぶ人のために

松岡哲平『沖縄と核』（新潮社、2019年）。本番組のディレクターが、取材過程で入手した情報を織り込んでいる。読みやすい。

（我部政明）

Ⅳ-6　沖縄返還とは何であったか

『総理秘書官が見た沖縄返還　発掘資料が語る内幕』／2015年5月9日／50分／制作統括：西脇順一郎ほか、ディレクター：宮川徹志ほか　O

「沖縄問題」の原点　沖縄県名護市辺野古への新たな米軍基地建設問題をめぐって、日本政府と沖縄県の対立が続いている。1996年、日米両政府は普天間基地の返還に合意した。しかし、沖縄では県内移設に対して根強い反対がある。日米安全保障条約に基づく在日米軍基地のおよそ7割が沖縄に集中し、米軍基地の偏在は不平等であり差別的であるとの主張が繰り返されてきた。このような米軍基地に象徴される「沖縄問題」の原点の一つが、1972年の沖縄返還であろう。日本・アメリカ・沖縄、この三者の思惑が交差し、ボタンを掛け違えた結果が、現在の対立の淵源となっている。沖縄返還はどのような政治的意図から成し遂げられたのか。本番組は官邸公文書など、佐藤栄作首相の秘書官・楠田實が残した資料から解明する。

楠田實は1924年、台湾に生まれた。戦時中は日本陸軍兵士として中国戦線に従軍した。その時に左小指を失っている。中国での捕虜生活を経験後、早稲田大学に進学する。産経新聞の政治部記者を経て、佐藤栄作のブレーン集団である「Sオペレーション」の中心人物となる。1967年3月に総理秘書官に就任し、以後1972年7月の佐藤内閣退陣まで務め上げた。

以下、本番組の内容を、適宜情報を補足しながら紹介していきたい。

沖縄返還の浮上　楠田は敗戦から20年となる1965年に、沖縄を訪問するよう佐藤に提案する。そして戦争で失った領土を取り戻すため、沖縄返還を政権構想の中軸とするよう進言した。楠田は後年にその意図を「100万人も日本人がいる島を（アメリカが）占領してそこに日本の施政権が全く及ばないと。たくさんの人があの島で死んでいるわけでね。その島そのものをいつまでも放っておくのかと。日本の責任下に置かないのはおかしいじゃないかと。それを政権構想に持っていこうじゃないかと」説明していた。この構想の背景に、高度経済成長から沖縄返還へと連なる流れがあったことは確認しておいていいだろう。佐藤首相の前任、池田勇人は所得倍増計画を打ち出し、日本は高度経済成長を実現した。先進国となった日本は、1964年の東京オリンピックによってその成果を国内外に知らしめた。それは敗戦で傷ついた日本のナショナル・プライドを慰撫するものでもあった。東京五輪を花道に退任した池田の後を継いだ佐藤は、次なるナショナル・プライド充足の手段を模索していた。この時、北方領土返還や日中関係の打開、核兵器の保有や憲法改正などが候補に挙がっていた。しかし、ソ連や中国との交渉は冷戦下で難しいと判断し、核兵器や憲法改正は国民世論の反発が予想された。そのため、佐藤は沖縄返還に焦点を絞ったのである（中島琢磨『高度成長と沖縄返還』吉川弘文館、2012年）。

首相として初めて沖縄を訪問した佐藤は、歓迎式典に臨む。この時の演説原稿は楠田によって用意されていたが、直前に米国の要請によって修正された。それは日米安保条約の重要性と、沖縄の米軍基地が軍事戦略上の要衝であることを追加するものであった。ここからはアメリカが沖縄の軍事基地を最も重視していたことがわかる。

『総理秘書官が見た沖縄返還　発掘資料が語る内幕』

それでも佐藤首相の訪問は、沖縄側にとって日本復帰に向けて期待を抱かせるに十分であった。後に琉球政府行政主席（現在の沖縄県知事に相当）となる屋良朝苗は、その時の感動を以下のように日記に書き残している。「総理の面もちは感涙にむせんでいる様子であった。いよいよ挨拶になるとほんとに感涙にむせび話をつまらせている場面もあった。……総理の話から真実感と親近感を感じた」（『屋良朝苗日誌』沖縄県公文書館所蔵、1965年８月19日）。

核兵器をめぐる日米交渉

1967年の日米首脳会談では、沖縄に配備されている核兵器の扱いが課題となった。沖縄返還交渉の前哨戦となったのが、小笠原返還交渉である。当時、アメリカの施政権下にあった小笠原諸島の父島には核兵器が貯蔵されていた。アメリカは有事の際には再び父島への核兵器の貯蔵を認めるよう日本政府に迫っていた。楠田の資料によれば、日本政府はアメリカ側の要望を拒否した。本番組でも小笠原諸島における核兵器の問題は「棚上げ」と表現されている。しかし、小笠原に関しても核密約があり、それが沖縄核密約の前例となったとする研究もある（真崎翔『核密約から沖縄問題へ―小笠

原返還の政治史』名古屋大学出版会、2017年)。

沖縄返還に際しても、日米間で重大な課題となったのは核兵器の取り扱いであった。佐藤は兄の岸信介元総理を介して、核抜き返還の可能性をアメリカに打診することを試みた。さらに、核抜き返還のためなら、朝鮮半島有事の際に日本本土の米軍基地の使用を認めるとアメリカに提案していた。すなわち、日本がアメリカの戦争に巻き込まれてもやむを得ないとまで認識していたのである。

基地機能についてのもう一つの懸案は自由使用であった。アメリカはベトナムへの出撃基地として在沖米軍基地の自由使用に固執していた。

1969年11月、佐藤首相とニクソン大統領は日米共同声明で「核抜き・本土並み」返還を発表する。しかし同時に沖縄返還がベトナム戦争へのアメリカの取り組みに影響を与えないこと、韓国および台湾における有事が日本の安全にとって重要であるとの理解を示した。さらに佐藤は演説で韓国および台湾有事については米軍基地の自由使用を認めた。その裏側では若泉敬京都産業大学教授を密使として、有事の際には沖縄への核兵器の持ち込みを認める密約も結ばれていた。これらが沖縄返還の代償であった(吉次公介『日米安保体制史』岩波書店、2018年)。楠田によれば佐藤は「しかし今更言っては何だが大変なことに手をつけてしまったよ。良かったのか悪かったのか分からんね」とこぼしたという。

沖縄返還がもたらしたもの

1972年5月15日、沖縄は日本に返還された。ここでは復帰後の在日米軍基地の様態について確認しておきたい。日米合同委員会(日米地位協定の実施に関する協議機関)では、返還後も沖縄内の米軍基地が従来どおり運用できるという覚書が交わされていた(いわゆる「5.15メモ」)。これは沖縄の人々が沖縄返還に期待していた基地の整理縮小とは相容れないものであった。

それどころか、実際に整理縮小が進んだのは、皮肉なことに日本本土であった。72年1月、日米両政府は首都圏の米軍基地を集約・削減する「関東計画」に合意した。佐藤は70年の国会答弁で米軍について「外国の兵隊が首府のそばにたくさんいるという、そういうような状態は好ましい状態ではない」と述べていた。

結果、1971年から2019年までに日本本土の米軍基地は約60%縮小したのに対し、沖縄は約34%の縮小にとどまっている。沖縄対本土の軍用地比率は59：41から70：30となり、沖縄への基地の集中はさらに進んだのである(小松寛「戦後日米関係における沖縄と平和」多賀秀敏編『平和学から世界を見る』成文堂、2020年)。

結局、沖縄返還とは何であったのか。敗戦による荒廃から高度経済成長を成し遂げた日本は、沖縄返還を次なるナショナル・プライド充足の手段とした。ベトナム戦争を抱えていたアメリカは、在沖米軍基地の機能さえ維持できるのであれば、施政権を日本へ返すことはやぶさかではなかった。米軍占領下にあった沖縄は、平和憲法を有する日本に帰属することで、基地の整理縮小が進むと期待した。この三者の沖縄返還に対する思惑の行き違いが、今日の「沖縄問題」の根源にある。

沖縄の未来像 1995年、米兵による少女暴行事件を契機に沖縄では反基地運動が再び渦巻く。楠田は研究者や元官僚らを集め、沖縄基地問題について日本政府へ提言することを画策する。しかし専門家らは沖縄の負担軽減よりも米軍基地を優先し、それが日本の国益に資すると考えていた。その生々しい発言は録音テープに残されているが、これらを楠田が政府に進言した形跡はない。

本番組は楠田の文章で締めくくられる。「祖国復帰までの二十七年間、沖縄県民は特殊な環境の下で、日本人としての魂を守り続けた。復帰後、日本政府も巨額の公共投資をして、街並みも、以前とは比較にならないほど近代化した。しかし、それとても沖縄県民の魂の飢餓を満たすものではない」「今、沖縄の有識者層の間で、沖縄独立論が持ち上がっているという話を聞いたが、そのことの可否はともかく、日米両国で知恵を出し合って、沖縄の未来像を描くべきときが到来したと思う」(楠田實「沖縄の未来像を描け」『時事解説』1995年11月14日)。

「小指の痛みは全身の痛み」。これは復帰運動で頻繁に用いられたスローガンである。沖縄の苦難を日本全体で理解し、分かち合ってほしいという思いが込められている。その「痛み」が共有された時に初めて、沖縄のあるべき未来像は描かれるのかもしれない。

さらに学ぶ人のために 若泉敬『他策ナカリシヲ信ゼムト欲ス〔新装版〕』(文藝春秋、2009年)。佐藤栄作の密使・若泉敬による核密約交渉の回顧録。宮川徹志『僕は沖縄を取り戻したい―異色の外交官・千葉一夫』(岩波書店、2017年)。外務官僚から見た沖縄返還交渉。映画『返還交渉人―いつか、沖縄を取り戻す』の原案。

(小松　寛)

Ⅳ－7　沖縄の基地問題――真ん中にある欠片（ピース）

『沖縄　安保と基地の間で　第1回　基地に一番近い学校―卒業生4800人の今』／2000年7月1日／49分／制作統括：山崎秋一郎　A

ドーナツの穴

舶来もので身近なおやつ、ドーナツ。ドーナツは真ん中が欠けているからドーナツになる。観光地・沖縄のイメージは、まるで甘いドーナツのようだ。毎年訪れる大勢の観光客はおいしい外側の沖縄イメージだけをぺろりと消費して帰っていく。その真ん中に欠けているもの――それが本番組で扱われている米軍基地なのだけど――が何なのかという想像力は、白い砂浜でなかなか拾えない。

沖縄の米軍基地をめぐる「現実」は、果たしてどのくらいの人々にどの程度認知されているのだろうか。彼の地を訪れる観光客がドライブ中唐突に出会う「現実」の一つに、カーナビや携帯の画面に突如映し出される「空白地帯」がある。地理的情報が一切伝えられていない米軍基地のエリアだ。何もないことがかえってその存在を強烈に意識させてくれる。広大な普天間基地を抱える宜野湾市は、緊急車両が遠回りすることもあるといわれる、いわばその中心を基地によって抉り取られたドーナツのような形をしている。

その内側の縁にある、つまりドーナツを外側から食べ始め最後に口にするところに普天間第二小学校はある。その卒業生たちのその後を丁寧に追いかけた本番組で、カメラを通して伝えられるエピソード群は、戦後沖縄が抱えもつ基地問題という縦軸と、基地に近い小学校を卒業した一人一人の「その後」という横軸によって紡がれる。そこには微妙だが確かに観ている私たちに伝わる何かがある。「外人さんは自由に出入りできるのに僕たちは許可が必要なの？」という子どもの問いに口ごもる大人の困惑、高い失業率に苦しみながら多くの人々が厳しい競争をかいくぐってたどり着く、働く場所としての基地、手紙と小切手をくれるアメリカ人の父とのつながり、そして基地のフェンスを越えてしまった白球を見つめる子どもたちの声、「ボール、プリーズ！」。矛盾、諦観、勤勉さ、絆、無垢なものとしたたかなものが絡み合う共同体の片隅にある複雑な現実を、共同体のすべての構成員に伝えようとする緻密な図柄が展開されている。でももしそれがすべて真ん中の穴によって成立しているドーナツのような構図だったとしたら、という想像力を携えてみよう。

本番組以前の沖縄

本番組をドーナツにたとえるならば、その内側の空白に注目することも１つの味わい方といえる。そこに欠けているものは何かという視点は、まず本番組に描かれない文脈としての「それ以前」を想像する行為を導く。例えば1950年代日本各地で米軍基地の固定化を嫌う地元の人々による根強い基地反対運動や激しい抵抗が起こり本土の基地が４分の１になった一方で、沖縄の基地が２倍になったことや、1972年沖縄が日本に復帰する前後に、米軍のベトナム戦争撤退に伴う基地の縮小・統合の影響で、日本本土の米軍基地の総面積は３分の１に減少した一方、沖縄への基地集中がさらに進んだことなどは、現在あまり知られていない。

「地元の声」と日常

様々な「出来事の語り」が充満している現代社会において、「基地に最も近い学校」の卒業生たちの固有の語りは、果たして私たちの「共同体の記憶」としてどのように構成されてきたのだろうか。この問いは、ナショナル・メモリーとは異なる形で集団の記憶をどう問題化できるか、という問いに置き換えることができる。他者としての「地元（ネイティブ）の声」として発せられることは少ない。しかし本番組にも見られるその聞こえないはずの声をなんとか聴き取ろうとする姿勢において、最も重要な要素が見えてくる。登場人物たちの「日常」である。日常とは本人にとってあまりにも普通で、それがあるということすら気がつかない。特別なものなど何もないという特別さ。その「特別さ」を支える優しさと悲しさの両方に気づくとき、人は特別な知性を持ち、そして社会の仕組みを変えていく。しかし皮肉なことに、良心的な態度でもって語られる１つの社会問題や事件に焦点を当てた物語は、ときにその「気づき」をあらかじめ用意してしまっているので、受け取る側の主体的な「気づき」を獲得するそれぞれの自前のプロセスを摘み取ってしまうことがある。我々自身の社会は、どのような形でつくられてきたのか。歴史や

『沖縄　安保と基地の間で　第１回　基地に一番近い学校―卒業生4800人の今』

文化を学ぶとはどういうことか、また知らないこと（ドーナツの穴）を知るという行為は何をもたらすのか、こういった普段あまり考えない事柄を、米軍基地の近さ・遠さとしてこの番組に寄り添う形で考えてみると、皮肉なことに基地の近さを強調する物語が、観る者にとって基地問題（に揺れる沖縄）の遠さとして感受されてしまう危険性に気がつく。つまり基地問題が沖縄だけに収斂されて日本人全体の問題だとは意識されにくくなってしまう。

基地から一番遠い学校は？

真ん中にある欠片への想像力は、番組タイトルの彼岸への問いにもつながる。すなわち現在、基地から一番「遠い」小学校はどこにあるのだろうか。また、そこを卒業した人たちの「その後」を知るにはどうしたらいいだろうか。挑発的な物言いを許してもらえれば、その答えは「全国にあるほとんどの小学校」が答えであり、全国の卒業生の大半の姿勢と現状が答えそのものである。なぜなら、本番組が教えてくれる20年前の沖縄も現在の沖縄も状況はあまり変わらない（どころか新基地を建設中だ）し、政府の強権的な態度と弱者の声、そしてその構図を伝えるというメディアの仕事ぶりも、そしてそこにある沖縄の現実を沖縄だけの話として受け取り（安心し）続ける多くの人々の有り様もそのままだから。番組放映から20年経っても何も変わっていないこの真実は、沖縄の基地の物語にとってドーナツの穴のように欠けている。

「経済的に助かる」という声

沖縄からの基地反対の声に対して、ときおり沖縄にも基地の恩恵を受けている人がいるだろうという声が聞こえる。確かに、軍用地料が定期的に入ってくる軍用地主が３万人いる事実や、ベトナム戦争の頃は米軍の営業許可を受けたＡサインバーが海兵隊員で賑わい、一晩で4000ドル稼いだこともあったという史実が本番組では披露されている。ここでは例えば基地があって「経済的に助かる」という現地の言葉が含む多義性をうまく伝えられないという内実も合わせて紹介したい。基地の近くに住み仕方なく基地に経済的に依存せざるを得ない人の声と、基地から離れたところに住み基地があったほうが県の財政が多少は潤うから「助かる」という声が、そこには含まれている。マイノリティの声が、このように経済的な指標を含む言葉使いでしか翻訳できないという問題をどう考えるか。3.11直後、東京を中心とするメディアで語られなかった事柄の一つは、福島の人々の間で真っ先に語られた内容が補償問題に関する事柄だったということを思い出してほしい。政府筋の人々は福島よりの発言をして安心させているように見えて、むしろその逆に補償を打ち切るステージへ進んでいるのではないかという大きな不安を福島の人々に与えていたことは、もう忘れられているのではないか。

それでも伝えるということ　現地では、多義性などという小難しい言葉を使わずとも、複雑な現実がもたらす生活実感や感情の襞が、本土におけるメディアの「わかりやすい」物語に対していくつもの視点や立場から即座に相対化できる場が用意される。親戚の集まる場で移設の賛否に対する意見の齟齬があり、政治的立場の微妙に違う者同士が職場ではつながりあう。そこにはある種のおかしさや悲しさが漂う。本番組でもそのあたりをなんとか掬い取ろうと個人の苦悩や逡巡が丁寧に描かれている。それを安易に希望と呼べるかはわからないが、伝わらないことの手前で面倒臭くなって引き返すのではなく、伝えられるか伝わるかというところに力を集め、どうやって次につなげられるかという一点に、わずかな光が差す。

現地の90%の人々が基地縮小に賛成、日本全体の問題として考えて欲しいという番組のメッセージ。私たちの社会に米軍基地が本当に必要ならば、そう信じている人々にとっての仮想敵国に最も近い福岡や山口、福井や新潟になぜ軍事基地はつくられないのか。ドーナツの如く、沖縄の基地問題を構成する私たちの社会の真ん中に欠けているものがある。それは沖縄の基地問題を問題たらしめ続けている一人一人の態度そのものだということ。基地応分負担を求める声が沖縄からより一層の強度をもって聞こえてくる今、果たしてフェアプレイの精神はいつ発現するのだろうか。

さらに学ぶ人のために　仲里効・高良倉吉『「沖縄問題」とは何か』(弦書房、2007年)。すでに歴史化され評価の定まった作品や論考ではなく、現在の沖縄を伝え表現する声が聞こえる沖縄の新聞やニュースに触れ、疑問や賛意いずれを携えてもいいので現地に足を運んで様々な「今」に身を置く経験を試みた上で、読んで欲しい。「美味しいドーナツ」の完成を目指す歴史家・高良と、穴の意味を考え抜くことで（穴の無い）「新たなドーナツ」の発明を目指す批評家・仲里の対談集。２人は基地のない南大東島の小中学校の同級生。

（前嵩西一馬）

V-1　核爆発10秒の科学が伝える原爆の非人道性

『原爆投下　10秒の衝撃』／1998年8月6日／60分／制作統括：柏瀬武ほか／1998年度第53回文化庁芸術祭（優秀賞）、同第29回科学放送高柳賞（グランプリ）、同第36回ギャラクシー賞（優秀賞）、第19回マルチメディアグランプリ1998（インダストリー賞）
O A T

科学が語る力

核兵器のもたらす惨害をどのように伝えるか。体験を語る被爆者がいなくなる時代がすぐ目の前に来ている中で、私たちはこの問いに真剣に向き合うことが求められている。きのこ雲の下の人間たち、その暮らし、コミュニティに何が起こったのかを伝えることが、惨害のリアリティを伝える王道であることに間違いはないであろう。ところが、NHK ドキュメンタリー『原爆投下　10秒の衝撃』は、徹底した精密さを追求する科学的分析もまた、原爆が人間に何をもたらすかについて、人々の感性に届くリアリティを伝える力をもっていることを教えている。その意味で、このドキュメンタリーはユニークな科学的アプローチの成功例である。

アメリカの核実験データから推定すると、1945年8月6日の原爆投下によって、広島が壊滅するに要する時間はわずか10秒であった。被爆者は原爆をピカドンと呼んだ。閃光がピカッと光ってから数秒で爆風がドンと彼らを襲い、彼らは吹き飛ばされて気を失った。気がついて眺めた世界は生き地獄であった。この10秒にどのような物理現象が生起したのか、それは地上の人間に何をもたらしたのか、ドキュメンタリーは日米の多くの科学者の協力を得ながら検証する。ロバート・クリスティ博士（マンハッタン計画における原爆設計者）、テッド・ポストル博士（核兵器の効果に関する物理学者）、セオドア・クウトハマー博士（核兵器による都市建造物の破壊を研究する土木環境学者）、星正治博士（広島大学原爆放射線医学研究所の放射線物理学者）、および葉佐井博巳博士（広島大学名誉教授で被爆資料の放射能の計測を続けた物理学者）の5人は、この検証作業のた

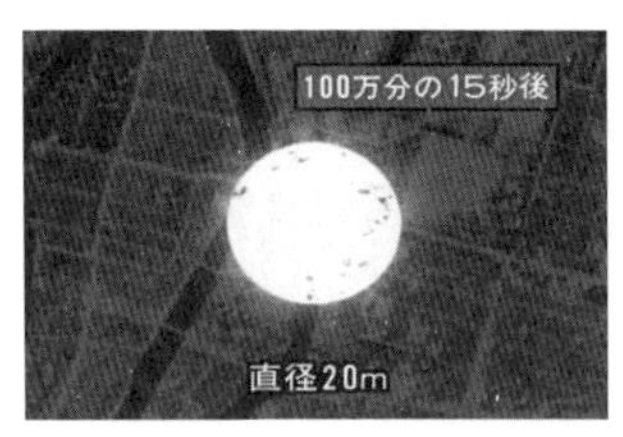

『原爆投下　10秒の衝撃』

めに実際に一堂に会して意見を述べ合っている。

ドキュメンタリーは、人間が感知できない10秒間の原爆のリアリティを、その間の物理現象を科学的に詳細に説明することによって私たちに伝えようとする。しかし、そもそも、その一瞬ともいえる10秒は、いつを起点に計測するのだろう。この問い自身が、ドキュメンタリーが伝えようとするリアリズムの核心に迫る問いとなる。原爆がさく裂する瞬間から計測したのでは遅すぎるのである。それでは事柄の重要部分を見失ってしまう。

10秒を3段階に

科学者チームは、10秒の起点を原子爆弾のなかで核分裂反応が始まる瞬間に置くことにした。広島型爆弾の場合、爆弾内部には核分裂反応を起こすウラン235の臨界質量よりも小さい塊が2個配置されている。爆薬によって、その2つが急速に合体させられ、合体の瞬間に中性子発生装置から放出される中性子が種となって核分裂の連鎖反応が始まる。ドキュメンタリーは、この瞬間を核爆発の起点とした。そして、ここを0秒として科学チームは10秒を次の3段階に分けて出来事を整理することにした。

第1段階　0秒から100万分の1秒

この段階では、原爆はまださく裂していない。爆弾の外形には何の変化もない静寂の中で、ウランの核分裂がネズミ算的に増幅し、同時に中性子線とガンマ線が放出される。中性子線は爆弾の外壁を何の抵抗もなく突き抜けて地表に降り注ぎ、人々に突き刺さる。一方ガンマ線は爆弾内部に閉じ込められたままであり、爆弾内部は250万℃の高温と数十万気圧の高圧となって、やがて爆弾はさく裂する。

第2段階　100万分の1秒から3秒

さく裂した爆弾から大量のガンマ線が放出されるとともに、原爆は火球となって強力な光と熱を放出する。1万分の1秒ほどで形成された10数mの火球は、0.2秒後には数100mの火球に成長するが、やがて0.5秒位経過した時間から火球は小さくなり始め、勢いを失って3秒後にはエネルギーの大半を出し尽くす。火球によって周囲の空気が急激に膨張して外に押し出され、衝撃波となって地上を襲う。このように、第2段階においては、致死的なガンマ線と灼熱の熱線と衝撃波による破壊が、爆心地付近の人々を襲う。

第3段階　3秒から10秒

この段階では、第２段階で形成された衝撃波が、爆風となってほぼ半径４kmの広島全市をなめ尽くすことになる。ドキュメンタリーは衝撃波の影響をスーパーコンピューターによるシミュレーションによって解明している。それによると、衝撃波は爆発の３秒後に爆心地から1.5km、7.2秒後に３km、10.1秒後に４kmに達する。このことからも、原爆が10秒で広島を破壊し尽くしたという説が裏付けられる結果となる。また、衝撃波は様々な条件下で渦を形成することが科学的に示され、その渦が被爆者の死につながる影響をもった事実も、ドキュメンタリーは突き止めている。

100万分の１秒

このドキュメンタリーが、明らかにした最も衝撃的な事実は、第１段階である100万分の１秒までに核兵器がひき起こす恐怖の殺りくに関する真実であろう。この時期、核兵器の外形には人間の五感に感知できる何の変化も表われない。高度567mの上空にあるその核兵器から高速中性子が降り注ぎ、人間に突き刺さる。強力な中性子の直撃は、半径１km内の人間の細胞にアポトーシスという現象を引き起こす。それは、中性子線を浴びた細胞が縮み最後にはバラバラに崩れる細胞自殺の現象である。爆心地から１km以内の距離で、100万分の１秒以内の初期中性子線を浴びた人間の体内では、消化器系の内臓、血液を作る骨髄などで細胞がアポトーシスを起こし、細胞が機能を失い、やがて死に至る。やけどなどの外傷が少ないのに、被爆後数日で死んでいった人の多くは、このアポトーシスに起因する死であると考えられている。

科学者チームの１人が語っている次の言葉は重要である。「爆心地にいた人々は、100万分の１秒に発せられた最初の中性子から、それを避けることなく浴びました。そこにいた人は、いわゆる爆風とか熱戦とか閃光がなかったとしても、全員がなくなったであろうと推定されるわけです。」これは、核兵器の本質を言い当てている。核兵器とは原子核内部の粒子が人を殺す兵器なのである。

ドキュメンタリーは、100万分の１秒に生起した真実を明らかにするために、さらに科学的追求を重ねている。１つには強力な初期中性子線が降り注いだ痕跡を広島で見つけるための努力をした。強力な高速中性子が銅に当たると微量のニッケル63という同位元素が生成することを利用して、被爆した爆心地近くの瓦礫試料から銅材料を見つけ出し、そこに微量のニッケル63を検出するのに成功した。また、爆心地近くで家族５人が亡くなった状況を再現する試みも行われた。５人が住んだ日本家屋の忠実な模型をつくり、瓦葺きの屋根の下にいた５人が浴びた中性子量を推定している。

被爆者の証言と重ねる　このドキュメンタリーは、科学が語るリアリティを破壊の実態や被爆者の証言と重ねる努力をしている点も特筆しておくべきことだろう。この製作姿勢を知ることは、爆発時の物理現象を精密に分析するというユニークなアプローチが、どのような意図をもって行われたのかを知る上で必要なことである。

第３段階における衝撃波の分析において、とりわけこの手法が多用されている。３秒から10秒の間を意味する第３段階においては、爆心地から比較的離れた被爆者が関係しており、体験を語ることのできる生存者が多くいたという事実がそれを可能にしたであろう。

被爆者の証言する爆風体験を、その体験の正確な位置と屋外、屋内などの条件と、地形データも読み込んだコンピューター・シミュレーションが示す衝撃波のデータと対比しながら、番組は被爆の実相に迫っている。

校庭で爆風にあった高等女学生は、「強い力で背中をおされ、体が宙に舞い上がった。そして地面に叩きつけられた」という。この状態は、アメリカの核実験の映像でも見られる複雑な衝撃波の巻き上げ現象として理解された。また別の女子事務員は、強固な鉄筋コンクリートの中で爆風にあった。このビルは被爆後も外観は無傷で残ったにもかかわらず、建物の中で84人もの死者を出した。女子事務員の証言は、窓から入った衝撃波が室内で作る渦のシミュレーションと符合した。

さらに学ぶ人のために　このドキュメンタリーの内容と製作過程が書籍として刊行されている。NHK 広島「核・平和」プロジェクト『NHK スペシャルセレクション―原爆投下・10秒の衝撃』（日本放送出版協会、1999年）。また、アミリカの科学者が執筆した近著を、このドキュメンタリーの関心を引き継ぐ一冊として紹介しておく。ハロルド・ファイブソン、アレキサンダー・グレーザー、ジア・ミアン、フランク・フォン・ヒッペル／鈴木達治郎監訳、冨塚明訳『核のない世界への提言―核物質から見た核軍縮』（法律文化社、2017年）。

（梅林宏道）

V－2　爆心地の証言と被爆者の戦後史

『爆心地　生と死の記録』／1985年8月6日／75分／制作：萩野靖乃、構成：川竹文夫ほか／1985年度第23回ギャラクシー賞（選奨）　A

『爆心地　生と死の記録』の概要

本番組は、広島の被爆から40年目にあたる1985年8月6日、NHK特集として放映された。「爆心地」とは通常、原爆炸裂点の真下の地面上の一点を指すが、この番組ではいわゆる「爆心地」から半径500m圏内を「爆心地」と捉え、その圏内で被爆し、番組当時に生存していた人々の証言を紹介しつつ、彼／彼女らの証言を「科学的」な視点（物理学や医学等）から裏付けようとしている。

番組の大まかな構成は、①1985年に生存していた爆心地で被爆した人の証言、②爆心地の被爆者の生死を分けた違いの「科学的」視点からの説明、③再び被爆者の証言、となっている。以下、番組の概要を紹介していく。

『爆心地　生と死の記録』

①NHK広島局は、独自の調査を展開し、1985年6月時点で56人の生存者を確認し、全国各地で暮らしている一人一人に連絡をとり、生存者の証言を収集したという。本番組では、インタビューで16人の証言を紹介しており、写真とともに一言のメッセージを12人紹介している。実際に調査を進めていく中で、亡くなっていたことがわかった4人についても、親族や知人の証言を放送している。冒頭でインタビューに答えている生存者の男性は、自分が「どうして助かったのか、わからない」と深刻な表情で述べている。

②爆心地での生と死を分けたものは何か。「科学的」説明では3人の広島の科学者が登場する。社会学者の湯崎稔、物理学者の庄野直美、医学者の鎌田七男である。

1人目は、本番組の前史ともいえる爆心地復元運動を担った湯崎稔。湯崎を中心に広島大学原爆放射能医学研究所（現在の広島大学原爆放射線医科学研究所、略称：

原医研）において爆心地プロジェクトが立ち上げられ、1968年から10年もの歳月をかけた膨大な聞き取り調査の記録の中で、5000枚に及ぶ調査票が存在している。この番組の放映時には湯崎はすでに他界しているが、湯崎の調査票（いわゆる「湯崎資料」）を元に爆心地の生存者の調査を進めている。

次に登場するのが放射線を含む熱線がどのように人々に被害をもたらしたのか、生存者の証言を庄野直美（当時、広島女学院大学教授）が原子物理学から立証している。被爆時にどこにいたのか、位置によって浴びる熱線により被害が異なっているとの調査結果を示している。

3人目の研究者は、鎌田七男（当時、原医研の助教授）である。鎌田は、1972年以来、湯崎稔の調査の成果を生かすために、「原医研爆心プロジェクト」を発足し、爆心地生存者の精密検査と健康管理に取り組んでいる。その中で、爆心から520メートルの地点で、学徒動員で電話局に勤めていた女子学生たちに通常の20倍の発生率で乳がんが起こっている事実を突き止めた。さらに、鎌田の研究により、爆心地で被爆した20人中18人、実に90％の人々が染色体に異常をもっていることが明らかになっている。染色体が放射線を浴びると、その一部が切断され、他の染色体の一部と結合することがあり、これが染色体異常の典型的な例であるという。染色体の異常は一度起こると再び元に戻ることはなく、異常をもった細胞が再生産されていく。このように鎌田は、爆心地で人体に及ぼした医学的な解明に取り組んでいる。

③再び、番組は「爆心地」の生存者たちの証言に戻る。その証言は、番組の意図とは別に「科学的」という範囲では括れない証言の数々である。56人の生存者たちは、一度は死の危険にさらされており、民間療法で生き残ったと語っている。例えば、どくだみ草が命の恩人であると語る女性や、ナスの塩もみのおかげで一命をとりとめたと信じている男性の証言が続く。そして、被爆後数年の間、原爆症にお灸が効くといわれ、流行していたと紹介されている。それは一方で、被爆者が科学的根拠に基づく治療を享受できなかった事実を証言していることになる。そしてまた、生存者たちは、自分だけ逃げて助かったことへの罪意識を抱えている。また、爆心地での光景があまりにも残酷で、「結局ね、手を合わせるしかない」、「他に何も、亡くなった人を慰める方法がない」という証言が紹介されている。

最後にインタビューに応じている女性は、爆心地で生き残った自分が「元気で生きてたんじゃ、悪いような気がするんですよね」、「私はひっそりと生きていこう」と苦しみを抱えて生きてきた心情を語っている。以上のように40年にわたり、身体や心に深く傷を与えてきた原爆の被害を訴える番組となっている。

「爆心地」とは何か

それでは、本番組の主題となっている「爆心地」とは何か。「爆心地」を地上のただの一点と捉えてしまうと、そこからは人間の姿が浮かび上がることはない。この番組が、あるいは歴史的前身でもある爆心地復元運動が、爆心地を半径500mという面として捉えたことにより、そこで何が起こっていたかを考えることができる。

1960年代に始まる爆心地復元運動は、そもそも原爆被害の最も激しかったと推測される爆心直下に近い地点でさえ、その被害の具体像と全体像が明確でなかったことから発している。1969年に刊行された志水清『原爆爆心地』はその成果であるし、1979年刊行の『広島長崎の原爆災害』は、原爆被害の多面性を可能な限り包括的に検討し、それを一冊の研究書として結実させた成果である。

本番組はそれらの成果を引き継いだ上で、あらためて爆心地にフォーカスしたものであるといえよう。しかし、このような成果が出されつつも、原爆被害の具体像や全体像を十全に描き出すことが困難な作業であることをも同時に示している。

1980年代と被爆者の証言

2020年の現在と比べたとき、1985年に語られた証言は、その年齢層の幅などの面で多様なものであることが確認できる。番組で確認した生存者たちは、被爆当時に生後５カ月の乳児から46歳の働き盛りまで様々であった。

この番組の構成が意図せずとも現しているのは、被爆者の証言を「科学的」根拠で示す／示さなければならない社会認識が存在してきたという事実である。これは現在でもまだ強く残っている。被爆者は、原爆によって患った病について、現在では「原爆症」として認定されており、医療や援護の幅がかつてに比べて広がっている。しかし、それは「科学的」研究の進展の結果として認められた病気であり、被爆者自身の声が受け入れられることによって認められてきたわけではない。「科学」における証明が行われなければ当事者の言葉を受け止めてこなかった歴史を省みる必要がある。

爆心地について語る人々 評者は、2003年5月より広島の被爆者の戦後史について証言の収集に取り組んできた。被爆者とのやり取りの中で度々「爆心地」について考える機会があった。評者が被爆者へ聞き取りを依頼した内容は「被爆体験」と「復興」についてであった。調査を開始した際に、被爆者の國分良徳さんは評者に「ぜひ読んで下さい」と志水清『原爆爆心地』の本を渡した。國分さんは、本の付録にある爆心地の復元地図を広げて、少年時代に通った映画館での思い出や街の様子等、被爆前の日常生活を繰り返し語った。被爆と復興について依頼していた評者は当初戸惑ったが、当事者にとって原爆により失われた日常を語る必要があることを学び、被爆前の生活を記録する作業に取り組んだ。その中で見えてきたことは、二度と戻ることのない掛け替えのない人たちと暮らした日々であった。また、同時期に聞き取り調査を開始した被爆者の切明千枝子さんは爆心地に建設された平和記念公園を歩いている際に、「ごめんなさいね、ごめんなさいね」と心の中で謝罪しながら歩くと打ち明けた。原爆後、至る所に多くの遺体が山積みにされていたこと、それを次々と機械的に焼却し埋めていったこと、爆心地では家族全滅という状況もあり、どこの誰かもわからないまま遺骨が放置されていたこと。死者たちへの供養が果たせていないことに負い目を抱いている。また、切明さんは、観光で広島を訪れた人から「公園に原爆が落とされて良かったですね」という言葉を受け、「とんでもない、ここは賑やかな繁華街だったんですよ！」と返答したやり取りも語った。原爆による痛みから離れるときに再び戦争が起こり、核兵器が使用されるのではないか。何があっても「命が軽んじられてはならない」。そのような思いで、國分さんや切明さんは、かつて爆心地には人々の暮らしがあったこと、そして、原爆後の爆心地の惨状を含め、自らの被爆体験を証言している。

さらに学ぶ人のために NHK広島局・原爆プロジェクト・チーム『ヒロシマ爆心地—生と死の40年』（日本放送出版協会、1986年）。本番組の内容を膨らませ単行本化されており、ようやく語り出した被爆者の証言の重みを読むことができる。志水清『原爆爆心地』（日本放送出版会、1969年）。爆心地復元運動の始まりを知る上での必読書。広島市長崎市原爆災害誌編集委員会『広島・長崎の原爆災害』（岩波書店、1979年）。1980年に形成されていく原爆認識を知りたいのであれば必読。

（桐谷多恵子）

V−3 「使える核兵器論」で切り捨てられた被爆者

『見過ごされた被爆　残留放射線63年目の真実』／2008年８月６日／46分／制作統括：湯澤克彦ほか、ディレクター：松丸慶太ほか　A

原爆症認定集団訴訟　原爆症認定集団訴訟とは、2003年４月17日、札幌、名古屋、長崎地方裁判所に、７名が国に原爆症認定を求めて始まった裁判である。その後全国各地で訴訟が広がり、2008年には307名が原告となった。2008年４月現在では、法的な被爆者数は約25万人で、そのうち、原爆症と認定された被曝者は2200人程度と、１％にも満たなかった（内藤雅義「原爆症認定訴訟とその中で明らかになった事実」日本反核法律家協会ホームページ http://www.hankaku-j.org/data/06/090730.html　2020年４月18日アクセス）。認定をめぐって争点となっている問題こそが、残留放射線である。原爆炸裂後から１分間に発生する放射線を初期放射線というが、残留放射線とは１分以降に発生する放射線で、誘導放射能や、黒い雨・死の灰などの放射性降下物はそれにあたる。爆心地からの距離によって測れる初期放射線と違い、残留放射線の影響については包括的な研究がされているとはいえない。そうした中、原爆投下後に入市した人々や放射性降下物の影響を受けてきた人々の被爆の影響は過小評価されてきた。本番組は、原爆症認定集団訴訟で原告になっている救護被爆者や入市被爆者、ABCC（原爆傷害調査委員会）、厚生労働省の担当者、さらにはDS86の策定に携わった科学者を取材し、なぜ、どのように残留放射線の問題が「見過ごされ」てきたのかを究明している。

『見過ごされた被爆　残留放射線63年目の真実』

入市・救護被爆者　三次高等女学校４年生で当時16歳のＯさんは、広島への原爆投下当時三次市にいたが、８月19日に広島市に入り、救護活動を行った。被爆による急性症状を目の当たりにしたＯさんは、１週間後家に帰ると、自分にも同じような症状が現れる。全身の倦怠感、吐き気、嘔吐、食欲不振、激しい下痢、脱毛などである。しかし彼女は自分の病気が原爆に起因しているとは思ってこなかった。爆心地に入ったことさえ思い出したくなかったからである。気持ちが変わったのは二度目のがんを患った時である。Oさんは52歳で胃がんと卵巣がんになった。こうした、転移ではなく並行して発生する重複がんは被爆者特有の症状である。一緒に入市した同級生もがんに襲われる人があいついだ。親友のMさんがすい臓がんで亡くなったのもこの頃である。彼女からは「ちょっと声が聞きたい」と電話があり、それを最後にそのまま亡くなった。こうした体験を機にOさんは、原爆症の認定を申請した。「私が認められたから、あなたたちも認められたと報告したい」と。しかしOさんの線量はゼロとされ、申請は却下された。

DS86（1986年推定放射線量）

それではなぜOさんの線量はゼロとされたのであろうか。それはDS86（1986年推定放射線量）という基準が適用されたからである。番組は、DS86がどのように策定され、原爆症認定にどのように導入されたのかを追跡する。

マンハッタン計画に参加したテッド・ロックウェル博士は、火球が地面に届かない場合は残留放射線は発生しないと証言している。広島の場合は「残留放射線の影響はない」とする1945年9月の米国の公式発表を無批判に継続していたのである。DS86とは、被曝時の場所や遮蔽効果を計算してつくられた線量方式で、1957年暫時線量推定方式（T57D）、1965年暫定線量推定方式（T65D）を改定したものである。いずれも、基本的に残留放射線についてはないものとして反映していない。DS86策定責任者の元オークリッジ国立研究所研究員のジョージ・カー博士は「残留放射線は初期放射線に比べればわずかだったということです」とし、DS86を原子力産業で使用するのが目的と述べている。

ところが、残留放射線による入市被爆者については、DS86のもととなるT57Dが策定される以前から、米側が設置し、広島・長崎の被爆者調査を行っていたABCCが調査していた。1950年代初期に入市被爆者に対して行われたアンケート調査では、491人中314人に被爆による症状の疑いがあった。同調査に携わった当時ABCC研究員であった玉垣英也医師は、残留放射線による急性症状だと考えていた。ところが同調査は、1953年に中断された。

1957年に原爆医療法が成立したが、その時元厚生省技官であった浦田純一氏は、医師や被爆者の話を聴き、残留放射線の影響を重視した。「疑わしい人は全部救うようにしたいとみんな考えていた」ので、原爆投下から２週間に入市した人たちが、症状があれば認定することとなった。

ところが、このような認定方法がその後変わる。かつては被爆者の症状で認定していたのが、「科学基準」としてDS86が適用されたのである。原爆症認定内規を策定した当時厚生省技官であった橋爪章氏は、申請が増えたため科学的な基準が必要になった証言する。被曝量ゼロの人を認定するのはおかしく、物差しが必要であり、どこかで線引きが必要だからDS86を導入したとし、「ただ他にDS86よりも良い物差しがあるかと言うと、それは見当たらない」と述べる。

一方、長年被爆者の医学研究をしてきた鎌田七男広島大学名誉教授は、入市被曝者の染色体を調べ、驚くべき結果が出た。染色体異常が多数見つかったのである。入市被爆者の行動をつぶさに調べ、最大で４倍もの異常が見つかった。鎌田氏は、入市被曝者はDS86以上の残留放射線の被曝をしていたと指摘する。残留放射線はないとする「科学」や「行政」は「科学的にわからないというところを、ないとすり替えた」と指摘する。このような実態に向き合う取り組みは始まったばかりであるが、「国は残留放射線の調査をまだ本格的に行っていない」、と問題提起して番組は終わる。

切り捨てられた被爆者

本番組には、評者は資料提供者として協力した。それは2007年４月に米テキサス医療センター図書館で調査した時に入手した、ABCCによる残留放射線・入市被爆者についての調査資料である。この資料は、残留放射線の影響を懸念していた、ABCCの科学者であるローレル・ウッドベリー博士が作成し、提供していたものである。この資料を保管していたのが、ABCCの研究者であったウイリアム・シャル博士である。ところがシャル博士は本番組の中で、残留放射線の影響を軽視し、入市被爆者に起こった脱毛はチフスによるもので、紫斑はノミに噛まれたあとだと説明している。博士は残留放射線に関する資料をもっているにもかかわらず、「チフスの影響だ」と証言したことになる。一方本番組では、入市被爆者の女性が証言する。彼女はABCCに調査され、その調査資料の中では被爆していることを指摘されつつも、そのことは本人には告げられず、ずっと「赤痢」だと思ってきた。彼女のように実際に急性症状や後障害が出ていても、「赤痢」や「チフス」として原爆との関係を否定されてきた人は多い。

影響が報告されつつ軽視され、否定する「科学体系」として利用されたのが、DS86・DS02であって、初期放射線の影響を測る「ものさし」にすぎないものを使用して、被爆者の認定を切り捨ててきた政府。その政府も原爆症認定集団訴訟で敗北し続け、2009年8月6日の合意で、麻生首相は一審で勝訴した判決の確定と認定や救済を前提に、原告と協議してゆくこととなった。当時の厚生労働大臣だった舛添要一氏は、原爆症の問題を終わらせたいという思いから尽力したことを昨年のインタビューで語っている（『朝日新聞』2019年8月30日）。しかしながらその後も解決には至らず、訴訟は現在も続いている。

核兵器によって人為的につくられた放射線は人の染色体を切断するが、初期放射線を測り、原発推進のためにつくられた基準は、人の被爆の認定を切る刃物となってしまった。DS86はDS02に改訂されたが、残留放射線や内部被曝は基本的には反映されていないにもかかわらず、「国際的・科学的」基準として被曝認定に反映され続け、著しく後退している現状である。

その一方で、空中高く爆発した広島・長崎の場合、残留放射線はないとする公式見解のもと、アメリカは原爆投下を正当化してきた。残留放射線を認めれば、原爆が、不必要な苦しみを与え続ける兵器、生物・化学兵器を禁じている国際法違反であることを認めることになるからである。さらには、米国は3分の1の5キロトンの核兵器を「小型（low yield）核」と称し、「使える兵器」としてきた。そもそも「使える核兵器」論を許してはいけないことを、広島・長崎の被爆実態が証明しているのであるが、アメリカはその実態を隠蔽し、原爆投下を正当化して来た。そのアメリカの核正当化論に合わせる物差しこそが、DS86・DS02であり、被災者の被爆実態を測るための物差しではない。被爆者の訴えを、被告である国が、アメリカの核正当化論の物差しで切り捨てる構図そのものを、本番組は見事に浮き彫りにしているのである。

さらに学ぶ人のために　高橋博子「原爆投下一分後—消された残留放射線の影響」『アメリカ研究』第42号（2008年）。高橋博子『新訂増補版　封印されたヒロシマ・ナガサキ』（凱風社、2013年）。伊藤直子・田部知江子・中川重徳『被爆者はなぜ原爆症認定を求めるのか』（岩波書店、2006年）。中川保雄『新訂増補版　放射線被曝の歴史』（明石書店、2011年）。

（高橋博子）

V-4 「語り部」の遺言

『きみはヒロシマを見たか　広島原爆資料館』／1982年８月６日／90分／制作：石沢清史ほか、構成：河野伸洋ほか／1982年度第20回ギャラクシー賞（選奨）、'83地方の時代賞（優秀賞）、第26回ライプチヒ国際記録短編映画祭（銀鳩賞）　A

遺品の魂が生きる世界

番組は原爆に関する基本的情報を、録画映像やナレーションで挟みながら、広島原爆資料館の代表的な展示物の紹介を軸として進む。遺品の持ち主や被爆時の状況説明だけではない。番組を今見て驚くのは、遺品を提供した親族や関係者、そして被爆者本人らが証言者として次々と画面に登場することである。証言者は、その暮らしぶりが映像とナレーションで紹介されることもあれば、遺品の持ち主について、また過去37年にわたり自身が抱えてきた痛みや悲しみを語ることもある。その語り口は壮絶な内容に釣り合わない静かなもので、時には快活でさえあり、その日常性がかえって強い印象を残す。

『きみはヒロシマを見たか　広島原爆資料館』

水を与えたら死ぬと信じ、膿の出る自分の指をしゃぶりながら死んでいく息子を見守るしかなかった母親や、石段に影だけを残し黒焦げになった遺体を運んだ男性は、ありふれた都市となった広島のどこにでもいるような人たちだった。復興した広島という薄皮の下には、37年前と地続きの、遺品の魂が証言者とともに生きるヒロシマがあることを、この番組は可視化することに成功している。

番組の案内役を務める高橋昭博原爆資料館長も、自身が被爆者であると同時に、そうした証言者の１人である。高橋自身がこの番組を「私の『語り部』活動をテーマにしたもの」と述べており、広島の代表的な証言者、つまり「語り部」の活動記録として番組を見ることができる。

高橋の「語り部」活動　高橋は14歳で被爆し３週間意識ないまま生死の境を彷徨い、１年半後に中学に復学している。高校卒業後に市役所に就職し、1979年から83年春までは資料館長として、そしてその後、広島市の平和行政を担う広島平和文化センターの事業部長として退職まで勤めた。

1954年の「原水爆禁止広島市民大会」で被爆者代表として壇上に立って以来、1955年の第１回原水爆禁止世界大会を含め数々の世界大会や国内会議で、高橋は証言活動を行っている。しかし1963年に原水禁運動が分裂したのち、「被爆者を自己の政治信条の犠牲にしようとした」原水禁運動に強い不信感を抱くようになり、「たとえひとりになろうとも被爆体験とその後の軌跡を語り続ける」と決心したという（高橋 1978：144）。

高橋が初めて修学旅行生に被爆体験を話したのは1970年だった。生徒たちの真剣さに「胸が熱くなるのを感じ」、「若い人に希望を託し」積極的に活動に取り組み始めたという（高橋 1995：191）。1979年から83年の館長時代は修学旅行生を相手に、ときには１日に７回も自分の被爆体験を懸命に語ったという。そして83年に平和文化センターに配属され、事業部長として自ら「語り部」を続けると同時に、広島で「語り部」活動を行う16団体約80人の被爆者をまとめる「被爆体験証言者交流の集い」を立ちあげ、その運営にかかわっている。そして退職後も活動を続け、「語り部」は文字通り高橋のライフワークとなった。

その著書『ヒロシマ、ひとりからの出発』（高橋 1978）には、被爆者の「絶望と焦り」が綴られている。原水禁運動の分裂だけではない。援護法制定運動も一進一退の状況の中、被爆者は死と隣り合わせで生きていた。「語り部」活動が高橋のみならず、広島の被爆者にとって重要な活動となり、さらに平和行政の重要項目として制度化されていくには、その「絶望と焦り」以外にもいくつかの要因がある。

「語り部」活動の背景　1958年改訂版の学習指導要領による教科書検定以降、戦争を反省する記述が大幅に後退すると同時に、広島・長崎の被爆体験についての記述が教科書の中で減少する。生徒の平和意識の変化に危機感を感じた被爆教師たちが1969年に「広島被爆教師の会」を結成し、翌70年には「長崎の被爆教師の会」が設立された。両組織は日本教職員組合の支援を受け71年に「全国被爆教師の会」を設立し、被爆体験継承を平和教育として全国的に推進していく（村上 2009）。会の結成に先立つ1968年には、市立学校に平和教育を導入することを、広島市教育委員会が全国に先駆け決定し、広島県教育委員会も69年の通知「８月６日『原爆の日』の指導について」で平和教育推進の姿勢を明示した。さらに70年の広島市主催の国際会議「ヒロシマ会議」において平和教育の重要性が確認され、71年から73年の平和宣言では、平和教育が世界に訴えられた。このことにより、市の平和行政における平和教育の位置付けが明確になったといえよう。1972年には分裂した原水禁運動の広島のリーダーたちが党派を越えて参加する広島教育研究所が設立され、官民一体オール広島の平和教育推進体制が誕生した。

被爆体験継承を中心とする平和教育実践運動は、1970年代中頃以降、他の地域にも広がり、被爆地を訪れる修学旅行が増えていく。広島の資料館における子どもの団体の入館者数は75年の22万人から85年には57万人へと倍増し、高橋が館長を務めた期間はこの修学旅行急増期と重なる。「語り部」の需要が伸びたこの時期、被爆者の「語り部」グループが設立されていく。

また70年代後半から80年代前半にかけては、激化する米ソ対立から草の根の反核運動が大きなうねりとなって広がっていった時代でもあった。1978年には第１回国連軍縮特別総会、82年には第２回国連軍縮特別総会が開催され、欧米各地で数十万から100万人規模の反核デモが行われている。ヒバクシャは世界共通語となり、その証言は世界の反核運動において重要性を増していった。一方、日本国内ではラロック証言（74年）やライシャワー発言（81年）による核持ち込み疑惑、天皇の原爆投下「やむを得ない」発言（75年）、「日米防衛協力のための指針」策定（78年）、中曽根首相の「運命共同体」「不沈空母」発言（83年）と、核容認・依存姿勢がますます明らかになっていく。文学者、ミュージシャン、演劇人の反核運動が起こり、第２回国連軍縮特別総会への署名活動のための「82年・平和のためのヒロシマ行動」は、約20万人の参加者を集めている。こうした内外の状況も「語り部」活動の進展を促したと考えられる。

「被爆体験の継承」の検証

浅井基文（2011：26）は1970年代以降、広島の平和運動は「鳴かず飛ばす」でその後の40年が生み出した長崎との落差はあまりにも大きいと述べている。しかしそれでも多くの日本人の意識のなかで、広島は「国際平和文化都市」として、日本の「平和主義」を支える象徴として存在してきた。そしてその象徴を支えてきた一つが、この「被爆体験の継承」を目的とする被爆者の「語り部」活動ではなかったか。

広島市の平和行政の中核事業として位置づけられる「被爆体験の継承」は、被爆者の平均年齢が80歳を超えた今日まで、その新たな継承方法の模索が続いている。しかし核兵器復権の様相が日々強まる現代において、「鳴かず飛ばす」の広島の、これまでの「被爆体験の継承」を、もう一度その制度化の原点に戻って考える必要があるのではないか。制度は様々な偶発的な事象の重なりの中で生まれ、権力作用の中で意味づけられ解釈しなおされ歴史をつくる。その制度化の一翼を担うこととなった高橋がどのような「語り部」活動を行い、何を目指していたのかを知ることは、「被爆体験の継承」を考える上で多くの示唆を与えるように思える。

番組の最後に、高橋は、テレビの前の若者の「きみ」へ語りかけている。そこでは言葉にこそされないが、「ヒロシマを見て、きみはこれからどう生きるのか」という高橋の懸命な問いかけがこだまする。しかしそれは、これまで資料館に来たことのない若者だけに向けられた問いかけなのだろうか。高橋は1954年に次のように述べている。「率直に申し上げたいことは原爆の苦しみは広島の市民にさえわかってもらえない。世界とか日本とかでなしに、まず広島の市民にわかったもらいたい」（高橋 1978：32）。「被爆体験の継承」の検証が必要な今、考えるべき遺言のように思える。

さらに学ぶ人のために　高橋昭博『ヒロシマ、ひとりからの出発』（筑摩書房、1978年）。高橋昭博『ヒロシマ、いのちの伝言』（平凡社、1995年）。この2冊は高橋の自伝。村上登司文『戦後日本の平和教育の社会学的研究』（学術出版会、2009年）。浅井基文『ヒロシマと広島』（かもがわ出版、2011年）。広島の平和運動を概観する批判的良書。米山リサ『広島—記憶のポリティックス』（岩波書店、2005年）。広島の被爆体験継承の政治を考える基本書。根本雅也『ヒロシマ・パラドックス—戦後日本の反核と人道意識』（勉誠出版、2018年）。広島の被爆体験継承における市行政の役割を批判的に検討。

（湯浅正恵）

V－5　見えない被害——放射線被曝の経験と科学

『救援　ヒロシマ・残留放射能の42年』／1987年8月3日／45分／制作：添田雅孝ほか　**A**

入市被爆者

広島の中心部に投下された原子爆弾はその熱線と爆風によって多くの人々を焼き、傷つけた。動ける者は市中心部から外へ外へと逃れようとした。しかし、そのような流れとは逆に郊外から市内に入っていく人々がいた。市内にいて安否のわからない家族・親族を探しにきた人々や、救援活動・復旧作業に派遣された軍隊などである。これらの人々は、原爆によって直接けがを負ったわけではない。しかし、夥しい負傷者や死者といった凄惨な光景を目撃した「証人」であり、自らも残存する放射線によって被曝した人々である。

『救援　ヒロシマ・残留放射能の42年』

本番組は、原爆投下の翌日（8月7日）から広島市内に入り救助活動を行った一つの部隊に焦点を当て、かつて所属した隊員を探し出し、当時の足跡を辿るとともに、彼らに刻まれた放射線とその影響を研究者の協力を得て解明しようとするものである。

賀茂郡北部防衛隊（賀北部隊）は、原爆が投下された当日の午後に招集された。部隊に所属した多くは若い青年で、2つの中隊、合計250名によって構成された。先発隊を除き、部隊は8月7日に汽車で移動して広島市内に入り、爆心地付近にて負傷者の救援を行い、その後死体処理にも従事するなど、1週間ほど活動した。

活動を終えて賀茂郡に戻った隊員たちの中に体調を崩す者が現れた。番組の中で判明しただけでも、寝込んだ者が10名、髪の毛が抜けた者が18名いた。また市内での作業中に下痢になった者も5名いた。すべてでないにしても、放射線被曝の影響であろうと番組の中で専門家は語る。

見えない放射線を測定する　放射線は、人間の五感で捉えることができない。つまり、目には見えず、匂いもなく、触れたという感覚もない。そのため、人々は、自分たちが救援活動などによって放射線に被曝しているとは思いもしなかったである（そもそもほとんどの市民は放射線や被曝についての知識もなかった）。

本番組で取り上げられる賀北部隊の人々も、もちろん放射線について知る由もない。彼らは原爆から生じた初期放射線ではなく、残留放射線によって被曝した。番組によれば、残留放射能には二種類がある。一つは、誘導放射能であり、原爆から生じた放射線によってそれを浴びた物質が放射化され、放射能をもつようになることである。もう一つは、放射性降下物（フォールアウト）である。爆発によって生まれたきのこ雲の中には放射性物質が含まれており、それが雨とともに降った（いわゆる「黒い雨」）。番組の中で明らかになったのは、賀北部隊の被曝線量の多くは、誘導放射能によるものだということであった。

過去に被曝した放射線量をどのように測るのか。番組では、賀北部隊の元隊員たちを探し出し、彼らを採血して、細胞の中にある染色体異常の数を数えることでどの程度被曝したのかを明らかにしようとしている。染色体は、放射線を受けると切断され、それは元に戻ろうとする。しかし、その際、異なる染色体に結合することがある。こうした染色体異常の数を数え上げ、被爆距離のわかっている原爆被爆者と比較することで、どの程度被曝したのかを割り出そうとする。

放射線影響の否定と疑い　放射線やその影響に関する専門家たちは、番組において、賀北部隊の人々が原爆の残留放射線によって被曝したことを認める一方、深刻な影響については口々に否定する。賀北部隊の人々の被曝線量は、遠距離で原爆にあった被爆者と似ていて、爆心から1～2 kmで被爆した人々とは異なることが指摘された。また、彼らの死亡率とがんによる死亡率は、一般の人々とほとんど変わらなかった。そして、放射線による急性障害（被曝後短期間で起こる、脱毛などの諸症状）は一部認められたものの、それが現在に大きな影響を与えるということにはならないと説明される。

しかし、一方で、番組において元隊員やその配偶者は、放射線影響への疑いと不安を口にする。ある元隊員は、医者ではないからわからないとしつつ、「やはり、それはあるのがほんとじゃろ［と］思いますね」と語る。また、元隊員の夫をがん性の病気で亡くした女性も放射線の影響を疑っている素振りであった。被曝したという事実は、人々に身体的な影響を懸念させることになる。

放射線・科学・経験

2020年という現在の視点で番組を見ていると気づくことがある。それは、この番組が当時の（先端的な）科学的知識や技術を背景にしているということである。逆にいえば、それは現在の知識とずれがある。例えば、番組の中で放射線の単位として「ラド」が用いられているが、これは放送から２年後には「グレイ」と改められている。また、染色体異常は現在でも調べられるものの、これは戦後当初にはできなかったことであり、また現在ではそれを構成するDNAの方に関心が向けられている。つまり、放射線およびその影響に関する科学的知識は、広島と長崎の原爆被爆者を通じて蓄積されたことに加え、テクノロジーの発展も相まって、時代とともに変容してきたのである。そして、被爆者たちは、そうした知識の変容とともに戦後を生きてきたことになる。

知識の変容は、しばしば人々の認識を変容させる。評者が話を聞いたある女性被爆者は、被爆後、突如降ってきた雨を口を開けて飲んだ。喉が乾いて仕方がなかったからだった。だが、年月が経ち、ふと雑誌を読んだ時、彼女は自分が口にしたのが放射性物質を含んだ「黒い雨」であったことを知る。彼女の「喉が乾いたから雨水を飲んだ」という経験は「放射性物質を口から摂取した」経験へと意味合いを変えたのである。

認識を変えるのは科学的知識ばかりではない。人々の日々の経験も、放射線影響に対する認識を変容させる。例えば、評者もかかわった原爆被爆者調査で垣間見えたのは、被爆者は原因のわからない身体的異常がいくつも続くとそれらを結びつける線として「原爆」「放射線」を考えるということだ。つまり、ある時には放射線の影響について考えなくとも、その後、自分ががんに罹ったり、周囲の人々にはない病気になったり、自分の子どもの体調が悪くなったりすると、放射線の影響を疑うようになる。

放射線は五感で捉えることができないがゆえに、通常はどの程度浴びたのかわからない。また、たとえ（染色体異常の数を数えるなどして）わかったとしても、それがどのような身体的な影響をもたらすのかは直接的にはわからない。それゆえに、科学的知識と経験およびそれらの変化は、被爆者たちの認識に複雑に作用する。

被爆者にとって放射線の影響（への恐れ）は終わることがない。少なくとも、彼らはリアリティをもってそう感じとる。ある時まで何もなくとも、その次の日に何か異常が起こった時に放射線の影響への疑いが起こりうるからである。

「救援」とは何だったのか

番組に話を戻そう。賀北部隊は、原爆投下の翌日に広島の爆心地付近に「救援」に入った。しかし、彼らはそのことにより放射線を浴びることとなった。副題が示すように、番組は残留放射線に主な焦点を当てている。その背景には、広島においてそれまでほとんど議論されなかったが、チェルノブイリ原発事故を受けて、徐々に関心を集めていたことがあるだろう。

だが、賀北部隊の隊員たちに刻まれたのは放射線だけではない。番組の中で、複数の元隊員たちが、自分たちが見た光景が言葉にできないものであり、また思い出したくないものであると語っていた。彼らは、他の被爆者と同様に、自分たちが見たこと、経験したことに苦しんできたように思われる。

核兵器がもたらした地獄のような状況で「救援」とは何を意味するのだろうか。賀北部隊は、確かに負傷者の救援活動にあたった。だが、同時に彼らが従事したのは死体処理作業であった。そして、それにより、放射線に被曝し、心に傷も負った。「救援」という言葉では理解できないことがそこには隠されている。

さらに学ぶ人のために

NHK広島局・原爆プロジェクト・チームら『ヒロシマ・残留放射能の42年—原爆救援隊の軌跡』（日本放送出版協会、1988年）。本番組をもとに出版された書籍であり、番組の背景や内容を深めるのに有用である。鎌田七男『広島のおばあちゃん—過去・現在・未来』（シフトプロジェクト、2005年）。番組に登場する専門家の1人であり、原爆放射線の人体影響について、一般向けに平易に解説している。現在、IPPNW（核戦争防止国際医師会議）日本支部ホームページにて入手可能。根本雅也『ヒロシマ・パラドクス—戦後日本の反核と人道意識』（勉誠出版、2018年）。第7章において、放射線影響の科学的な知識の性質を探り、放射線影響とその知識を原爆被爆者の視点から検討している。

（根本雅也）

V－6　原爆は人間に何をもたらしたのか
――被爆者の心の傷

『なぜ助けられなかったのか　広島・長崎7000人の手紙』／1990年8月2日／59分／制作：天城靭彦ほか　A

被爆者の苦しみ――〈心の傷〉　広島と長崎に投下された原子爆弾は、強烈な熱線と爆風によって多くの人々を傷つけ、殺した。また、爆発ともに放たれた放射線は、現在に至るまで、生き残った人々に様々な影響を与えてきた。だが、原爆が人々にもたらした被害は、目に見える物理的な破壊や身体的な影響だけではない。

原爆が投下された「あの日」、あるいはその後の惨状を目撃した人々は、癒えることのない心の苦しみをしばしば抱えている。自分の家族が建物の下敷きとなり、助けようにも助けられず、そのまま見捨てて逃げてしまった者、瀕死の火傷を負い、「末期の水」を求める声に何もしてあげられなかった者、かろうじて生きていた者たちの名前や住所を聞かぬままにしてしまった者、助けを求める声に応じず、自分だけ逃げてしまった者。こうした人々は、その後、自分が何もできなかったことを悔い、自らを責め続けるようになる。「思い出したくない」にもかかわらず、忘れることはできず、ことあるごとに思い出すのである。

本番組は、日本原水爆被害者団体協議会（日本被団協）が、全国に住む原爆被害者を対象として1985年に実施した調査をもとにしている。調査の自由記述回答という「手記」に記された内容から、番組は被爆者たちが抱える〈心の傷〉に迫っている。全国の原爆被爆者7000名より回収した質問紙調査（アンケート）からは、40年という年月を経ても、なおも忘れることのできない／ますます強くなる、彼らの心の苦しみが次々と映し出される。

『なぜ助けられなかったのか　広島・長崎7000人の手紙』

罪意識と償い 被爆者たちの〈心の傷〉において顕著に見られるのは、彼らがもつ罪の意識であろう。救いを求めた人などに対して何もしてあげることができなかったことは、その後、心の重荷となり、彼らは自らを責めるようになる。

日本被団協の調査に参画した石田忠（一橋大学名誉教授）は、7000名の手記から1000名を選び出し、そのうちの71％が原爆を思い出すたびに精神的苦痛を感じていること、そしてその３人に１人が罪の意識を感じているとする。番組の中で石田は、原爆がもたらした極限状況の中で人々は生き延びたいという衝動に従って行動するものの、その後、時間が経つにつれて、なぜ助けを求めた人に何もしてあげられなかったのかという自責の念が生じ、苦しむようになると説明する。そして、それこそが原爆が残した最も深い「傷跡」なのだという。

番組に登場する１人の男性被爆者は、原爆投下後、行方不明となった母親を探し求め、さまよい歩いた。その途中で、けがをした中年の女性に助けを求められるも、何もしなかった。男性は、この女性が誰からも助けられなかったのではないかと考えている。戦後、教師となったこの男性は、自分の体験を生徒に語る際、自分が女性を見殺しにしたのではないかと率直に話す。生徒からは、自分たちでもそうするのだから、もう苦しまなくてはいいのではないかと慰められるという。その優しい気持ちには打たれるものの、彼はその言葉に甘えてはいけないと語る。「あの世」で、死んでいった人たちに顔向けできないのだという。

ある女性は、原爆投下後、長男を抱いて逃げた。その途中で、足を掴まれる。見ると、顔が腫れ上がり、「一つ目小僧」となった子どもの顔があった。彼女は、その子を蹴飛ばして逃げてしまう。自分の足首を掴まれている感覚が、その後も残る。自分が助かることしか考えていなかったという彼女は、助けようとしなかったことを今でも「責められます」と語る。

罪の意識は、被爆者たちを償いという行動に駆り立てる。番組では「償い」という言葉を特別に使っているわけではないが、それに該当する行動が説明される。ある男性は、原爆で血だらけになった女性が寝る直前に目の前に現れたと語る。そのため、彼は、自分ができる供養として毎日位牌に手を合わせる。また他の男性は、原爆で傷ついた少年と会話をしたものの、連絡先を聞かなかった。翌日、その少年は亡くなってどこかに運ばれてしまっていた。連絡先などを聞かなかったことに「悪いことをした」という。彼は、原爆犠牲者の慰霊碑を毎日掃除するようになり、毎年その少年のために灯ろうを流す。そのほかにも、助けを求める声が聞こえたために、毎晩お経をあげた者や、懺悔のつもりで自分の体験を語り伝える者がいる。何もしてあげることができなかったことに罪の意識を感じ、自らを責める。そして、そのために彼らはそれぞれに償いの行動に出るのである。

終わらない苦しみ

原爆によってもたらされた罪の意識とそこから生まれる贖いは、しばしば「終わり」がない。

番組に登場する、ある男性は、原爆で亡くなった弟の遺骨を探しに毎年広島を訪れていた。両親を失っていた男性は、親代わりとして弟を育てていた。原爆で重傷を負った弟に会うことができたにもかかわらず、その弟を置き去りにして市中をさまよった。何とか弟にもう一度会えたものの、弟が埋葬されるところには立ち会わず、弟がどこに埋められたのかわからなくなってしまう。そして、弟の遺骨は40年を過ぎても手に入れることはできなかった。弟のことだけではない。この男性は、市中で助けを求められたときも彼らを放って逃げてしまった。誰か１人でも連絡先を聞くなどしていればこれほどまでに後悔はなかったのではないかと自問する。

74歳となった男性は、自分の将来のことを考え、遺骨が埋められた場所の特定を急ぐ。番組の中で、この辺りだろうと推測し、そこに千羽鶴を供えた。「償いは終わったのか」と尋ねられた男性は、自らに言い聞かせるように語る。「終わったと思いたいんです。思わなきゃ、今まで過ごしてきた私の人生何だったんでしょうね。……私のこの45年は何だったんでしょうね」。

被爆者は死者に対する罪意識を抱え、それゆえに償いたいと思い、その行動に出る。しかし、過去に戻ることができない以上、その償いを果たすことは難しく、罪の意識が消えることはないように思われる。

石田忠はいう。被爆者は、極限の状況で人間性を失うが、その後、人間性を回復する。しかし、それにつれて罪の意識を感じるようになる。彼らがその時のことを「しかたなかった」で片付けることができないのは「やはり人間だから」なのである。石田は自著の中で〈原爆〉と〈人間〉を対置させているが、被爆者が抱える〈心の傷〉の存在はまさに〈原爆〉と〈人間〉が相容れないものであることを映し出しているといえよう。

被爆者運動は何を求めてきたのか　原爆の被爆者たちは、自らの罪意識に対して、体験を語るといった個人的な償いの行動をとってきただけではない。本番組の中では言及されていないが、被爆者たちは日本被団協を中心に集団として償いを求めてきた。それが日本政府に対する国家補償要求である。原爆による死者たちの存在、そして自分たちが今なお苦しんでいることは、戦争を起こし原爆投下を招いた日本政府の責任であるとして、その被害に対する補償を求めてきたのである。

こうした政府への補償要求は、原爆被害者援護法の制定を求める運動となって行われてきた。本番組が放送された1990年には、原爆被爆者に対する医療給付や手当を定めた法律はすでに存在していた。しかし、それらは社会保障の視点からの被爆者対策であって、国家補償の観点からなされたものではなかった。そして日本政府は国家補償に対しては否定的であり、1980年には政府の設置した原爆被爆者対策基本問題懇談会がその答申において「戦争という国の存亡をかけての非常事態」では、戦争によって国民の被った犠牲は「一般犠牲」として「受忍」しなくてはならないとしていた（戦争犠牲受忍論）。本番組のもとになった原爆被害者調査は、政府の対応を背景に、原爆が人間にとって「受忍」できるものかどうかを明らかにするためになされたのである。1994年には、原子爆弾被爆者に対する援護に関する法律が制定されたものの、今なお国家補償は認められていない。

さらに学ぶ人のために　石田忠『原爆体験の思想化—反原爆論集Ⅰ』『原爆被害者援護法—反原爆論集Ⅱ』（未來社、1986年）。番組で被爆者の〈心の傷〉について解説する石田忠の論集。〈心の傷〉という問題だけではなく、〈原爆〉とは何かについて深い考察を与えてくれる。濱谷正晴『原爆体験—6744人・死と生の証言』（岩波書店、2005年）。石田とともに原爆被害者調査に携わってきた濱谷正晴が、1985年の原爆被害者調査の回答をもとに、被爆者の抱えてきた苦しみと彼らの思想的営為に迫る。ロバート・J・リフトン／柳井迪夫他訳『ヒロシマを生き抜く—精神史的考察』（岩波書店、2009年）。被爆者がもつ罪の意識を論じ、その考え方を普及させた書籍である。

（根本雅也）

V-7　生き続ける禎子さん――「サダコ」物語を超えて

『サダコ　ヒロシマの少女と20世紀』／1999年８月６日／74分／制作統括：北出晃ほか

A T

禎子さんの実像　広島の一原爆被災者であった佐々木禎子さん（以下、「禎子さん」）が、なぜ世界中で知られる存在になったのか。NHKの『サダコ　ヒロシマの少女と20世紀』はその過程を明らかにする。

番組はまず禎子さんの実像に迫る。「あの人はね、僕を抜くときにね、ククッて笑って追い抜いていく。それが悔しくてね。僕はそのイメージを一番おぼえています」。こう語るのは、禎子さんの小学校の同級生であった地後暢彦さんである。２人はともに運動会のクラス対抗リレーの選手で、競い合って全力疾走していた。

また禎子さんと同室に入院していた大倉記代さんは、鶴を一緒に折っていた頃を振り返ってこう答える。「やり始めるとおもしろいというか、ついつい熱中して、ひどいときには消灯時間にもやってて、看護婦さんによく叱られました」。禎子さんにとって一羽一羽の鶴を折ることは、真剣な作業であったとともに、楽しいひと時でもあったことが、大倉さんの話からうかがえる。

関係者の音声やインタビューを通じ、禎子さんの実像に迫るという点で、この番組は貴重である。禎子さんのことは国内外に広く伝わってきた。しかし、その中で名前の表記が「禎子」から「サダコ」（「SADAKO」）に変換されていっただけでなく、禎子さんの人物像が神格化され、一部彼女の実際の人生とは異なる語りが一人歩きしてきたからである。

例えば禎子さんが折った鶴の数である。禎子さんの関係者らによると、手先が器用な禎子さんは鶴を折り始めて１カ月も経たないうちに1000羽の鶴を完成させていたという。その後、次の1000羽を折る途中で亡くなった。これが実際の話であったようだ。だが、これまで世界に広く知られてきた「サダコ」物語では、折られた鶴が1000羽に届かない。例えば現在世界で最も

『サダコ　ヒロシマの少女と20世紀』

読まれている「サダコ」物語として番組が紹介するエレノア・コアの作品は、644羽まで折った時に亡くなったと描写している。作家に悪気はなく、むしろ、最期まで生きることをあきらめない姿に焦点を当てたかったのだろうが、実際とは異なる「サダコ」物語が広く伝わることになった。

また、番組は触れていないが、「原爆の子の像」建立運動に複雑な気持ちをもつ禎子さんの同級生もいた。なぜなら、当初運動を始めたのはその時中学校一年生だった同級生たちだが、後に運動の主体は生徒会の上級生に移ったからである。運動の中心から外れ、同級生たちは歯がゆい思いをしたという。

こうした同級生たちの本音や、禎子さんの実像に迫ったのが、広島出身の作家である那須正幹が書いた『折り鶴の子どもたち』(1984年)であった。那須は、同級生や遺族らに綿密に取材し、実際の禎子さんはどんな女の子だったか、運動にかかわった同級生たちはどんな心境だったかを詳細に伝えた。番組は那須の成果も踏まえ制作されている。

共感を呼ぶサダコ

さて、「サダコ」物語は世界中で受容され、多くの人の共感を得てきた。番組も紹介するように、3人の外国人作家がそのきっかけとなった。

そのうち2人は、禎子さんに惹きつけられた背景に自身の戦争体験があった。「サダコ」物語を最初に世界的に伝えたユダヤ人ジャーナリストのロベルト・ユンクは、第二次世界大戦中、十数人もの家族や親戚をユダヤ人迫害によって失った。ユンクの中で、ユダヤ人の虐殺と原爆投下という2つの大量虐殺が重なり合い、ルポルタージュ『*Strahlen aus der Asche*(灰墟の光)』(1959年)が生まれたと番組は紹介する。この作品は世界的ベストセラーとなった。ただし、作品の中で禎子さんに触れているのはわずか1ページほどである。「サダコ」物語が海外で本格的に知られるようになるのは次のカール・ブルックナーからであった。オーストリア人作家のブルックナーは自身の第二次世界大戦の体験から、子どもたちに戦争の愚かさを伝えるために児童文学作家になった。ブルックナーは、『灰墟の光』から着想を得て、『*Sadako will leben*(サダコは生きたい)』(1961年)というサダコが主人公の作品を書いた。ブルックナーの作品は最初ドイツ語圏で爆発的に広がり、その後20カ国語以上に翻訳され、世界中で読まれるようになった。

「サダコ」を世界に広めた3人目の作家は、先述のカナダ人児童文学作家のエレノア・コアである。コアの『*Sadako and the Thousand Paper Cranes*（サダコと千羽鶴）』（1977年）は、80年代以降、世界的な反核運動の潮流と呼応するかのように、まずアメリカで増刷を重ねた後、十数カ国語に翻訳され、世界中に広まった。

ブルックナーやコアの「サダコ」物語が世界各地で学校教育に取り入れられ、子どもたちを勇気づけていることが、番組では紹介される。独裁政権によって言語の弾圧が行われたスペイン・バルセロナや原爆製造の中心地だったアメリカ・ロスアラモスなど、20世紀の負の歴史が身近にある地域の子どもたちの間で「サダコ」物語は共感を得られたのである。バルセロナではサダコの名前を冠した学校が作られ、ロスアラモスでは子どもたちによる「原爆の子の像」の姉妹像建立運動が起こり、像が建立された。

印象的なのは、番組放送当時まさに渦中だった旧ユーゴスラビア紛争による難民の子どもたちもまた、「サダコ」物語に共鳴していたことである。番組にはクロアチアとオーストラリアに避難した子どもたちが出てくる。彼らは皆、原爆により病気になったサダコを、紛争の渦中にある自分と重ねて捉えていた。そして、理不尽を被っても夢をあきらめないことを、サダコから学んでいたのである。

ここに広島の一原爆被災者であった佐々木禎子さんが、なぜ「サダコ」として世界中で知られる存在になっていったかという問いへの一つの答えがある。それは、世界中の戦争や紛争で虐げられた人たちが「サダコ」に共感するからにほかならない。理不尽を被った人々が、「サダコは自分と同じ」だと感じ、彼女が最期まで生きる希望を失わずに折鶴を折ったことや、その後の「原爆の子の像」建立運動に共鳴しているのだ。広島の原爆と20世紀の様々な戦争被害を、番組は「サダコ」物語を通じて提示する。

美しさと遊び

しかし、数ある原爆の悲劇の中で「サダコ」物語がここまで世界に広がった理由は、単に物語の内容が共感を呼ぶだけでは語れない。番組のインタビューで作家のエレノア・コアは、広島で「原爆の子の像」を初めて見た時のことを次のように語る。「悲しみに満ちた公園の真ん中で「原爆の子の像」はひときわ綺麗だった。（……）像のてっぺんに立つ少女の像は幸福を象徴しているようだった」。「原爆の子の像」の彫刻としての美しさに惹かれ、希望を感じたことが、コアが作品を書くきっかけとなったのだ。

コアの話が示唆するのは、折鶴や「原爆の子の像」という美的に優れたアイコンを伴っていたことが、「サダコ」物語が世界に広まる大きな要因だったということだ。可憐な折鶴や、菊池一雄の彫刻作品である「原爆の子の像」には、原爆のことをよく知らない人をも惹きつける美的魅力が備わっている。

さらに、番組には、子どもたちがブルックナーやコアの本を読んだ後、折鶴に挑戦する様子も登場する。皆それぞれサダコに思いをめぐらせながらも、鶴を折ること自体を楽しんでいる。折鶴は少し練習すれば誰でもできる。折紙は、元は遊びの一種だからだ。「サダコ」物語によって、遊びに祈りと学びが重なった折鶴は、サダコの人生を五感を使って追体験できるものとして教育の中で取り入れられてきた。この点も「サダコ」物語が世界に広がった理由として見逃せない。美しさや遊びはときに悪しきプロパガンダにもなりうるが、「サダコ」物語は、それが平和のために活かされた好例である。

サダコと折鶴は今も

「サダコ」物語は、番組の放送からおよそ四半世紀が経つ今も広がり続けている。「原爆の子の像」には今も絶えず国内外から折鶴が捧げられている。2000年代以降、遺族や同級生らによる禎子さんの実像を伝える回想本の出版が相次いだ。評者が勤める広島平和記念資料館は2001年、遺族や同級生らの協力を得て企画展「サダコと折り鶴　時を超えた命の伝言」を開催した。遺品や写真をもとに禎子さんの実像に迫る姿勢は、2019年にリニューアルした常設展示にも引き継がれている。また、広島のNGO「ANT-Hiroshima」は禎子さんの人生と「サダコ物語」の広がりを絵本にした『おりづるの旅　さだこの祈りをのせて』(うみのしほ作・狩野富貴子絵、PHP研究所、2003年) を多言語化し、世界各国に送るプロジェクトを続けている。

わずか12年で人生を閉じた禎子さんだが、その物語は、今も平和を求める人々の心の中で生き続けている。

さらに学ぶ人のために

那須正幹『折り鶴の子どもたち　原爆症とたたかった佐々木禎子さんと級友たち』(PHP研究所、1984年)。関係者への綿密な取材をもとに禎子さんの実像に迫る。佐々木雅弘『禎子の千羽鶴』(学研パブリッシング、2013年)。禎子さんの実兄による回想録。NHK広島「核・平和」プロジェクト『サダコ―「原爆の子の像」の物語』(日本放送出版協会、2000年)。番組の内容を膨らませて単行本化した。

(土肥幸美)

V-8　死者と出会う記憶の場

『原爆の絵　市民が残すヒロシマの記録』／2002年8月6日／58分／制作統括：梅岡宏ほか、構成：坂元信介ほか　A T

「被爆の実相」の視覚メディア

「一人ひとりの記憶から記録へ――。「原爆の絵」は世界に核兵器の恐ろしさをこれからも永遠に伝えて行きます」。番組を締めくくる言葉からは「原爆の絵」がどのように受容されてきたのかがうかがえる。番組は、描き手が絵に込めた思いを紹介するとともに、3000枚以上の絵を描かれた場所ごとに地図上に配置することで、被害の実態を明らかにしようとする。2017年8月6日に放送されたNHKスペシャル『"原爆の絵"は語る　ヒロシマ被爆直後の3日間』でも、絵を同心円状の地図に落とし込みながら、原爆投下後3日間の時空間的な被害の状況を視覚的に捉えようと試みている。さらに、2019年春にリニューアルオープンした広島平和記念資料館（原爆資料館）では、被爆から間もない時期に救護所などで撮影された写真と並んで絵が展示されている。被爆当日のヒロシマを写した写真は5枚しかない。だからこそ、「原爆の絵」は、写真で残されることのなかった被爆直後の実相を伝える貴重な視覚メディアとみなされてきたのである。しかし、描き手が伝えようとしたのは、核兵器の恐ろしさなのだろうか。

始まりと広がり

「原爆の絵」の始まりは1974年に遡る。1974年5月、当時77歳だった小林岩吉さんが、被爆直後の萬代橋付近の情景を描いた絵を携えてNHK広島放送局を訪ねた。当時放映されていたNHK連続テレビ小説『鳩子の海』を見て、息子を探す道中に目にした負傷者たちの姿がよみがえってきたのだという。小林さんの絵にヒントを得て、NHKはテレビやラジオを通じて「市民の手で原爆の絵を残そう」と呼びかけ、「広島市とその周辺での被爆後の状況をあらわす絵」の募集が始まった。2カ月のうちに、NHK側の予想をはるかに上回る900枚もの絵が、郵送あるいは直接被爆者の手によって届けられた。翌年4月、再び絵を募集したところ、前年と合わせて計2225枚もの絵が集まった。これらの絵は75年夏、広島をはじめ札幌、東京などで開催された「ヒロシマ・原爆の記録展」で展示され、前年８月に原爆資料館で開催された展示会とあわせて、延べ約24万人もの来場者を数えるほど大きな反響を呼んだ。その後も国内外で展示されており、各地で大きな反響を得た。

展示会場では、息を呑み、食い入るように絵に見入ったり、涙を浮かべたりする見学者たちが数多く見受けられる。技術的には稚拙であるが、そこに描かれている情景に少なからぬ衝撃を受けるのだ。1982年には国連軍縮特別総会にあわせて渡米した被爆者の松原美代子さんが、50枚の絵を携えて全米23カ所の都市で証言を行った（NHK『これがヒロシマだ　原爆の絵アメリカを行く』1982年放送）。翌83年にシカゴで展示されていた絵を見て心揺さぶられたロックバンド・Ｕ２のメンバーが、“The Unforgettable Fire”（「原爆の絵」の英訳）をタイトルにしたアルバムを制作したというエピソードもある。

2001年から原爆資料館が絵の追跡調査を行い、作者の７割がすでに亡くなっていることが判明した。被爆者の記憶を今のうちに残すべきであると、原爆資料館はNHKと協力して、2002年４月から７月末まで、長崎とも連携しながら、再び「原爆の絵」を募集した。

生き残りの〈原爆後〉

郊外へと避難する全身火傷の被災者たち、川に浮かぶ無数の死体、石油をかけられ火葬される死体の山。生き延びた者が「地獄」と表現する被爆直後の惨状を絵は伝えている。ここで思い起こしておきたいのは、一群の絵が描かれたのが被爆から30年、あるいは60年近い年月が経過した後であったということである。

「原爆の絵」の作者たちの多くは、学校を出てから絵を描いたことなどなかったという。全くの素人が、画用紙、広告やカレンダーの裏などにクレヨン、マジックペン、鉛筆、絵の具などを使って、脳裏に焼きついて離れない被爆直後の光景を描いた。何枚も描こうとしてはやめ、ようやく一枚描き上げた人も少なくない。中には、描いた絵を破り捨ててしまった人さえいる。

できることなら忘れてしまいたい「あの日の記憶」であるが、目にした光景を絵にするためには、否が応でも当時の記憶と向き合わざるを得ない。絵を描いているうちに記憶が次々とよみがえり、描き手を襲ってくる。亡くなった家族への思いが溢れてきて胸が締めつけられたという人、助けを求める児童の声が聞こえてきてたまらない気持ちになるという人。原爆を生き延びた者には、忘却という幸せは許されなかったのかもしれない。それでも、長い年月をかけて封印しようとしてきた記憶である。それを自ら進んでこじ開けたのは、なぜだろうか。

込められた想い

原爆は無差別に幼い命をも奪い去った。その多くは、親に看取られることもないまま息絶えた。遺骨さえ親元に戻っていない子どもたちも大勢いる。「原爆の絵」には、そうした子どもたちが描かれている。黒焦げになって死んでいたり、目玉が飛び出したまま息絶えていたりと、親でも我が子とわからないほどの変わり果てた姿である。他方で、死んでいる子どもの姿に愛らしさを感じさせる絵がある。

広島で被爆した作家・原民喜の次兄である原守夫さんは、広場に横たわる四男・文彦くん（国民学校1年生）の姿を絵にした。民喜の『夏の花』には「上着は無く、胸のあたりに拳大の腫れものがあり、そこから液体が流れている。真黒くなった顔に、白い歯が微かに見え、投出した両手の指は固く、内側に握り締め、爪が喰込んでいた」とある。確かに、絵の中の文彦くんは上半身裸で両手を握り締めている。しかし、胸に傷があったことや顔が真黒くなっていたこと、両手の爪が食い込んでいたことを絵から見てとることはできない。目を閉じて大の字に横たわっている文彦くんは、眠っているようにさえ見えるのである。原爆によって変わり果ててしまった姿ではなく、まだ幼さの残るかわいい姿のままで文彦くんを残してあげたかった。そんな親心を感じさせる絵なのである。

短い命を絶たれた子どもたちを悼む想いは、肉親ゆえのものでは必ずしもない。全身に火傷を負い皮膚が垂れ下がっている女学生たち。川べりの石段に折り重なって倒れていた中学生や女学生たち。防火用水の中で息絶えている女学生たち。どの絵も悲惨極まりない情景を映し出しているのだが、その姿は、どことなくあどけなさを感じさせる。描き手が絵筆に込めた想いがそうさせるのであろう。

ほとんどの「原爆の絵」には文章が添えられているが、そこには死者を悼む言葉が多く見られる。あの人は家族とめぐりあうことができたのだろうか、今はどうしているのだろうかなど、見知らぬ死者や負傷者たちに思いを寄せているのである。絵にある文章だけでなく、添えられた手紙や作者への聴きとりを通して、絵に込められた想いが浮かび上がってくる。せめてあの世では親元に帰れるようにと独り横たわる子どもの姿を絵にした人、鉛筆で下書きをした瀕死の負傷者にあえて血の色を塗らなかった人、収容所で横たわる負傷者たちに絵の中で毛布をかけてあげた人がいる。原爆は人間を〈モノ〉と化した。しかし、それぞれにかけがえのない人生があったのである。想起に伴う痛みにもかかわらず多くの人が絵筆をとった。そこには、惨い死を強いられた死者たちが、せめてあの世では安らかに眠れるようにという祈りのような想いが込められている。

死者と出会う記憶の場　死者を慰めたいという思いの中には、死者に対するうしろめたさや申し訳なさが入り混じっていることもある。番組が取り上げた加藤義典さんの絵には、崩れた校舎の下敷きになった児童の姿と「助けてあげられなくてごめんなさい」という言葉がある。当時17歳だった加藤さんは、自宅に向かう途中、段原国民学校の教頭から子どもたちを助けてほしいと頼まれた。しかし、火が広がっていく中で、助け出すことができたのは１人だけだった。絵にした少年は、炎が迫る中、涙を流しながら歯を食いしばっていたが、その手を握ってあげるほか術がなかったという。救うことのできなかった幼い命の記憶に、加藤さんは長年苦しんできた。しかし、子どもたちが亡くなったことが忘れ去られないようにと、60年近い時を経た後に絵筆をとったのである。

子どもたちの姿を絵にすることで、加藤さんは、少しは供養になったかもしれないと、ようやく思えたという。その悲惨な最期を記録に残すことができたからというだけではないだろう。加藤さんは、絵の中でも少年の手を握ってあげたのである。加藤さんが手向ける想いによって絵の中によみがえった少年は、右目は怪我で塞がっているが、左目でまっすぐにこちらを見ている。少年の視線は加藤さんだけに向けられたものではない。絵を見る私たちにも、応答を求めているように思えてならないのは私だけであろうか。

『原爆の絵　市民が残すヒロシマの記録』

さらに学ぶ人のために　日本放送協会『劫火を見た―市民の手で原爆の絵を』（日本放送出版協会、1975年）。NHK 広島放送局『原爆の絵―ヒロシマの記憶』（日本放送出版協会、2003年）。広島平和記念資料館編『原爆の絵―ヒロシマを伝える』（岩波書店、2007年）。直野章子『「原爆の絵」と出会う―込められた想いに耳を澄まして』（岩波ブックレット、2004年）。

（直野章子）

V-9　記録された／されなかった長崎の子どもたち

『長崎の子・映像の記憶　原子雲の下に生きて』／2002年8月9日／58分／制作統括：河邑厚徳ほか、構成：竹川恵美子ほか／2003年度児童文化福祉賞　A

繰り返し記録された子どもたちの被害

長崎の幼い被爆者たちは、占領軍や日本の報道機関などにより繰り返し、記録され続けてきた。幼い子どもほど、放射線の影響を強く受けることが知られている。米軍は、原子爆弾が人体にどのような影響を与えたのかに関心を持ち、被爆した子どもたちを調査対象として入念に検査する一方で、その姿を記録した映像を、20年以上も機密扱いとしてきた。日本においても被爆した長崎の子どもたちは、「原爆の悲劇」を一身に背負った存在として興味関心を惹き、写真や本、映像などの様々な媒体で記録されてきた。本番組は、山里国民学校（小学校）を中心に、被爆直後から2000年代に至るまでの時代を越えた映像を重ね合わせたものである。子どもたちの明るい笑顔と原爆投下国の冷徹な思惑を交差させつつ、戦後を生き抜く中で常に「原爆」と向き合わざるを得なかった、子どもたちのその後を描き出している。

『長崎の子・映像の記憶　原子雲の下に生きて』

長崎の国民学校の甚大な被害

原爆投下による長崎市の国民学校における児童全体の死者数は、約5800人といわれる。とりわけ、爆心地近くに校区があった城山、山里両国民学校の被害は甚大だった。爆心地から0.7kmの至近距離に位置する山里国民学校では、1945（昭和20）年6月に在籍していた1581人のうち、推定1300人が死亡した。生き残った3名の教員の呼びかけに応え、被爆から約1カ月後に集合した児童の数は、約100人。被爆前に約30学級だった学校は、1学年1学級の小規模校となっていた。この死者数は、広島市の国民学校と比較しても多い。例えば、広島で最も爆心地近くに位置する本川国民学校児童の死者数は、判明しているだけで218人である。この差をもたらした主な要因として、集団疎開の実施状況の違いが挙げられる。空襲による子どもたちの被害を防ぐため、1944（昭和19）年８月以降、東京などの大都市では、学童の集団疎開が始まり、広島市においても翌年４月から低学年を除いて進められていた。一方、長崎市では集団疎開は行われず、親戚や知人を頼る縁故疎開が中心だった。市の中心部から見れば郊外にあった山里国民学校では、市外に疎開する者もいたが、中心部から転入してくる者も多く、被爆時の総数は大きく変わらなかったという。このことが、子どもたちの被害を拡大した。連日のように空襲警報の度に集団下校が繰り返される中で、児童は学校で授業を受けることができず、公民館や自宅で隣組単位の自学自習をしていた。1300人ともいわれる山里国民学校の子どもたちは、学校で一斉に亡くなったのではない。校区そのものが壊滅したために、地域の中で亡くなっていったのである。

現在もわからない子どもたちの被害

７万人ともいわれる長崎の原爆死者数には複数の推計値があり、現在も正確な数はわからない。子どもたちの死者数も、同様である。公的機関が行った数少ない調査のうち、1945（昭和20）年10月末の長崎市教育会の調査によれば、長崎市内の国民学校児童の死者数は、1653人。このうち山里国民学校の死者は140人で、前述の1300人という推計とは、大きな開きがある。1984（昭和59）年に教え子や同僚を失った教師たちの手でまとめられた『長崎原爆 学校被災誌』には、「今日もっとも心残りでならないのは、死者の正確な数と氏名がつかめないことである」と、教師たちの無念の思いが記されている。学校という比較的しっかりとした組織でなぜ、このような事態が起こるのだろうか。

児童の被害を知るには、まず、被爆時に誰が学校に所属していたかを把握する必要がある。所属を証明する資料は学籍簿だが、運び出す間もなく、これらの重要書類を焼失した学校もあった。たとえ書類で確認できずとも、周りの人々の記憶には残っていただろうが、教師や同級生も多くが亡くなっている。加えて、爆心地付近の学校では、校区のほとんどが焼け野原となる中で、一家全滅も珍しくなく、自宅が被災したために転出していく者も多かった。複数の要因が重なり、学校という組織においても児童の死者数を正確に把握することが、困難になったのである。原子爆弾は人々を殺傷し、財産を奪っただけでなく、所属している組織や集団、そして地域のつながりごと破壊した。現在に至るまで死者数すら確定できない子どもたちの被害は、地域社会そのものを破壊した原爆の爪痕を示している。

つながる被害の断片　占領期の長崎の子どもたちの被害は、主に米軍により、原爆が人体に与える影響を記録する目的で、写真、映像、そして医学的な標本やカルテなどに残されている。アメリカが持ち帰った標本やカルテは、1973年に日本側の求めに応じて返還され、長崎大学医学部が一部を保管している。本番組が取り上げたFukahori Chiyokoさんのホルマリン漬けとなった消化管と肺は、「標本No.249019」としてこの中から見つかった。彼女のカルテには、倦怠感、咽頭炎、脱毛という放射線障害を示す症状が記されている。8歳だったFukahoriさんは屋内で被爆し、新興善国民学校に開設された特設救護病院で、被爆から2カ月後の10月4日、重度の肺炎で亡くなった。番組は、救護病院内で治療を受ける彼女の姿が、日本映画社によって撮影されていたことを突き止める。可愛らしい少女が、骨まで見えるほどの酷いやけどを負った左手の治療を受けている映像である。不思議なことに、痛がる様子は見えない。「標本No.249019」と病状を示したカルテは、映像を見た「この子よ！　この子よ、ね」という、当時看護学生として救護活動に従事した2人の女性の語りによって、映像の中の1人の少女につながっていく。「目がきれいでね、まあるいような感じの、つぶらな瞳でね。元気だったらどんな可愛い子かなと、思うぐらいね」「痛いんですけどね、痛いって言わないんですよ」。彼女は当時の看護学生たちに、「左手に酷いケガを負った、つぶらな瞳の子」として記憶されていた。映像を見たかつての看護学生たちは、亡くなった彼女にマーキュロで口紅をつけたことを思い起こす。原爆被害の一例として占領軍に調査・収集された標本とカルテが、番組を介し、1人の少女として私的な記憶の中に蘇った瞬間だった。番組は、米軍の視点で調査された子どもの記録から、生前の1人の少女の姿を呼び起こしている。

記録されない子どもたちの被害　ただ、この番組で取り上げられているのは、あくまで断片的な長崎の子どもたちの被害である。長崎市内の子どもたちの疎開状況や学徒動員状況、死者を含む被害の詳細については、満足な公的調査は行われておらず、学問的な研究も進んでいない。約5800人という長崎市の国民学校児童の死者の中には、被爆直後に亡くなり、名前すらわからない児童も多くいる。生き残った子どもたちは、占領軍あるいは日本の報道機関などによって写真や本、映像などの様々な媒体に記録されてきたが、記録された子どもたちの姿は、ごくわずかである。そこには、記録しようとしても埋めることができない、空白が存在する。永井隆は、1949（昭和24）年に出版された山里小・中学校の子どもたちの手記集『原子雲の下に生きて―長崎の子供らの手記』の序に「この子供らが、どんな目にあい、どんな風に感じたか、を知りたいとの、世の人人の望みにこたえるために、手記を書いてもらうことにした」と記している。そもそも、生き残った子どもたちが関心を集め、記録されるということ自体も、原爆投下によってもたらされたものである。子どもたちは、記録されたいと願っただろうか。占領軍のカメラマンの求めに応じて自分の傷を見せるために手を動かし、教師の求めに応じて被爆体験記を寄せ、報道機関の取材に応えてきた子供たちの、語ることができない思いに、心を寄せたい。

被害の痕跡を辿る　残された記録が限られている長崎の子どもたちの被害だが、長崎市内の随所には、その痕跡と残された人たちの慰霊の足跡を見ることができる。現在の山里小学校には、原爆資料室が整備されているほか、1949年に子どもたちの鎮魂と平和を願って建立された「あの子らの碑」が建ち、永井隆が作詞し、「ああ、あの子が生きていたならば」という印象的な歌詞で知られる「あの子」が、第二の校歌として歌い継がれている。城山小学校には、国指定史跡となった旧国民学校校舎の一部が保存され、平和祈念館として開館している。長崎原爆資料館ほど近くの長崎市平和会館前には、教師たちの手によって1982（昭和57）年に建てられた「原爆殉難教え子と教師の像」がある。長崎の街を訪れた際は、これらの痕跡を辿り、子どもたちの被害に思いを馳せてみてほしい。

さらに学ぶ人のために　永井隆編『原子雲の下に生きて―長崎の子供らの手記』（大日本雄弁講談社、1949年）。長崎の小・中学校単位での被爆体験記集としては最も早く、子どもたちの被害を知る上で欠かせない書。

「原爆殉難教え子と教師の像」維持委員会『長崎原爆 学校被災誌―原爆殉難教え子と教師の像建立記念』（1984年）。被害の調査・研究が進まない中で、教師たちの手でまとめられた貴重な記録。

（四條知恵）

V−10　原爆投下が生んだ被害への日本の責任は何か

『原爆投下　活かされなかった極秘情報』／2011年8月6日／58分／制作：制作統括：井上恭介ほか、ディレクター：松木秀文ほか／2011年度第38回放送文化基金賞（番組賞）、同第66回文化庁芸術祭（優秀賞）、2012年ヒューゴ・テレビ賞（奨励賞）
D **O**

問われ続ける原爆投下

1945年8月にアメリカは、人類史上初めてとなる核兵器の使用を行った。2発の原子爆弾（原爆）を日本の都市に投下したのだった。それ以降は核兵器を実際に兵器として使用した例が一度もないこととあわせて、1945年8月の原爆使用の歴史的な意義が何であるのかが問われ続けてきた。

世界の多くの人たちが、その2発の原爆投下が20世紀に起こった重要な出来事の一つである、と考えている。そのことを示す一例が、アメリカで1999年に実施されたあるアンケートの結果である。そのアンケートは、ヴァージニア州にあった報道をテーマとする博物館「ニュージアム」（2008年に首都ワシントンに移転し2019年末に閉館した）が、アメリカのジャーナリストや研究者を主たる対象として20世紀の重要なニュース100件は何かを尋ねたものだった。3万件以上寄せられた回答を集計したところ、最も重要なニュースとして挙げられたのが「広島・長崎への原爆投下と第二次世界大戦の終結」であった（第2位は1969年の人類初の月面着陸、第3位は1941年の日本による真珠湾攻撃だった）（*Baltimore Sun*［電子版］, December 27, 1999）。

20世紀に起こった重要なニュースあるいは出来事として記憶され、繰り返し語られ続けてきた1945年8月の原爆投下ではあるが、実はそれに関して語られていない側面がまだ残っている。その一方では、実際とは異なる歴史的事実に基づいた歴史解釈が説かれることもある。それらの二つの点で、本番組は原爆使用についての言説状況に一石を投じた。なぜならまず第1に、原爆を投下された側である日本が行っていた原爆の開発と使用に関する諜報活動という、それまで語られることがほとんどなかった（したがって知られていなかった）新たな側面に光を当てたからである。そして第2に、日本に対する原爆投下は日本軍が事前に全く感知していなかった奇襲攻撃だったとする歴史解釈には、それがよって立つ事実に誤りがあり、日本軍は原爆投下が数時間後に迫っていると探知していたという事実を明らかにしたからである。

番組制作の背景

広島と長崎への原爆投下の日にあわせてNHKは特別番組を毎年新たに制作し、それらを「NHKスペシャル」として放映している。本書が取り上げる『長崎の子・映像の記憶　原子雲の下に生きて』(2002年) などの多くの良質な番組を、NHKはこれまでに制作し放映してきた。本番組はNHK広島放送局が制作したそのような特別番組の一つである。

本番組を担当したディレクターの1人である松木秀文氏は、この番組放映の前年と翌年にも『NHKスペシャル　封印された原爆報告書』(2010年) と『NHKスペシャル　黒い雨　活かされなかった被爆者調査』(2012年) の制作に、同じくディレクターの1人として携わっている。原爆使用によって発生した被害に対して日本国内に存在する責任を問うという姿勢が、それら三つの番組に共通して見られる。

本番組が制作された背景には、21世紀になってから日本で顕著になってきたいわゆる「インテリジェンス」への関心や研究の高まりがあった。その中でも日本がアジア・太平洋戦争時に実施した諜報活動とそれがもたらした政策への影響についての関心と研究の深まりを、本番組は反映している。

番組が示す内容

本番組の内容の中で特筆すべき点は、次のような事実を明らかにしたことである。

日本軍は、アメリカ軍による暗号通信を傍受しており、通信内容はわからなかったけれども、送信元を特定するために通信に付けられ暗号化されていなかった「コールサイン」に着目して情報分析をしていた。その結果1945年6月の時点ですでに、特別の任務をもつB29爆撃機部隊がマリアナ諸島 (グアム島、サイパン島、テニアン島などからなる) で活動を始めたことを察知していた。特有の「コールサイン」を使うその部隊のB29爆撃機を「特殊任務機」と名づけて、日本軍はその活動を警戒していた。

通信傍受によって日本軍は、広島に原爆が投下される8月6日未明に、「特殊任務機」が日本に向かって飛行しつつあることを知った。そのことを情報担当の将校が陸軍上層部に伝えたのだが、参謀本部（陸軍の中枢。海軍の中枢は軍令部）から広島市にあった軍司令部にはそれは伝えられず、原爆投下時に空襲警報は発令されていなかった。さらにその3日後、長崎に原爆が投下される5時間前には原爆搭載機が日本に向かって飛行していることをやはり日本軍は探知し、軍上層部にそのことが伝えられていた。しかも日本軍は当時、原爆を積んだB29爆撃機が飛行した高度9000mでも飛行可能な戦闘機「紫電改」を長崎の北15kmにあった大村航空基地に配備し、経験を積んだ操縦士もそこで待機していた。けれども迎撃機を出撃させる命令は出されなかった。

本番組が明らかにしたのはこれらの事実である。それらの事実を踏まえて本番組は、原爆搭載機の接近を探知していたにもかかわらず市民に対する空襲警報の発令や迎撃機の出撃といった防衛措置を日本軍は何らとらなかったことに、原爆被害を発生させたあるいは拡大させた責任の一部がある、と主張する。

本番組を見て驚かされるのは、年齢が80代・90代に達していらっしゃる当時の関係者たちが当時を回想する姿が多く登場することである。この番組が作られた2011年は、原爆投下から66年後のことである。数少ない存命中の関係者たちを掘り起こして所在を探し出し、彼らから証言を得て貴重な記録として残す上で番組制作者たちが払った努力の大きさに脱帽させられる。その残された記録は、これから後に続く世代へと受け継がれるべき他にかえ難い財産である。

番組の意義

1945年の日本に対する原爆使用をめぐっていくつもの「神話」が存在している。アメリカ軍による日本本土上陸作戦の実施によって失われることになったであろう100万人の命を原爆使用が救った、とする「100万人神話」がその代表例である。本番組がもつ大きな意義は、日本に対する原爆投下は日本軍が事前に全く感知していなかった奇襲攻撃だったとする見解がもう一つの神話であることを示した点にある。日本軍は原爆投下が迫っていることを知っていたのだった。

それに加えて本番組は、原爆投下が迫っていることを掴んでいたにもかかわらず、日本軍の上層部は被害を防ごうとしなかったし、証拠書類の焼却によって原爆搭載機の接近を知っていた事実をなかったことにしようとすらしたことも明らかにした。原爆投下機接近中という情報が軍上層部に伝わっていたけれどもその情報が活かされなかったことは、原爆使用が生んだ犠牲者たちの悲劇性を一層浮き彫りにする。この点を歴史像として示したことにも本番組の意義がある。

イギリスの歴史家E・H・カーは「歴史とは過去と現在との間の対話である」と記した（E・H・カー／清水幾太郎訳『歴史とは何か』岩波新書、1962年、184頁）。本番組を締めくくる「危険が迫っていることを知りながら、最後までその重大な情報を伝えなかった軍の指導者たち。二度にわたる悲劇は国を導く者の責任の重さを今の時代に問いかけています」という言葉は、カーが記したその命題を思い起こさせるものである。

この番組を見終えた後で、原爆投下が差し迫っているという情報を活かせなかったことだけが問題ではなかったことに、視聴者はきっと考えを及ぼすだろう。もし1945年３月の東京大空襲の直後に日本が降伏していたならば、原爆による被害も生まれず沖縄で多くの命が失われることもなかったであろう。また、もし1944年７月のサイパン島陥落の直後に降伏していたならば、東京やその他の都市住民がB29爆撃機による空襲にさらされることはなかったであろう。なぜ日本政府は、降伏の決定をもっと早くできなかったのだろうか。そして、そもそも1941年12月にアメリカ・イギリスとの戦争に入る決定をしていなければ……。今もかわらない「国を導く者の責任の重さ」に思いをめぐらさざるを得ない。

さらに学ぶ人のために　松木秀文・夜久恭裕『原爆投下　黙殺された極秘情報』（新潮文庫、2015年）。この番組のディレクターである２人が、この番組づくりの前年に制作した『封印された原爆報告書』の内容も盛り込んで著した図書。山田康博『原爆投下をめぐるアメリカ政治―開発から使用までの内政・外交分析』（法律文化社、2017年）。原爆の開発から使用に至る道のりを辿る。小谷賢『日本軍のインテリジェンス―なぜ情報が活かされないのか』（講談社選書メチエ、2007年）。日本軍が情報を活かせなかった歴史を分析する。

（山田康博）

Ⅵ-1　チェルノブイリにおける被害

——被災者の声を手掛かりに

『調査報告　チェルノブイリ原発事故』／1987年3月14日／54分／制作：広瀬哲雄ほか／第27回モンテカルロ国際テレビ祭（ゴールデンニンフ賞、レーニエ3世賞、国際テレビ批評家賞）　A
『汚された大地で　チェルノブイリ―20年後の真実』／2006年4月16日／49分／制作統括：井上恭介ほか、ディレクター：横井秀信ほか／2006年度第44回ギャラクシー賞（奨励賞）　A T

被曝の広がり

1986年4月26日未明、旧ソ連・ウクライナ共和国のチェルノブイリ原子力発電所において、史上最悪の原発事故が発生した。原発4号炉ではその時非常用電源のテストが行われていたが、終了後も原子炉は止まらず暴走し、建屋ごと爆発炎上した。この事故によって大量の放射能が放出され、北半球のほとんどを汚染するに至った。

世界がこの事故を認識したのは、4月28日早朝、スウェーデン南部にあるフォルスマルク原発で放射線監視モニターが異常を検知したことによるものであった。ヨーロッパ全土で高濃度の放射能汚染が認められ、事故の当事国ウクライナと隣国ベラルーシおよびロシアに加えて、特に北欧3カ国、オーストリア、イタリア北部の汚染が大きかったといわれている。事故後の放射性雲の通過と雨が重なったためである。日本国内でも事故から1週間後の5月3日に、この事故によって放出されたと見られる放射性物質が検出されている。

『調査報告　チェルノブイリ原発事故』は事故から1年を待たずに放映された。スウェーデンで検知された放射性物質が、チェルノブイリ原発事故に由来すると突き止められた経緯について、本番組では様々な角度から報道している。当時は東西冷戦の末期で、ソ連ではゴルバチョフ書記長が台頭し「グラスノスチ（情報公開）」を唱え始めた頃であったが、事故による被害の概要は8月にIAEAに提出された事故報告書を除き公開されなかった。そのような情勢下で、チェルノブイリから遠く離れたスウェーデンやイタリア北部、トルコ（黒海沿岸）における汚染の現状を、ガンマ線スペクトロメーターを用いて計測し、西側諸国の研究者の解説を交えながら被災者の声とともに伝えた本番組は、この時期の日本にとって貴重な情報であり、広範囲にわたる被曝被害の広がりを裏付ける重要な映像記録であるといえる。

原発事故による健康被害　汚染が北半球全域に広がる中で、当然ながらウクライナ、ベラルーシ、ロシアにまたがる原発周辺の健康被害は深刻であった。チェルノブイリ原発事故の被災者は、①事故時の原発運転員と消火にあたった消防士、②事故処理作業従事者「リクビダートル」、③原発30km圏内からの避難民、④汚染地域居住者、の４つに分類される。①から事故直後に31名の死者が出たことは、『調査報告』ですでに報じられている。『汚された大地で　チェルノブイリ―20年後の真実』では、事故から20年が経過した2000年代中頃、②のリクビダートルとその家族、④の汚染地域の住民にがんや白血病などの健康被害が多発している現状を報じている。

『調査報告　チェルノブイリ原発事故』

③に示した避難民は放射線による被害を免れたのだろうか。原発近辺の住民に避難勧告がなされたのは、事故発生からおよそ36時間が経過した４月27日昼頃のことであった。原発で働く人々のために建設された街プリピャチでは、４万5000人が1200台のバスで一斉に避難した。３日分の食料を持参するよう言い渡されたため、ほとんどの人が３日で帰れるものと思っていたが、プリピャチでの日常が戻ることは二度となかった。事故から２週間で30km 圏内の合計11万6000人が避難を完了したが、すでに多くの人が高線量の被曝を受けたと考えられ、健康被害も報告されている。

一方で、30km 圏の外側に汚染地域が広がっていることが明らかになったのは、事故から３年後の1989年のことであった。事故現場から600km も離れた地域にまで、飛び地のように高濃度の汚染が広がっていることがわかったのである。しかしながら、1991年には事故の責任を負うべきソ連が崩壊し、上記④の汚染地域に住む人々の処遇は独立したばかりの混乱期にある各国に委ねられることとなった。500万人以上といわれる汚染地域の住民の多くは、事故から30年以上が経過した現在も被曝を受け続ける生活を余儀なくされている。

被災者にとっての「被害」とは

筆者は旧ソ連のカザフスタン共和国・セミパラチンスク核実験場の周辺に居住する被災住民への聞き取り調査を10年以上にわたり行ってきた。核実験と原発事故という違いはあるものの、放射線による被害が被曝線量や健康被害の有無のみでは語れないということを、両被災住民の証言や、福島第一原発事故による経験から実感している。『汚された大地で』には、染色体異常が見つかった若い女性とその家族の声が収録されている。今はまだ健康で疾患の発症に至っていなくても、将来の発症への不安や、子や孫への影響を懸念するその証言は、セミパラチンスクや福島の被災者の声と重なる。また、発症に伴って仕事を辞めざるを得ず経済的基盤を失ったり、高額な医療費の負担に苦しめられる等の健康被害に付随する被害も見逃してはならない。

加えて、原発事故の被災者にみられるのは避難・移住とそれに伴う喪失・崩壊という経験である。事故の36時間後に何も知らされないまま避難・移住を強いられた旧プリピャチ市民に対する聞き取り調査を行った川野は、移住により資産や雇用の機会の喪失、それまで構築してきたコミュニティの崩壊や新たな地域社会での偏見や軋轢を被災住民が経験したと述べている（川野徳幸「【研究ノート】チェルノブイリ・旧プリピャチ市民への聞き取り調査備忘録：フクシマそして原発を考えるためにも」『広島平和科学』第33号、2011年、119-136頁）。これらの社会的経済的被害や、精神的被害を含めて初めて、被災者にとっての被害の全体像が垣間見える。『汚された大地で』では広島やウクライナの医師・科学者の知見を交えつつ、様々な立場の被災住民の声を丁寧に紹介している。そこでは主に健康被害に苦しむ人々を取材しているが、語られるのは病状に関することのみではない。経済的困窮についてや、闘病中の家族をもつ（あるいは病によって家族を失う）苦しみ、事故処理作業に従事したことに対する後悔の念などが被災者自身の言葉によって語られている。それらに耳を傾けることなくして、原発事故による被害の実態を理解することは不可能である。本番組を通し、被災者の生の声を手掛かりに「20年後の真実」を知ってほしい。そして、福島において同じ原発事故を経験した我々は、チェルノブイリから何を学ぶのか、事故から20年後に同じ苦しみを繰り返さないために何ができるかを考える一助とすべきであろう。

事故後30年を経てチェルノブイリの今　チェルノブイリ原発事故から30年を経た2016年８月、研究グループの一員として、シェルターによって「再石棺」化される直前の事故現場を訪れた。事故後半年の突貫工事で放射性物質の飛散を防ぐために作られた石棺が老朽化したため、アーチ形のシェルターで覆う計画が進められてきたのである。同年11月には完工セレモニーが行われ、翌年の４月26日、事故後31周年の記念日には新シェルターの前でウクライナ・ベラルーシ両国の大統領がスピーチを行った。

事故後30周年を目前にして、ウクライナとロシアはそれぞれ汚染地域の区分（ゾーン）の見直しを行い、「被災地の縮小」やそれに伴う補償の切り捨てを行った。2016年版「ロシア政府報告書」には、「これまで提案してきた基準の導入と実践における活用により、「事故の終了」と「生活活動の通常条件への移行」という概念を確立し、「チェルノブイリ被害の長期性」というイメージとの決別が可能になる」と書かれている（尾松亮『チェルノブイリという経験―フクシマに何を問うのか』岩波書店、2018年）。事故から30年が経過し、汚染度が下がった地域は確かに存在するが、その地で暮らしてきた人々の被害が消えてなくなるわけではない。４号炉を覆い隠したシェルターは、被災者の現状を見ようとせず、「終わらない被害」を終わらせようとする為政者の姿勢を示しているかのようである。

さらに学ぶ人のために　スベトラーナ・アレクシエービッチ／松本妙子訳『チェルノブイリの祈り―未来の物語』（岩波現代文庫、2011年）。2015年にノーベル文学賞を受賞した、ベラルーシ出身の著者の取材によるドキュメント。誰からも話を聞かれない、砂粒のように扱われた「小さな人々」の声こそが重要と語る著者の「新しい小説の形」を通して、チェルノブイリの一端を知ることができる。

『汚された大地で』の取材協力も行った今中哲二による『放射能汚染と災厄―終わりなきチェルノブイリ原発事故の記録』（明石書店、2013年）や、アレクセイ・V・ヤコブロフ他／星川淳監訳、チェルノブイリ被害実態レポート翻訳チーム訳『調査報告　チェルノブイリ被害の全貌』（岩波書店、2013年）には、自然科学分野におけるチェルノブイリ被害の概要が網羅されている。

（平林今日子）

Ⅵ-2　核汚染が広がる地球――被爆地広島と結んで

『調査報告　地球核汚染―ヒロシマからの警告』／1995年8月6日／89分／制作統括：金子与志一ほか（NHK広島局『原爆』プロジェクト）／1995年度第22回放送文化基金賞（放送文化基金賞） **A**

「すべての人がヒバクシャ」

アメリカの原子爆弾が広島に投下されて半世紀を迎えた1995年8月6日、被爆地広島から何を発信するのか。原爆ドームの中に作家の柳田邦男が立ち本番組に息吹を吹き込む。原爆の雲の下にいた人々の目線で、核実験、核事故、原発事故によって、核汚染が地球規模に引き起こされた状況を本番組は映し出す。NHK広島は被爆50年のその日、「唯一の被爆国」という言説に閉じこもらず、核エネルギーの「軍事利用」と「平和利用」、さらに「被爆」と「被曝」の間を核汚染で結び、「すべての人がヒバクシャである」と、核時代の今に警鐘を鳴らす放送をしたのである。

核超大国アメリカのプルトニウム生産拠点であったワシントン州のハンフォードの核施設がまず取り上げられる。長崎原爆の材料となったプルトニウムもこの場所で製造され、その後もアメリカの核軍拡を支えた。現在プルトニウム生産は終え、放射能汚染を取り除き、放射線廃棄物を処理する計画はあるが、経済的にも技術的にも困難に直面していることを本番組は伝える。さらに施設外にヨウ素131が意図的に放出され、健康悪化を訴える住民の声を本番組は伝える。

もう一つの核超大国旧ソ連の核施設で何が起こってきたのかにも本番組は迫る。ロシア連邦チェリャビンスク州のプルトニウム生産工場「マヤーク」に取材陣は足を運ぶ。同工場から高レベル核廃棄物が近くのテチャ川に垂れ流されていた。その後、高レベル核廃棄物は地下タンク貯蔵に切り替えられたが、1957年には「ウラルの核惨事」といわれる爆発事故が起きている。ハンフォードと同じように健康影響を訴える、周辺住民の声が本番組では紹介される。

『調査報告　地球核汚染―ヒロシマからの警告』

「安全保障という大義名分のもと国家の犠牲になったのです。国民の体を放射能で汚しておきながら国を守るなんてばかげています」。本番組で紹介されたハンフォード核施設の周辺住民の言葉である。核汚染の広がりは、「安全保障」を推進すれば、逆に安全が奪われるという、「安全保障の逆説」を映し出す。

核汚染の広がりと差別性

核汚染は、核開発を推進した国家にとどまらず地球規模に及んだ。取材班は北極圏に飛び氷床のボーリング調査を行いセシウム137が氷層に堆積されていた事実をつかむ。核実験や原発事故によって生じた核分裂生成物は北極にも達し、地球上の大地や動植物、そして人々の上に降り注いだのである。核開発を推進した国家は把握していたのだろうか。

米国は核実験を行いながら、全地球規模にフォールアウトの観測網を整備したことを本番組は紹介する。さらにアメリカ原子力委員会は、水、土、食糧などとともに、人骨を世界各地から集め、蓄積されたストロンチウム90の量を調べる極秘調査を立ち上げていた。人骨は日本からも提供されていたことを本番組は伝える。

大気圏核実験によるフォールアウトは地球規模に及んだ。だが核汚染に伴う被害は、世界の至る層に等しく広がったわけではない。本番組は言及していないが、「ニュークリア・コロニアリズム」や「ニュークリア・レイシズム」とも称される、核被害を取り巻く不公正な差別構造がある。そうした社会構造の中で、核被害が重くのしかかる地域や人々が世界にはいるのだ。核兵器禁止条約の前文にも、「核兵器の活動が先住民族に過重な影響を与えてきた」ことや「成人女性や少女に対する過重な影響を認識する」ことが述べられている。

世界では2000回を超える核実験が繰り返されてきた。核実験場とされた地域はどうなったのであろうか。米核実験場とされた中部太平洋のマーシャル諸島に、同番組の取材陣は足を延ばした。

マーシャル諸島では1946年から58年にかけて67回もの核実験が繰り返された。そのうち1954年３月１日の水爆ブラボー実験で被曝したロンゲラップ環礁の人々に本番組は焦点を当てる。白血病で息子を亡くした親は「水爆で虫けらのように殺された」、「アメリカは我々の血を採り身体も隅々まで検査しました。しかし治療は一切しませんでした。我々を研究材料にしていたのです」と訴える。本番組では紹介されていなかったが、ロンゲラップの人々は、被曝後「プロジェクト4.1」と呼ばれる「偶発的に放射性降下物に著しく被曝した人間の作用にかかわる研究」に同意なく組み込まれていたことが後に明らかになっている。

ロンゲラップは核実験場ではないが、放射性降下物が降り注ぎ、自分たちの土地が汚染され、自らの土地と切り離された生活を人々は送る。「暮らしがもうなくなりました」との声が本番組で紹介される。核実験で放出された放射性物質は、健康だけではなく、暮らしや文化にも影響を与えているのである。

「日本の核ゴミ、わが無人島へ」

帰還のめどが立たない中、マーシャル諸島が核廃棄物の誘致に乗り出したことを、本番組は紹介する。「『日本の核ゴミ、わが無人島へ』汚染されたマーシャル諸島が誘致」との見出しが、当時の新聞紙上にも登場している（『朝日新聞』1994年11月3日）。

マーシャル諸島側が自ら主導的に誘致したのだろうか。当時外務大臣を務めていたトニー・デブルムに筆者がインタビューしたところ「日本側から先に働きかけがあった」と、複数の大物政治家の名前が挙げられた。核廃棄物の誘致は、マーシャル諸島の動きにのみ注目するのではなく、世界中が処理に困る中で、日本、アメリカ、台湾など外部からマーシャル諸島側にどのような働きかけがあるのか、その点の考察が欠かせない。国内外の反発や懸念が高まる中、マーシャル諸島政府は、1999年核廃棄物処分場計画の検討は今後行わないことを閣議決定した。だが今も核廃棄物の誘致に期待する声が一部では聞かれる。

水爆ブラボー実験が実施された前年1953年12月、アイゼンハワー米大統領は「平和のための原子力」と題する国連演説を行い、原子力発電が日本を含め世界に広がる契機となった。原発は「平和利用」であると、核兵器と明確に区別され、被爆国日本は原発大国の道を歩んでいった。

しかし「平和利用」とされる原発であっても、核兵器と同様に、放射能汚染や核廃棄物問題を引き起こす。取材陣は、チェルノブイリ原発事故から9年目を迎えたウクライナを訪ねる。

甲状腺疾患だけでなく、「精神的疾患が目立つようになった」、「被曝の不安からくるストレスに加えて、脳神経に被曝が与える影響も無視できない」と、キエフの医師は指摘する。加えて事故を起こした原子炉を覆う石棺が大きな問題となっていることを本番組は伝える。突貫工事で作られた石棺は隙間が至る所に空いており、放射能が内部から漏れている。さらに地下水を汚染し川まで広がる、核汚染の新たな広がりへの対処も求められている。「チェルノブイリの犠牲は時がたつほど深刻です」との声を本番組は伝える。時の経過とともに核被害は軽減していくものではなく、新たな問題に直面し、付加される核被害があるのだ。

原発事故の被害の全容は未だ掴めず、避難対象地が広げられ、新たに避難することになった人々を本番組は伝える。一方事故直後全員避難をして、その後村に帰りふるさとの大地に生きる「サマショール」の姿も本番組は紹介する。

「ヒバクシャ」とは誰か

本番組は、核保有国家の首脳の外交戦略にのみ目を向け核問題を論じるのではなく、国境を超える視点を持ち、核被害を背負う人々に想像力の射程を広げ、地球核汚染に迫っていった。核問題は、安全保障上の課題だけでなく、地球環境や国際人権の課題としても位置づけていく必要性を本番組は教える。

最後に本番組は未来に向けて「I am also a hibakusha」と、バーバラ・レイノルズが遺した言葉を紹介する。「hibakusha/ ヒバクシャ」とは誰なのか。本番組は世界の核被災地に目を開かせるとともに、被爆地広島・長崎を「違った視座から再訪する旅の出発点」(テッサ・モーリス＝スズキ）に私たちを誘う。

本番組は東京電力福島第一原発事故のこれからを考える上でも示唆に富む。なぜ福島原発事故の議論では「風評」や「復興」が前面に出てくるのであろうか。「風評」や「復興」という言葉は、本番組では一切登場しない。

2017年7月、核兵器禁止条約が国連で採択された。同条約の第6条で「被害者に対する援助及び環境の回復」とそのための「国際協力および援助」が第7条で規定された。しかし「核被害者に対する援助」として何が求められるのか、そもそも核被害者は誰なのか、核被害をどう捉えるのか、それらの規範は未だ形成されているとは到底いえない。これらは今後探求すべき平和学の課題であるといえよう。

さらに学ぶ人のために

NHK『原爆』プロジェクト『地球核汚染―ヒロシマからの警告』(日本放送出版協会、1996年)。本番組を膨らませ単行本化。中国新聞「ヒバクシャ」取材班編『世界のヒバクシャ』(講談社、1991年)。放射能被害の全容を地球規模で捉え直し、「ヒバクシャ」が増え続けたことを告発。竹峰誠一郎『マーシャル諸島―終わりなき核被害を生きる』(新泉社、2015年)。「グローバルヒバクシャ」という新たな視角を創出し、被爆国日本との関係も視野に、マーシャル諸島の米核実験被害の実態に迫る。

(竹峰誠一郎)

Ⅵ-3　原発事故から住民を守ることの不可能さ

‖『原発事故　100時間の記録』／2012年3月3日／58分／制作：NHK　**O** **A**

原発再稼働と避難計画

2011年3月に世界史に残る原子力発電所（原発）の過酷事故を経験した日本において、実効的な住民の避難計画が策定されないまま原発が再稼働されていることを、どれだけの人が知っているだろうか。政府機関である原子力規制委員会による「新規制基準適合審査」によって「適合」と判断されたのは、2020年3月時点で16基にのぼり、そのうち9基（高浜、大飯、伊方、川内、玄海）がすでに再稼働している。

ところが、この新規制基準は「原発を災害等からいかに防護するか」にかかわるものであり、住民の避難計画は規制基準の中に含まれておらず、都道府県や市町村にその策定が「丸投げ」されていることが問題視されてきた。米国では合理的な避難計画の存在が法制度上の原子炉設置許可要件となっており、避難計画次第では原発の稼働が認められない事例（ニューヨーク州のショーラム原発計画）があることを踏まえれば、日本の基準は「原発事故から住民をいかに守るのか」という視点が欠落している。

避難の「不可能性」

「災害弱者」と呼ばれるお年寄りや子ども、病気や障がいを抱える人、外国人などを含めた多数の人々を、放射性物質が拡散している方向を予測しながら、短時間に、そして一斉に避難させることがいかに困難であるか。事故から1年後に放映された本番組は、東京電力（東電）福島第一原発での事故発生から100時間、すなわち3月11日午後から3月15日までの5日間に、原発周辺住民の避難がどのように決定され、進められたのか、または進まなかったのかを検証している。当時の政府、東電、原発に近い浪江町と双葉町の自治体、消防、病院の関係者、犠牲者の遺族等の証言を辿ることで見えてくるのは、原発事故直後に住民を守ることの「不可能性」である。住民を守るための事前の準備がないまま、登録されている

『原発事故　100時間の記録』

だけでも16万人以上といわれる避難者は過酷な経験を強いられた。さらに地震、津波による犠牲者の救済が原発事故によって阻まれ、救えたはずの命が救えない事態が発生していた。本番組は事故から10年足らずで多くの人々が忘れ、目を背けている原発事故の過酷さを視聴者に突きつけてくる。

中心と周縁の乖離

実効的な住民の避難実現を阻んだ要因として、本番組の中で繰り返し指摘されているのが、政府、東電、自治体間の情報共有の欠如である。原発での事故が、観測史上最大の地震、津波とともに発生したことから、通信網が機能しなかったという技術的な問題に加えて、本番組を通して見えてくるのは「中心」としての東京と、「周縁」と位置づけられた福島との乖離である。首相官邸に設けられた対策本部や危機管理センターにおいて住民の避難に関する決定が３月11日以降連日行われたが、原発事故現場の情報も、また周辺住民の情報も十分に揃わない中での決定であったという。

３月11日には原発から半径２km 圏内、さらに３km 圏内、３月12日朝には原発から10km 圏内へ、午後には20km 圏内へと避難指示区域が相次いで拡大された。しかし10km 圏内に入る浪江町の馬場有町長（当時）は本番組の中で、東電からも政府からも原発事故の情報が入らず、津波被害の対応に追われる中で、12日朝のテレビのニュースで初めて原発で非常事態が発生していること、また浪江町を含む10km 圏内に避難指示が出たことを知ったと証言している。町はあわてて避難のためのバスの手配にあたったが、約２万人が避難をする必要があるにもかかわらず、手配できたバスは250人分のみ、他の住民は一斉に自家用車等で避難を開始したために大渋滞が発生し、避難は困難を極めたという。

同様に、福島第一原発から４km の地点にある双葉町の双葉厚生病院の関係者も本番組の中で、３月11日は津波被害者の受け入れに追われる中で原発事故に関する情報は届かず、翌12日早朝に防護服姿の警察官や自衛隊が病院にやってきてすぐに避難をするようにいわれ、病院内は騒然となったと証言している。対応した看護師によれば、動くことのできる患者を先にバスに乗せたが、そのバスがどこに行くのかもわからないまま、自力で動けない患者とともに自衛隊の救助を待つために、もう一晩患者とともに待機を強いられたという。

原発の立地は常に「中心」である首都圏から離れた「周縁」地域が選定されてきたことは、周知のとおりである。原発事故が発生するのは結果として常に「周縁」の地域であり、他方で危機管理や避難について決定する政府も、事故対応を指揮する東京電力の本社も現場から遠く離れた「中心」にある。その「中心」から、最も高いリスクを負う「周縁」に情報や支援が届かない中で、避難は混乱を極め、人々は線量の高かった事故直後に初期被曝を強いられたのである。

情報の欠如による被曝 情報共有の欠如がもたらした痛恨の失策が、放射性物質の拡散予測情報を政府は得ていたにもかかわらず、現場の自治体や住民に共有、公開されなかったことであった。そもそも政府関係者間での情報共有ができていなかった問題、福島県庁に送られた拡散予測の情報が受信できなかった問題に加えて、政府関係者が住民のパニックを恐れて公表しなかったといわれてきた。避難指示区域は原発からの距離に応じて同心円状に設定されたが、放射性物質は風雨の影響を受けて不規則に広がる。12日には格納容器の圧力を下げるためのベントが1号機で行われ、次いで1号機で水素爆発が、14日には3号機、15日午前には4号機でも爆発が発生した結果、多くの放射性物質が大気中に放出され、原発から北西方向に流れていった。

本番組では、政府はこの方向に拡散するという予測をしていたことを指摘した上で、浪江町の事例として、町として避難を決めた原発から30km圏外の地区がちょうどこの北西方向にあたっていたことを紹介している。混雑する避難所に入れずに、屋外で過ごした住民も多かったという。外部被曝をさせてしまった「子どもさん、若い方の健康が心配」、「どんな手段でもよいから連絡を寄こしていただければ、別の行動がとれた」と語る浪江町長の言葉と、「住民の皆さんが大量被曝するような状況だけは何としても避けたい」からこそ避難を指示したと語る福山哲郎官房副長官（当時）の言葉の対比から、「中心」と「周縁」の間の距離が残酷に浮かび上がってくる。

原発事故による犠牲者 原発事故がなければ、守ることができた命があったのではないか。原発避難の「不可能性」とあわせて、本番組が視聴者に投げかける問いである。浪江町では、3月11日夜に海沿いで津波被害が深刻であった請戸地区に消防団員がかけつけて声をかけたところ、がれきの間から人のうめき声や物を叩く音を聞いたという。救援に戻ることを約束して機材と人員を確保するために署に戻ったところ、余震と津波の恐れがあることから11日夜の捜索は打ち切り、翌12日朝に再開することが決定された。ところが、12日早朝に10km圏内の避難指示が出たために津波被害者の救援活動は中止され、消防団員は住民の避難誘導にあたることになった。消防団の関係者や犠牲者の遺族は、救える命があったはずだと声を震わせて訴える。

同様に、情報がない中で避難を強いられた双葉厚生病院の入院患者も避難先を転々とし、被曝をしていることを理由に受け入れが進まない中で命を落とす事態が発生していた。これらの命は、原発事故がなければ失われなかった可能性があるだけでなく、避難をするにしても「もっと別のやり方があったはず」と病院関係者が語るように、過酷事故が発生しない前提で、避難指示区域も10km圏以外を想定していなかったことから、20km圏内に入る自治体の確認を一から行っていたなど、避難が過酷になった要因が本番組内で次々と明らかにされている。

原発と構造的暴力

原発事故当時首相であった菅直人は本番組の中で、備えが不十分であったことを含めて「政治の責任、人災であった」と述べた。確かに過酷事故に対する備えがなかったことが、被害を拡大したといえるだろう。しかし本番組は、たとえ入念に事故対策を準備し、実効的な避難計画を策定したとしても、人口密度が高く、国土の狭い日本において再び原発事故が発生すれば、すべての人々を守ることは不可能であり、切り捨てられる命がまた出てくるであろうこと、「原発事故から住民の安全を守るために避難は可能」という前提自体が幻想ではないか、という重い問いを突きつけている。平和学が追及してきた「周縁」の犠牲の上に成り立つ「中心」という構造的な暴力の問題が、足元の日本社会において露出し続けている。「原発再稼働は必要」と考える人々にこそ、ぜひ見てほしい番組である。

さらに学ぶ人のために

東京電力福島原子力発電所事故調査委員会『国会事故調—報告書』(徳間書店、2012年)。原発事故前、事故発生時、事故対応まで詳細な調査結果をまとめた必読書。study2007『見捨てられた初期被曝』(岩波書店、2015年)。不明な点が多い初期被曝、特に本番組で描かれる情報欠如による被曝問題を、多様なデータを用いて検証する。吉田千亜『孤塁—双葉郡消防士たちの3.11』(岩波書店、2020年)。過酷な被害経験を、双葉消防本部の消防士への取材から克明に描き出した貴重な記録であり、警告の書。

(清水奈名子)

Ⅵ-4　問われ続ける「原発避難」

『“原発避難” 7日間の記録　福島で何が起きていたのか』／2016年3月5日／49分／制作統括：池本端ほか

機能しなかった「原子力防災」

2011年3月11日午後7時3分、日本国内では史上初となる原子力緊急事態宣言が発令された。福島第一原発から3km圏内の避難指示が同日午後9時23分に出され、その後も避難指示区域は広がっていた。福島県内だけで14万もの人が、最初の1週間で避難し、3月中に避難や福祉施設で亡くなった人は、福島県内で少なくとも99人にのぼる。長期化する避難生活の中でも、最も過酷だった事故直後の7日間について、本番組では混乱の中の住民避難の実情、そして国が進めてきた原子力防災の実態について、ビッグデータや行政、専門家、住民の語りをもとに検証される。

津波発生により浪江町では1000人以上が安否不明となり、捜索が開始された。浪江町職員の行動記録からは、当時、非常に情報が錯綜していたことがわかる。町で唯一電気と水が使えた病院では、入院患者を抱えながら、余震の中、津波のけが人の治療にあたっていた。この最大級の地震・津波に加え、原子力災害の発生により、最も過酷な形で人々は原発避難を強いられることになった。

日本国内の原子力防災が本格化したのは、1999年の東海村JCO臨界事故後である。全国初となる避難指示が出され、国内初の放射線による2名の死者が出た事故である。この後、「原子力災害対策特別措置法」が制定されるなど、原子力災害にかかわる防災対策は強化されてきた。

福島でも、事故時に住民·避難支援の司令塔となる「オフサイト·センター」が、福島第一原発から4.9kmの福島県大熊町に設置されていた。本来、事故時には国の関係省庁、東京電力、警察・消防、自衛隊、県、自治体が集結し、情報収集により住民避難を支援することになっていた。しかし3月11日夜、本来、参集するはずのメンバーは一部しか揃っていなかった。

『“原発避難” 7日間の記録　福島で何が起きていたのか』

その後、避難指示は12日早朝に10km、同日18時25分に１号機の爆発を受けて20kmと拡大していく。しかし、大熊町のオフサイト・センターの壁にかけられていた地図は、福島第一原発から10kmの範囲しかカバーしておらず、オフサイト・センターが本来の機能を果たすことができる状況にはなかった。

また「緊急時迅速放射能影響予測ネットワークシステム」いわゆるSPEEDIは、風向きや地形を分析し、放射性物質がどのように拡散するか、どこに避難したらよいかを予測するはずだった。しかし、実際の事故時には、全電源が喪失したために放射性物質の飛散量等のデータが得られず、住民避難の支援に活用されることはなかった（そして、福島原発事故後の2014年10月８日、原子力規制委員会は、正式にSPEEDIを原発事故時に活用しないことを決定した）。

1999年のJCO臨界事故後、国や自治体は制度を整え、「原子力防災」に取り組んできたはずであった。しかし、本番組で示されるように、福島原発事故において、被曝を最小限にしながら、住民避難を円滑に進めるための重要な機能が発揮されることはほぼなかった。放射線被ばくの実態把握に不可欠な甲状腺スクリーニング検査も十分に行われず、記録さえも十分に残されていない。事業者、地元自治体、県や国の関係者の誰も原発から10kmを超える範囲で避難指示がでることは想定していない中で、福島原発事故時の対応は、住民の被曝の最小化、スムーズな住民避難という点からは全く不十分な「原子力防災」であった。

情報不足と混沌
出なかった服用指示

前代未聞の原子力災害を前に、役場の行政職員や医療・福祉関係者などの住民を守る立場にある専門家は、住民とはまた違う苦しい判断を迫られた。

３月12日朝、原発から半径10km圏内に避難指示区域が出た。馬場町長は、この情報をテレビを通じて知ることとなる。浪江町の一部も含まれていたが、町から北に向かう幹線道路は津波で寸断され、南には原発があり、残された選択肢は原発から20km以上離れた北西部の津島地区だけだった。役場の指示により、住民は一斉に避難を始める。津島地区に向かう道路は国道１本のみであり、大渋滞であった。まさにこの時、福島第一原発１号機が水素爆発を起こした。

この日の夕方以降、住民が避難しているさなか、この時期には珍しい海からの風に乗って放射性物質が津島地区方面へと流れていき、渋滞する車列の上を放射能プルームが通過していった。SPEEDIが使えれば、余計な被曝を抑えられていた可能性もある。「被曝したかもしれない」という不安は、後々まで住民を苦しめる。

浪江町津島地区は1500人程度の集落だが、ここに着の身着のまま逃げてきた1万人以上の住民が避難所にあふれ返っていた。津波で家族を失っている人、家族と再会して喜ぶ人など騒然としていた。3月14日午前11時には3号機が水素爆発し、避難所では緊張感が高まっていく。浪江町の保健師は、被ばくの危険性を強く意識するが、避難所には1000人以上がいるのに、甲状腺被ばくを抑える安定ヨウ素剤は手元に500人分しかなかった。「子どもや妊婦だけ先に配るのか……誰も配ったり飲んだりするタイミングがわからず、あるということもお知らせできなかった。」後にPTSDを発症するほどの苦悩に直面した保健師の言葉を通して、混沌とする避難所で、安定ヨウ素剤配布がいかに困難であるかが示される。結局、津島地区の18の避難所でヨウ素剤が配られることはなかった。

本番組には含まれていないが、原子力安全委員会は、3月13日未明から、安定ヨウ素剤の服用を助言する内容を政府の緊急災害対策本部(原子力災害対策本部)に電話やFAXにて繰り返し伝えていたが、しかし自治体にまでその情報が的確にタイムリーに伝わることはなかった。強い勧告権を有した原子力安全委員会が出した助言が、住民避難や原子力防災を実際に担う市町村にまで伝わらなかったという点も、重大な課題である。

本番組では、住民避難に直面し重い判断をした行政や専門家、住民が当時を振り返り、原発事故の発生直後、放射性物質の拡散の情報も十分になく、避難所も緊張が高まり混沌とする中、住民の被曝を十分に防ぐことができなかった自責の言葉が繰り返される。原発事故直後の混乱の中、本来の職務が果たせなかった悔恨である。当初、原発から30km圏の住民には安定ヨウ素剤の事前配布は認められていなかったが、2020年2月、国は方針転換し、関係道府県に事前配布を認める通知を出した。

屋内退避区域というグレーゾーンの悲劇

3月15日、2号機が放射性物質の大量放出、4号機が水素爆発を起こし、原発避難は新たな段階に入る。政府は、福島第一原発から半径20kmから30km圏内の地域に「屋内退避指示」を出した。これは、即時の避難は必要ではないが、無用な被曝を避けるために、極力屋内にとどまることを要請する指示である。

この屋内退避指示を受けた南相馬市では、14日夜まで来ていたトラックに交通規制がかかったため、これ以降、市内のガソリン・物資が途絶えていく。この背景には、国土交通省から運送業界に屋内退避指示区域に入らないよう指示があったことが、全日本トラック協会の理事の言葉で明からにされる。報道関係者も避難指示区域から撤退する中で、南相馬市桜井市長は自ら電話でニュース番組に出て、「陸の孤島」と化した街の様子を訴えるしかなかった。

屋内退避指示の後、高齢者や障がい者など、自力での避難も屋内退避の継続も難しい人にとっては、さらに苦難が重なった。自衛隊や警察は「避難は必要ない」ことを前提とする屋内退避指示により、積極的な避難のサポートもできなかった。「屋内退避指示」により、災害弱者にとっては、人が消えた街の中で孤立無援の状況に置かれ、さらに救援を得ることさえも非常に困難にした。その結果、南相馬市では、取り残された高齢者のうち５人が３月中に衰弱死している。避難指示区域の病院からの過酷な避難については多くの記録が残っているが、屋内退避指示の悲劇は語られることも少ない。

このように屋内退避指示区域の住民、特に災害弱者が置かれた過酷な状況はあまり知られていない。現在進められている、改定後の原子力防災計画では原発から５km 以上30km 圏内（いわゆる UPZ）の住民は、原子力事故時に基本的には「屋内退避」が指示される。本番組は、「屋内退避」指示によって、住民がどのような状況に置かれるのか、という厳しい現実を映し出す。そもそも福島原発事故後に繰り返される「実効性ある住民避難」とは、何をもって「実効性ある」といいうるのかを考えるのに重要な資料である。

さらに学ぶ人のために　映画『逃げ遅れる人々　東日本大震災と障害者』（飯田基晴監督、2012年〔東北関東大震災障害者救援本部制作〕）。東日本大震災・福島原発事故により広域避難を経験した人々の壮絶な体験が映像と語りで示される貴重な映像。今井照・自治体政策研究会編『福島インサイドストーリー──役場職員が見た原発避難と震災復興』（公人の友社、2016年）。役場職員による貴重な証言記録。原発事故対応のあり方について課題を示す。日野行介・尾松亮『フクシマ６年後　消されゆく被害─歪められたチェルノブイリ・データ』（人文書院、2017年）。

（原口弥生）

Ⅵ−5 「真実」とは何か――事故を検証する

『原発メルトダウン　危機の88時間』／2016年３月13日／90分／制作統括：中村直文ほか／2015年度第42回放送文化基金賞（優秀賞）、同第53回ギャラクシー賞（奨励賞）、2017年第50回アメリカ国際フィルム・ビデオ祭（最優秀賞）

O A

事態が最も深刻化した“88時間”

本番組の概要について、NHKのホームページには、「2011年、世界最悪レベルの事故を起こした東京電力・福島第一原子力発電所。最前線で人々が何を考え、どう行動していたのか、関係者500人を取材し全貌に迫る。想像以上に混乱を極めていた原発内部、「東日本壊滅を覚悟した」と吉田昌郎所長が語った過酷な現場……。事態が最も深刻化した“88時間”を徹底再現。水素爆発や巨大津波なども詳細に映像化し、原発という“密室”で、人類史上初めて直面した事態をひもといていく。」とある。

本番組は、東日本大震災が発生した2011年３月11日午後２時46分から３月15日午前７時までの“88時間”に、「原発という“密室”」(主に中央制御室と免震重要棟)にいた人々（発電所所員、東電社員、運転員および関連企業の作業員ら）がとった行動を現場の視点から映し出した再現ドラマだ。本番組を視聴して、東日本が壊滅するほどの深刻な事態に陥る可能性があったことに愕然とした。吉田所長をはじめ“密室”にいた東電社員や運転員らが不眠不休で懸命に取り組んだものの、いくつもの危機（地震と津波、全電源喪失、冷却機能喪失、水素爆発等）が連鎖的に発生し、１号機と３号機の水素爆発を食い止めることはできなかったという。２号機が爆発しなかったのは、「天の助け」で偶然がもたらしたものだったのだ。

同時に、いくつかの疑問が湧いてきた。

・なぜ、３月15日午前７時までの“88時間”を切り取ったのだろうか。本番組は、「２号機は爆発しなかった」で終わる。その後、「現場の対応を超えるスピードでメルトダウン」とのナレーションが入るが、「事態が最も深刻化した」というならば、実際に２号機が大量の放射性物質を放出した３月15日の午前７時～11時、13時～15時までの８時間が含まれなければならない。本番組は意図的にこの

8時間を外したのだろうか。

・本番組には、周辺住民に避難を知らせる場面がない。唯一、周辺地域が取り上げられているのは、地震発生から24時間後の3月12日午後3時36分、1号機（続いて3号機）が水素爆発を起こしたことで周辺地域への放射性物質が拡散する懸念だけだ。“密室”にいる人々は、周辺住民に被曝の可能性を十分かつ事前に知らせることはなかった。再現ドラマなので不作為は描きにくいが、ナレーションなどで、「この時、周辺地域に避難を呼び掛けていれば、住民は無用な被曝を避けることができたのだが……」と入れることはできたはずだ。そうしなかったのはなぜだろうか。

・本番組では東電福島原発事故を「人類史上初めて直面した事態」と描いているが、3.11が起きる25年前の1986年4月26日、旧ソ連で人的被害が人類史上最悪といわれるチェルノブイリ原子力発電所事故が起こっている。この核惨事の教訓（ヒューマンエラーと構造的欠陥の隠蔽）は、なかったことにするのだろうか。

ヒーローを生む「主観的事実」

本番組では、いくつもの物理学的事象について解説がなされているが、本稿では本番組が描き出すストーリーについて3つのポイントから考えてみたい。

1つ目は、事実をどう解釈するかである。本番組は、真相（真実）を明らかにするために、事実を整理し、「人類史上初めて」直面した事態を紐解くことを目的として挙げている。おそらく、後に「事実」を検証する際のエビデンスとして制作したのであろう。そのため、時系列に「事実」を再現する手法をとっているが、同時に、臨場感を出すために指揮する人、所員の切羽詰まった対応、協力を申し出る技術者の思いや感情が役者の言葉や表情を媒介として随所に入っている。しかし、そうしようとすればするほど、誰かが語る「真実」は「事実」から乖離していくように感じる。なぜなら、“密室”での行動を500人を超える当事者へのインタビューに基づいて再現することは、まさに「主観的事実」を伝えることになるからだ。本番組では、いつ爆発するかわからない状況下で、「ベントには俺が行く」と次々に手を挙げる所員を映し出す。東日本壊滅の危機に直面し、多くが避難する中、残った700人に対して吉田所長が「討

『原発メルトダウン　危機の88時間』

ち死にしよう。あとは神様に祈るだけ。皆さん有難うございました」と頭を下げるシーンは、見ている者の胸を打つ。３日間、一致団結して危機と闘う人々の姿は日本を守るヒーローだ。しかし、一生懸命取り組んでいることに価値を見出し、客観的な視点を失ってしまうと失敗の本質は見えなくなり、責任の主体は曖昧になってしまうのではないか。

1つの事実と複数の真実

２つ目のポイントは、事実は１つのはずなのに真実は複数ある点だ。公に発表された「真実」は、証言する人や調査する側の属性によって複数通りある。実際、東電福島原発事故については、政府、国会、東電、民間の４つの事故調査委員会が、事故の「真実」を解明すべく大がかりな調査を行い、2012年に報告書を作成・公表した。４つの報告書を比較した日本科学技術ジャーナリスト会議の『４つの「原発事故調」を比較・検証する―福島原発事故13のなぜ？』(2013年) によると、それぞれの報告書の内容に直接当たってみても、福島原発で何が起こったのか、その原因は何なのかは見えてこないという。本番組の「88時間」に当たる部分では、「Q１　地震か津波か？なぜ直接的な原因が不明なのか？」、という項目がある。この問いに対し、東電事故調は想定外の津波が発生したことによる全電源喪失が致命傷になったと結論づけている。民間事故調は数々のヒューマン・エラーが起こったことを指摘し、政府事故調は配管破断の可能性は認められず非常用復水器操作の対応ミスが水素爆発に連鎖的に波及したとする。一方、国会事故調は地震による影響を否定できないと指摘している。このように、直接的な原因についても４者４通りの「真実」がある。

日本科学技術ジャーナリスト会議は、上掲書の中で「４事故調の報告書は事故の原因や真相に迫ることができず、教訓も十分引き出せずに中途半端で物足りないものに終わった、と総括せざるをえない」と指摘している。つまり、４つの報告書それぞれが主観的事実を並べる限り、真相にたどり着くことはできないということである。

真実の複数性保身が生む嘘

３つ目のポイントは、なぜ、「真実」は複数存在するのかである。この点で連想されるのは、芥川龍之介の短編小説『藪の中』であろう。『藪の中』は、ある男の死体が藪の中で見つかり、検非違使に尋問された４人が目撃証言をし、そのあと３人の当事者が告白する、という形で構成されている。それぞれの証言者のストーリーは食い違い、矛盾する。まさに真相は「藪の中」なのだが、この小説を映像化した黒澤明の『羅生門』では、それぞれの証言者が事件を自分の都合の良いように解釈するせいで何が真実かわからない、という人間のエゴとその恐ろしさが描かれている。つまり、小説『藪の中』に描かれる「事実の複数性」は、映画『羅生門』では証言する人の保身によって生まれる嘘（虚構）として表出・描写される。

なぜ人は嘘をつくのか。それは、シビアアクシデントという危機下で起こる人間の心理に由来すると考えられる。この点において、1986年4月26日の早朝に起こったチェルノブイリ原子力発電所の爆発からその後数カ月に及ぶ大混乱と原因究明を試みる科学者らの葛藤を描いたドラマ『チェルノブイリ』（全5話）は、非常に興味深い。『チェルノブイリ』では、権力をもつ者、責任を負う立場にいる者による事実の矮小化と隠蔽、共産党政権が権威・体面を保つために行った科学的データの捏造、パワハラ上司による命令への絶対的服従、周辺住民への情報非開示など、様々な嘘の積み重ねが爆発を招いたことが描かれている。第5話の「ウソをつくたびにツケがたまる。ツケは必ず払わされる。爆発を招いたのはウソだ」という言葉が重い。言うまでもないことだが、保身のためについた嘘の代償が同じ過ちの繰り返しになってはならない。最後に、『チェルノブイリ』は米英の合作作品であることを付言した上で、同作品も是非、観て欲しい。

さらに学ぶ人のために 日本科学技術ジャーナリスト会議『4つの「原発事故調」を比較・検証する―福島原発事故13のなぜ？』（水曜社、2013年）。4つの事故調報告書はいずれも責任の追及をしていないと指摘している。芥川龍之介『地獄変・邪宗門・好色・藪の中他七篇』（岩波書店、1956年（初版は1922年））。『藪の中』には、侍の殺人事件の目撃者と当事者による複数の証言が羅列されているが、それぞれの証言は矛盾している。1つの事象が複数の視点から描かれる。『羅生門』（黒澤明監督、角川映画、1950年）。芥川龍之介の『藪の中』を原作にした映画。HBOドラマ『チェルノブイリ』（全5話、2019年、米英合作作品）。1話60分～100分のミニ・シリーズだが、臨場感がある。何も知らされずに被曝し亡くなった消防士や鉱夫、住民の姿を観ると社会的弱者が常に究極の被害者であることを痛感する。

（毛利聡子）

Ⅵ－6　「負の遺産」としての放射性廃棄物

――フクシマから問い直す将来世代への責任

『東日本大震災　追跡―原発事故のゴミ』／2015年11月21日／49分／制作統括：松本成至ほか、ディレクター：横山友彦ほか／2015年度第53回ギャラクシー賞（選奨）　O A

異様な光景、予期せぬ事実

「生まれ育った場所ですから、思いはありますよ。ただ、異様な風景ですからね」。避難を余儀なくされた地域に、人が戻りつつある。そこで目にするのは、あまりにも変わり果てた故郷の姿だった。除染で出たゴミ（土や草木など）が黒い袋（フレコンバッグ）に入れられ、至る所にうず高く積み上げられた光景など、誰が想像しただろうか。

福島第一原発事故から4年半（放送時点）。その爪痕は、あまりにも深い。福島とその近県のみならず、意外な場所で発現することもある。群馬県の下水処理場で、高濃度の放射能汚染が検出されたり。横浜市内の学校が、指定廃棄物とされた汚泥を、処理できぬまま保管していたり。

次々に紹介される驚くべき事実。これは、ほんの序の口なのかもしれない。廃炉作業が本格化すると、さらに困難な課題が出てくるのは確実だからである。

焦点としての中間貯蔵場

住民の帰還と農業の再開に、除染は欠かせない。だがそのゴミを、どこに保管（貯蔵）すればよいのか。

本番組でも、除染ゴミ置き場の確保に奔走する自治体職員や、苦渋の決断を強いられる住民が登場する。これまで仮置き場として土地を提供していた人にも、自身の生活があるのだから、契約更新しないという選択はある意味で当然である。だがそうすることで、結果として他地域に負担を押しつけることへの、複雑な思いが滲む。これが、被災地の厳しい現実である。遠く離れた都会の住民が、無関心であり続けるのは許されない。

『東日本大震災　追跡―原発事故のゴミ』

事故原発周辺の牧場で、汚染で出荷できなくなった牛が、牧草を食べていた。除染で刈り取られ、処分できずに積み上げられた牧草を。「僕らは牛飼いだから、見捨てることをしません。牛と運命をともにする。本当に……切ないんだよ」。もちろんこの人は、生計のために牛を飼っているのである。

語れなかった、語らなかった言葉がある。映像になりきらない苦悩がある。そうしたことも含め、テレビカメラは、同時代の一断章を捉えていた。

貴重なドキュメンタリーから、私たちは何を学ぶべきだろうか。除染ゴミの処分場建設に反対する地域住民が声を上げる。「国と東電が責任を持って処分すべきだ」「そうだ」。正当な主張ではあるが、一筋縄ではいかない難しさがある。

汚染者負担原則の空洞化

環境問題のイロハともいうべき基本原則がある。汚染原因を作り出し、環境を害した者は、責任をとって対策費用を負担しなければならない。たとえ事業者に悪意がなかったとしても、当時の科学的知見に照らして予見不可能だったとしても、この事情に変わりはない。汚染者負担原則は無過失責任制である。環境破壊は甚大な影響を及ぼすものだから、こうした厳しい措置には妥当性がある。

この考え方を福島第一原発事故に適用するなら、事故を起こした電力会社や、政府、経済界には、すべての費用を負担して原状回復する義務がある。しかし、損害の規模が大きく不確定要素もあるため、実際にはそれが不可能である。もちろん、加害者責任が不問に付されるべきではない。だが、どんなに厳しく責任を追及したところで、核のゴミは消えてなくなりはしない。

最悪の環境破壊である原子力災害に、汚染者負担原則がうまく機能しない理不尽さ。だが、原子力開発とはそういうものである。原発事故が起こっても、原子炉メーカーや輸出国政府は責任を負わない。1955年の日米原子力協定（その後の原子力損害賠償法の基になる）にも、そのような免責条項が含まれる（鈴木真奈美『日本はなぜ原発を輸出するのか』平凡社、2014年、201-204頁）。

誤謬の訂正可能性が担保されない科学技術は使うべきでない、とは現代倫理学の基本的立場である。もしタイムマシンがあったら、原子力開発の黎明期に戻って、危険なプロジェクトをやめさせられたかもしれない。現実にはそれができない以上、直接の責任のない者も含め、「負の遺産」を社会共同体全体で背負っていかねばならない。

「核のゴミ」とは何か

ここで若干の概念整理をしておこう。事故発生から4年半を経てなお残存する「核のゴミ」が、地域の人々を苦しめ続けている。本来なら原子炉に閉じ込められているはずの有害物質が、環境中に放出されたことが招いた悲劇だが、それと同じ量、いやそれ以上の放射性物質は、原発の運転に伴い生成している。いわゆる放射性廃棄物の問題である。

とりわけ深刻なのが、使用済み核燃料である。再処理せずに廃棄する方式（直接処分）が世界の主流になりつつあるが、核燃料サイクル（使用済み核燃料からプルトニウムを取り出し、高速増殖炉の燃料として使うこと）を公式に放棄していない日本では、ゴミでなく資産として計上される。再処理工程では、硝酸に溶かしてプルトニウムを分離した後、核分裂生成物（死の灰）を含む廃液が残る。このままでは扱いにくいので、ガラス固化体にして専用の容器（キャニスター）に詰められるが、表面線量が非常に高く、人間が近づけば数十秒以内に死亡するという（倉澤治雄『原発ゴミはどこへ行く？』リベルタ出版、2014年、228頁）。

放射性廃棄物は、原発事故由来の核のゴミとは区別されるべきだが、共通点もある。放射線レベルの高いものは、安定した岩盤層の地下深くで、数万年単位で環境から隔離して保管されねばならない。そんな施設をどこにつくるのか。フィンランドやスウェーデンなどを除き、最終処分場のめどは立っていない。除染ゴミの多くは低レベルだが（燃料デブリなどの高レベル放射性廃棄物の総量は、未だにわからない）、最終的にどこへもっていくのかは、未解決のままである。

なお、放射性廃棄物には核兵器関連のものもある。というより、そもそも原子力エネルギーは、核兵器開発と密接不可分の関係にある。被爆国日本の反核平和運動の一部においてさえ、「原子力の平和利用」レトリックの虚構性を見抜けぬ弱点があったことは、今日の視点から問い直しが必要なことだろう。

放射性廃棄物とNIMBY

社会共同体には必要だが、立地地元の負担が大きいため、建設が難航する施設がある。それらはしばしば、NIMBY（Not In My Back Yard）と呼ばれる。受け入れに際し財政的な優遇措置（各種補助金など）を与える、国家権力を盾に暴力的に押しつける（沖縄米軍基地など）といった違いはあれ、結局は立場の弱い地域につくられることが多い。

放射性廃棄物最終処分場が、究極のNIMBY施設であることは言を俟たない。日本でも、原子力発電環境整備機構（NUMO）のもとで、2002年から候補地公募が始まったが、自発的に応募した自治体は１つもない。そのため、2017年には「科学的特性マップ」（経済産業省資源エネルギー庁のウェブサイトに掲載）が公表され、政府主導の下で候補地探しが本格化している。

誰もが望まぬ最終処分場。それにもかかわらず、国内のどこかにつくらねばならない。（原発事故がなかったとしても）数十年の原子力エネルギーの恩恵と引き換えに生み出された核のゴミは、厳然としてそこにあるからである。これは、原発推進派であれ脱原発派であれ、避けて通れない。しかも「解決」できる問題ではなく、幾世代にもわたり放射性廃棄物とともに生きていかねばならない。

せめて私たちに可能なのは、あるいは、なさねばならないのは、「負の遺産」を公平に配分することくらいだろう。「最大多数の最大幸福」から「最大多数の最小不幸」へのパラダイム転換。だが、利益配分を主たるテーマとしてきた社会諸科学には、不利益の配分は不慣れな発想である。放射性廃棄物問題の出現は、既成政治や近代科学の諸前提を揺るがす重大事である。私たちは、これまで経験したこともないような難問に直面していることを、知らねばならない。

六ヶ所村への視点　本番組とあわせて視聴したいのは、『ETV特集“核のごみ”に揺れる村　苦悩と選択—半世紀の記録』（2018年6月7日放送、60分）である。原発事故由来の核のゴミを追った表題作に対し、こちらの対象は、原発の通常運転に伴って出てくるもの。行き場のない放射性廃棄物（高レベルも含む）の一部は、青森県六ヶ所村の中間貯蔵施設に保管されるが、最終処分のめどは立っていない。戦後日本政治の矛盾を凝縮したような現実が、この地にはある。貧しさを逆手にとるようにして推し進められた原子力行政の残酷さを、生々しい証言が浮き彫りにする。「イカの腑ってわかりますか。貧しい人は、そんなものをもらって食べるしかなかったのですよ」。

さらに学ぶ人のために　放射性廃棄物問題を扱った書物も、いくつか出ている。評者はあえて、社会科学の古典を繙くことを推奨したい。アダム・スミス／高哲男訳『道徳感情論』（講談社、2013年、他）は、人間相互の同感（sympathy）を出発点に哲学・倫理学の構築を試みる。「経済学の父」は、利己主義をむき出しにした利潤最大化競争を唱道したわけではないのである。誰かに犠牲を押しつけるのでない形で、不利益の公正配分を考えねばならない時代に、原点として立ち返るべきはスミスの思想ではなかろうか。　（小野　一）

Ⅵ－7　コスト面から原発事故を検証する

『廃炉への道2016　調査報告　膨らむコスト─誰がどう負担していくか』／2016年11月６日／54分／制作：NHK 福島 仙台／2016年度第54回ギャラクシー賞（選奨）、同第24回坂田記念ジャーナリズム賞（東日本大震災復興支援坂田記念ジャーナリズム賞）　O

原発事故のコスト

本番組は、東京電力福島第一原子力発電所事故に対して、廃炉、除染、賠償などの「コスト」という面からアプローチし、その実態を明らかにしたものである。これらのコストは巨額にのぼるが、大半が税や電気料金を通じて国民負担に転嫁されていくことは、十分認識されているとはいえない。本番組は、独自の調査を交えてその実情に迫っている。

初回放送時の2016年11月は、これらの費用負担が国政上の大きなテーマとして浮上していた時期である。経済産業省は2016年９月末～10月初め、２つの有識者会議──「東京電力改革・１Ｆ問題委員会」（以下、東電委員会）と総合資源エネルギー調査会「電力システム改革貫徹のための政策小委員会」（以下、貫徹小委）──を設置し、集中的な検討を開始した。多額の費用負担をめぐる議論だったが、審議は非常に急ぎ足で進められた。早くも同年12月には、東電委員会が「東電改革提言」を、また貫徹小委が「中間とりまとめ」（案）を作成した。

なぜこれほど急がれたのか。その背景には、事故対応費用の増大と、電力自由化の進展があった。

事故対応費用の増大

事故後、これらのコストが増え続けていることはわかっていたが、政府や東京電力（以下、東電）は全体像を明らかにしようとしなかった。そこで評者らは、各種資料をもとに積算し、2014年に発表した論文で事故対応費用の総額が約11兆円にのぼることを示した（大島堅一・除本理史「福島原発

2016
Decommissioning Fukushima
廃炉への道
調査報告 膨らむコスト
～誰がどう負担していくか～

『廃炉への道2016　調査報告　膨らむコスト─誰がどう負担していくか』

事故のコストを誰が負担するのか――再稼働の動きのもとで進行する責任の曖昧化と東電救済」『環境と公害』第44巻第1号、2014年）。

その後も、賠償や除染の費用は増大し続け、総額はさらに膨れ上がった。本番組でも示されているように、廃炉作業は困難を極め、行程の見直しと作業の長期化、追加の安全対策などがコストを押し上げる。作業員の危険手当だけでも1日あたり1億円超が必要とされた。

除染においても、事故から5年という時間の経過がコストを増加させていた。田んぼに柳の木が生えてしまい、除染の際に取り除かなくてはならない。本番組では、これによって作業の手間が4倍ぐらいに増えている、という現場担当者のインタビューが紹介されている。この追加費用は1000億円にのぼった。

また、除染土などを詰めるフレコンバッグが劣化し、詰め替える必要が生じた。本番組は、環境省の内部資料を独自に入手し、1万3000袋のうち約半分で詰め替えが必要になっていたことを明らかにした。この新たなフレコンバッグの購入だけで約1億円を要する。このまま推移すれば、中間貯蔵施設への搬入費用は1750億円という見込みを大きく超え、1兆円超に膨れ上がると見られた。

本番組が放送された後の2016年12月9日、第6回東電委員会に提出された資料によれば、これらの総額は21.5兆円に達するとされた。内訳は、廃炉・汚染水対策が8.0兆円、賠償が7.9兆円、除染が4.0兆円、中間貯蔵施設が1.6兆円である。

国民負担への転嫁

これらの費用を東電が本当に負担していたら、とっくにつぶれているはずだ。しかし、その大半を国民負担に転嫁する仕組みがつくられている。

賠償の費用については、2011年8月に原子力損害賠償支援機構法が成立している（2014年の改正で原子力損害賠償・廃炉等支援機構法に改称）。これにより、賠償額のほぼすべてが東電に交付されてきた。2020年2月までの資金交付額は、9兆円以上にのぼる。これによって東電は債務超過と法的整理を避けることができた。

この資金交付は、貸付ではないため返済義務がないが、東電を含む「原子力事業者」（原発をもつ大手電力会社等）の負担金により、いずれ国庫に納付されることになっている。この負担金の大部分を占める一般負担金は、電気料金を通じて消費者に転嫁することができる。『朝日新聞』（2017年2月27日朝刊）が試算したところ、転嫁額は1世帯あたり年間587～1484円となった。

この負担転嫁の仕組みは、旧来の電力システム――特に地域独占と総括原価方式に基づく電気料金制度を前提としている。地域独占とは、各地域につき1つの電力会社が「発電」「送配電」「小売」という3部門を一貫して提供することをさし、総括原価方式とは、事業に要する費用を回収し、かつ利潤を確保できるように価格を決める仕組みである。しかし、次に述べる電力自由化の進展は、それらの前提条件を掘り崩していった。

電力自由化の進展 2016年4月から電力の小売全面自由化が実施され、すべての消費者が電力会社や料金メニューを選べるようになった。自由化に伴い新規参入した原発をもたない電力会社（いわゆる新電力）からも、消費者は電気を買うことができる。ところが新電力は、大手電力会社と異なり負担金を支払う必要がない。そのため、新電力のシェアが拡大すると賠償費用の転嫁が難しくなる。また、総括原価方式も2020年をめどに撤廃されることになった。そこで、2020年より前に負担転嫁の仕組みを再構築するという課題が浮上してきたのである。

この問題に対して、貫徹小委の「中間とりまとめ」は、託送料金（送配電網の利用料）の仕組みを使い、賠償費用の一部を回収することを提案した。送配電事業では、2020年以降も地域独占が維持されるので、託送料金は、新電力と契約する消費者を含め、全員が支払うことになる。

問われる原子力延命策 この狙いはどこにあるのか。第1に、送配電事業においては地域独占が維持されるため、託送料金による賠償費用の回収は、事業者の経営努力を要しない。電力自由化が進んでも、消費者に容易に転嫁できる部分を維持することが可能となる。

第2に、電力自由化の一環である発送電分離によって、大手電力会社の送配電部門が分社化され、発電（原子力発電を含む）や小売から切り離される。そこで、消費者から小売事業者を介して送配電事業者へ支払われる託送料金に、賠償費用の一部を付け替えれば、それだけ原子力事業者の負担が減る。

つまり、貫徹小委の提案は、原子力事業者の負担を減らし、軽減分を別のやり方で消費者から容易に回収しうる仕組みをつくることに他ならない。言い換えれば原子力延命策である。賠償総額は上記のように7.9兆円と見積もられ、貫徹小委はそのうち2.4兆円をこの仕組みで回収するとした。原子力事業者に対する負担軽減効果は非常に大きい。

本番組は、「今後十分な議論が行われないまま、いつの間にか負担が広がっていくようでは、国民の納得を得るのは難しいのではないでしょうか」と問いかけている。しかし、この放送後も、事故対応費用を国民負担へとしわ寄せする方針がさらに打ち出されていった。

2016年12月20日の閣議決定「原子力災害からの福島復興の加速のための基本指針」では、帰還困難区域の除染に国費を投入することが示された。放射性物質汚染対処特措法に基づいて、除染費用は東電に求償されることになっているが、帰還困難区域についてはそこから切り離す措置がとられたのである。しかし、なぜ帰還困難区域の除染を別扱いにするのか、納得のいく説明はなされていない。

2020年度は政府が定めた東日本大震災「復興期間」10年の最終年度にあたる。しかし、原子力災害の影響はきわめて長期に及ぶ。コストの総額は、国が示す21.5兆円では収まらない可能性がある。

賠償については、東電の賠償基準が被害実態からずれており、重大な被害が賠償されずに取り残されたままだ。これを問う動きとして、2012年12月以降、事故被害者による集団訴訟が全国各地に広がった。提訴は北海道から九州まで20の地裁・支部に及び、原告数は1万2000人を超えた。この動向によっては賠償がさらに増加する可能性がある。「原発のコスト」を正しく評価するためにも、被害の総体をきちんと賠償することは不可欠である。

これらのコストは、私たちが今後数十年にわたって背負い続けることになる。したがって、総額と負担のあり方をわかりやすく提示し、国民的な議論を行う必要があるはずだ。本番組はそのことを強く訴えている。

さらに学ぶ人のために　大島堅一『原発のコスト―エネルギー転換への視点』（岩波新書、2011年）。政策経費や事故対応費用など、直接的な発電コスト以外の「社会的費用」を視野に入れ、「原発は安くない」ことを明らかにした。小森敦司『「脱原発」への攻防―追いつめられる原子力村』（平凡社新書、2018年）。電力自由化や国民への負担転嫁をめぐって、大手電力会社、官僚、政治家などがどう動いたか、ジャーナリストが丹念に取材する。除本理史『原発賠償を問う―曖昧な責任、翻弄される避難者』（岩波ブックレット、2013年）。福島原発事故賠償の問題点や国民負担転嫁の仕組みを概説。

（除本理史）

Ⅵ-8 「被曝の森」が人間社会に突きつけるもの

『被曝(ばく)の森2018 見えてきた"汚染循環"』／2018年３月７日／50分／制作統括：小池幸太郎ほか、ディレクター：苅田章ほか

生態系に入り込んだ放射性物質

アライグマ、キツネ、イノシシの群れ。人間が勝手に引いた境界を知る由もない動物たちが、立ち入り制限区域のゲートを自由に行き来する。本番組は、東電福島原発事故から７年目を迎える、原発のすぐそばにある３万4000haの森が舞台だ。美しい阿武隈山地の風景とは裏腹に、そこには毎時60μSvという大量の放射性物質が降り注ぐ。人間が立ち入れない場所となったこの森で、何が起きているのか。動植物への放射線影響の調査を行う科学者らが、徐々に明らかになりつつある生態系の変化を追っている。

原発事故によって環境中に放出された放射性物質は、東日本一帯に広く拡散され、国土の７割という広大な面積を占める森林にも降り注いだ。風に乗って運ばれた放射性セシウムは、森林の樹冠（樹木の上方の葉が茂っている部分）や樹皮に付着した後、雨で洗い流され、落葉や落枝と共に林床に降り積もる。森に積もった落ち葉は、土の中の微生物やミミズ、昆虫の幼虫などの小さな生き物たちによって分解される。落ち葉や枯れ枝といった有機物は、こうした地中生物に食べられることで団粒状になって排出され、そこに菌類・細菌類からなる微生物が侵入し無機物へと分解される。こうして分解された無機物は、植物や樹木が根から吸収できる栄養素になる。自然がもつ循環の仕組みである。この循環の中に放射性物質が入り込むと何が起きるのだろうか。

食物連鎖と汚染循環

土壌に浸み込んだセシウムは、粘土鉱物の隙間に入り込み浅い部分にとどまるため、地下水の層までは到達しない。森が「セシウムを閉じ込めるダムの役割」を果たしているという。しかし土壌の表層部分に蓄積された放射性物質は、森林内の物質循環に伴って移動することになる。

セシウムは、植物の生育にとって欠かせない栄養素であるカリウムと似た性質をもつ。そのため汚染された土壌の栄養を吸収して育つ植物は、放射性物質を体

内に取り込むことになる。本番組では、コスモスやセイタカアワダチソウなどの葉や茎にセシウムが浸透し、鳥などが好むやわらかい実や花の部分にまで、まんべんなく浸透している画像が映し出される。主に樹皮を集めてつくるスズメバチの巣や、孵化しなかったヤマガラの卵にも高濃度の汚染が及んでいたという。森で見つけたシジュウカラの死骸からは、血液が最も集まる脳にセシウムが蓄積されていたことがわかり、その様子が可視化される。衝撃的な映像である。

また土壌の表層部分に菌糸を出すきのこほど汚染が高いこともわかってきており、原発事故から時間が経過してもなお林産物は高い放射線量を示す。落ち葉を直接食べるミミズなども著しくセシウムを取り込むため、当然これらを捕食する陸上の生物も高いセシウム濃度を示すことになる。イノシシなどの大型野生動物は、食物連鎖を通して放射性物質を体内に取り込むため、とりわけ人間の食用となる筋肉部分の放射能が高い。森林内の生態系は、幾重にも重なる物質循環の仕組みによって放射性物質を蓄積・保持する生態系となっているようだ。

『被曝の森2018　見えてきた“汚染循環”』

こうして汚染された森に暮らす動物にはどのような影響が及んでいるのか。研究者らがネズミやアライグマなどの染色体を調べたところ、切断された染色体が修復される際に誤った形で修復される「二動原体」が、帰還困難区域周辺で捕獲されたアライグマから多く発見されているという。これは2つの動原体をもつ染色体で、放射線被曝により生じる染色体異常として知られているものだ。またニホンザルの調査によって、大人のサルでは、筋肉中のセシウム濃度が高くなるほど血球のもとになる細胞の数が減少することも確かめられた。それが何を意味するのか、未だ確定的なことはいえないという。しかし原発事故によって放出された放射性物質が、森の生態系に深く入り込み、動物たちの生命の再生産をつかさどる遺伝子レベルにまで、不可逆的な影響を及ぼしていることは確かだ。生物多様性の宝庫といわれる森の中で、「被曝は現在進行中」なのである。

「コントロール」不可能な放射能

林野庁によれば、森林のセシウム汚染の約90％が土壌に分布し、落ち葉などに4.5％、木には４％保持されているという（2017年現在）。したがって、土壌から栄養分を吸い上げて育つ樹木も、木の内部に汚染を取り込むことになる。事故当初は葉、枝、樹皮などの濃度が高かったが、時間の経過とともに樹木内で、辺材、心材へと転流していることがわかってきた。特にスギでは、心材（木の中心部）の濃度が高まる傾向にあるという。事故後に植栽した苗木にもセシウムが認められることから、根からの吸収によって取り込まれ、栄養素の流れに沿って、新しい葉や花、花粉などの成長が早い組織内で濃縮されることがわかる。半減期が約２年のセシウム134はすでに減衰しており、今なお残る汚染は半減期が約30年のセシウム137に起因する。つまり現時点での汚染が、これから先、短期間でなくなることはない。

このことは、地域の基幹産業である林業再生に期待をよせる住民に、困難な現実を突きつけている。環境省は、震災から４年半過ぎの2015年12月、それまで明確にしてこなかった森林の除染について、「福島の生活圏外の森林は除染しない」という方針を明らかにした。除染をしても線量は下がらず、かえって土壌流出の危険があるとの理由からだ。その後、復興庁、農水省、環境省の３省庁で2016年から実施された「里山再生モデル事業」は、林縁から20mの「家のそばの森林」と、きのこ栽培のほだ場やキャンプ場、散策道など「人が日常的に入る森林」で落ち葉等を取り除く除染を行い、里山再生と住民帰還促進を目指す。また林野庁も、間伐等による空間線量率の抑制効果を期待した実証実験を行ってきている。しかし本番組が示すとおり、森林を人間に都合よく境界線で区切り、放射性物質の挙動をコントロールすることなどは不可能である。台風や大雨で汚染表土が流出すれば、放射性物質を大量に含んだ土壌などが周辺地域や河川に流れ込むことにもなる。

原発事故以前、この地域に暮らす人々は、燃料となる薪や炭、畑に入れる落ち葉、きのこや山菜といった食料など、里山の恵みとのバランスを保ちながら生活を営んできた。しかし原発事故は、そうした自然の循環に寄り添う暮らしを根こそぎ奪ったのである。本番組では、帰還困難区域からの避難を余儀なくされた人が、「今一度元の姿に戻してほしい」「自分たちの子孫に今一度ここを耕してもらいたい」との思いを語る。しかしひとたび環境中に放出され、生態系の循環の仕組みに取り込まれた放射性物質を取り除くことは、決して容易なことではない。

生命の再生産を脅かす核の「平和利用」

地球上のあらゆる生命は、無数のそれらのつながりの中で、地球環境を分かち合って生きている。したがって人間の存在も、地球上の生態系の制約の中にあり、他の種の生存環境に依拠して成り立つ。しかし今日、放射能汚染に限らず、地球温暖化や気候変動などといった地球システムの異変が、人間の手に負えない段階にきていることは、もはや疑う余地もない。

化石燃料に依存しながら高度大衆消費社会を目指してきた近代社会は、自然環境を、社会の外側にあるものとして対置させてきた。自然を客体化し、原理・法則を発見、駆使することで近代科学技術は目覚ましい発展を遂げ、今日の産業社会を牽引してきたことは言うまでもない。その最たるものが、戦後日本が核の「平和利用」として経済発展の支柱に据えてきた原発であろう。しかしながら他方で、人間が自然を一方的に支配し利用できるものと捉える近代的自然観は、深刻な環境問題を生み出してもきた。効率的資源配分を可能にするとされた資本主義市場経済は、際限なき資源開発を一見可能にしてきたが、それは資源制約やリスクを、周縁に暮らす人々や将来世代が享受するはずの環境、そして地球環境を分かち合う他の生命体に転嫁しながら成り立ってきたのである。

しかしたとえ戦争が起きていなくとも、自分たちの経済活動がどこかで誰かの生命を脅かしている社会を、果たして平和と呼べるだろうか。原発がひとたび事故を起こせば、生命の再生産を脅かすほどの影響を生態系に及ぼすことが明らかになりつつある。未曽有の原発事故が生み出した「被曝の森」は、人間社会の根本からの問い直しを、私たちに迫っている。

さらに学ぶ人のために　NHKスペシャル『被曝の森　原発事故５年目の記録』（2016年３月放送）。本番組の前編として放送されたもので、原発から北西にのびる線量の高いエリアの調査報告。NHKスペシャル『シリーズ原発危機　知られざる放射能汚染―海からの緊急報告』（2012年１月放送）。森林同様、海洋中に放出された放射性物質が海の生態系にどのような影響を及ぼすのかについて追跡調査したもの。DVD『被ばくの森から～チェルノブイリの生態系～』（リュック・リオロン監督、2012年12月発売、90分）。2011年５月にNHK-BS１で『被曝の森はいま』のタイトルで放送され話題となる。チェルノブイリ原発から30km圏内の生態を追う。原発事故から25年経過したチェルノブイリで進行していたことから得られる学びは、福島原発事故後の未来を見通すために不可欠である。

（鴨原敦子）

執筆者紹介

（執筆順、＊は編集責任者）

氏名	所属	担当
芝崎　厚士	駒澤大学グローバル・メディア・スタディーズ学部教授	Ⅰ－1
黒田　俊郎	新潟県立大学国際地域学部教授	Ⅰ－2
佐々木　寛	新潟国際情報大学国際学部教授	Ⅰ－3
石田　勇治	東京大学大学院総合文化研究科教授	Ⅰ－4
＊佐藤　史郎	東京農業大学生物産業学部准教授	Ⅰ－5
竹中　千春	立教大学法学部教授	Ⅰ－6
田中　孝彦	早稲田大学政治経済学術院教授	Ⅰ－7・Ⅰ－14
遠藤　誠治	成蹊大学法学部教授	Ⅰ－8
大津留（北川）智恵子	関西大学法学部教授	Ⅰ－9
＊下谷内奈緒	津田塾大学学芸学部国際関係学科講師	Ⅰ－10
松元　雅和	日本大学法学部教授	Ⅰ－11
三牧　聖子	高崎経済大学経済学部准教授	Ⅰ－12
石田　憲	千葉大学大学院社会科学研究院教授	Ⅰ－13
五野井郁夫	高千穂大学経営学部教授	Ⅰ－15
＊上野　友也	岐阜大学教育学部准教授	Ⅰ－16
二村まどか	法政大学社会学部社会学科教授	Ⅱ－1
＊石田　淳	東京大学大学院総合文化研究科教授	Ⅱ－2
吉川　元	広島市立大学広島平和研究所教授	Ⅱ－3
最上　敏樹	早稲田大学政治経済学術院教授、バーゼル大学客員教授	Ⅱ－4
一ノ瀬俊也	埼玉大学教養学部教授	Ⅲ－1
水島　朝穂	早稲田大学法学学術院教授	Ⅲ－2
北泊謙太郎	大阪大学大学院文学研究科助教	Ⅲ－3
柳原　伸洋	東京女子大学現代教養学部准教授、アウクスブルク大学客員研究員	Ⅲ－4
島薗　進	上智大学大学院実践宗教学研究科教授	Ⅲ－5
豊下　楢彦	元関西学院大学法学部教授	Ⅲ－6
内海　愛子	大阪経済法科大学アジア太平洋研究センター特任教授	Ⅲ－7

氏名	所属	担当
桜井　均	元 NHK プロデューサー、元立正大学教授	Ⅲ−7、コラム
北村　毅	大阪大学大学院文学研究科准教授	Ⅳ−1
上地　聡子	日本大学法学部非常勤講師	Ⅳ−2
秋山　道宏	沖縄国際大学総合文化学部准教授	Ⅳ−3
真崎　翔	名古屋外国語大学外国語学部講師	Ⅳ−4
我部　政明	沖縄対外問題研究会代表	Ⅳ−5
＊小松　寛	茨城大学人文社会科学部研究員	Ⅳ−6
前嵩西一馬	日本大学法学部助教	Ⅳ−7
梅林　宏道	NPO 法人ピースデポ特別顧問	Ⅴ−1
桐谷多恵子	広島・長崎の被爆者の復興史研究者	Ⅴ−2
高橋　博子	アメリカ史研究者（専門：グローバルヒバクシャ研究、日米関係論）	Ⅴ−3
湯浅　正恵	広島市立大学国際学部教授	Ⅴ−4
根本　雅也	松山大学人文学部准教授	Ⅴ−5・Ⅴ−6
土肥　幸美	広島平和記念資料館学芸員	Ⅴ−7
直野　章子	京都大学人文科学研究所准教授	Ⅴ−8
四條　知恵	長崎大学多文化社会学部客員研究員	Ⅴ−9
山田　康博	大阪大学大学院国際公共政策研究科教授	Ⅴ−10
平林今日子	京都大学大学院医学研究科特定助教	Ⅵ−1
竹峰誠一郎	フィールドワーカー（専門：グローバルヒバクシャ研究、地域研究）	Ⅵ−2
＊清水奈名子	宇都宮大学国際学部准教授	Ⅵ−3
原口　弥生	茨城大学人文社会科学部教授	Ⅵ−4
毛利　聡子	明星大学人文学部教授	Ⅵ−5
小野　一	工学院大学教育推進機構教授	Ⅵ−6
除本　理史	大阪市立大学大学院経営学研究科教授	Ⅵ−7
鴫原　敦子	東北大学大学院農学研究科学術研究員	Ⅵ−8

戦争と平和を考えるNHKドキュメンタリー

2020年10月10日　初版第1刷発行

編　者　日本平和学会

発行者　田　靡　純　子

発行所　株式会社　法律文化社

〒603-8053
京都市北区上賀茂岩ヶ垣内町71
電話075(791)7131　FAX075(721)8400
https://www.hou-bun.com/

印刷：西濃印刷㈱／製本：㈱藤沢製本
装幀：白沢　正

ISBN978-4-589-04103-6
©2020 The Peace Studies Association of Japan
Printed in Japan

乱丁など不良本がありましたら、ご連絡下さい。送料小社負担にてお取り替えいたします。
本書についてのご意見・ご感想は、小社ウェブサイト、トップページの「読者カード」にてお聞かせ下さい。

JCOPY〈出版者著作権管理機構 委託出版物〉
本書の無断複写は著作権法上での例外を除き禁じられています。複写される場合は、そのつど事前に、出版者著作権管理機構（電話03-5244-5088、FAX 03-5244-5089、e-mail: info@jcopy.or.jp）の許諾を得て下さい。

日本平和学会編

平和をめぐる14の論点

―平和研究が問い続けること―

Ａ５判・326頁・2300円

いま平和研究は、複雑化する様々な問題にどのように向きあうべきか。平和研究の独自性や原動力を再認識し、果たすべき役割を明確にしつつ、対象・論点への研究手法や視座を明示する。各論考とも命題を示し論証しながら解明する。

日本平和学会編

平和を考えるための100冊＋α

Ａ５判・298頁・2000円

平和について考えるために読むべき書物を解説した書評集。古典から新刊まで名著や定番の書物を厳選。要点を整理・概観したうえ、考えるきっかけを提示する。平和でない実態を知り、多面的な平和に出会うことができる。

平井 朗・横山正樹・小山英之編

平 和 学 の い ま

―地球・自分・未来をつなぐ見取図―

Ａ５判・194頁・2200円

グローバル化社会のもとで複雑化する今日的課題へ平和学からアプローチすることで、様々な問題の根源に迫る。平和創造のための学問である平和学の理論的展開を踏まえ、平和学の役割とアイデンティティを探究し、私たち一人一人が平和創造にどのようにかかわるかも明示する。

ハロルド・ファイブソン、アレキサンダー・グレーザー、ジア・ミアン、フランク・フォン・ヒッペル著／鈴木達治郎監訳／冨塚 明訳

核のない世界への提言

―核物質から見た核軍縮―

Ａ５判・204頁・3500円

核物質の専門家が科学技術の専門知識をもたない市民に向けて核物質の本質、実態と問題性を整理・解説。実現可能な核廃絶を追求し、核兵器製造と、それを可能にする核物質の生産・使用を終わらせる道を提言する。

広島市立大学広島平和研究所編

平和と安全保障を考える事典

Ａ５判・710頁・3600円

混沌とする国際情勢において、平和と安全保障の問題を考える上で手引きとなる1300項目を収録。多様な分野の専門家らが学際的アプローチで用語や最新理論、概念を解説。平和創造の視点から国際政治のいまとこれからを読み解く。

法律文化社

表示価格は本体(税別)価格です